实践能力

指向的专业学位研究生教育创新研究
—— 以教育硕士为中心

彭泽平 姚琳 ◎ 主编

西南师范大学出版社
国家一级出版社 全国百佳图书出版单位

图书在版编目(CIP)数据

实践能力指向的专业学位研究生教育创新研究：以教育硕士为中心/彭泽平,姚琳主编.——重庆：西南师范大学出版社,2016.8
ISBN 978-7-5621-8026-5

Ⅰ.①实… Ⅱ.①彭… ②姚… Ⅲ.①教育学－硕士－教学研究 Ⅳ.①G40

中国版本图书馆 CIP 数据核字(2016)第 152120 号

实践能力指向的专业学位研究生教育创新研究
—— 以教育硕士为中心

主编 彭泽平 姚 琳

责任编辑：	钟小族
书籍设计：	尚品视觉 CASTALY 周 娟 尹 恒
出版发行：	西南师范大学出版社
	地址：重庆市北碚区天生路2号
	网址：http://www.xscbs.com
	邮编：400715
经　销：	全国新华书店
印　刷：	重庆共创印务有限公司
开　本：	720mm×1030mm　1/16
印　张：	14.75
字　数：	268千字
版　次：	2016年11月　第1版
印　次：	2016年11月　第1次印刷
书　号：	ISBN 978-7-5621-8026-5
定　价：	45.00元

前言

专业学位研究生教育是研究生教育体系的重要组成部分,是培养高层次应用型专门人才的主要途径。发展专业学位研究生教育,是全面建成小康社会、建设创新型国家的必然要求,也是研究生教育服务国家经济建设和社会发展的必然选择。在当前我国研究生教育结构加快调整步伐,逐渐从以培养学术型人才为主向以培养应用型人才为主转变的新背景下,如何突出专业学位研究生教育的特色,创新专业学位研究生教育培养体系,培养具有扎实理论基础并适应特定行业或职业实际工作需要的应用型高层次专门人才,无疑是当前迫切需要研究的重要课题。

从近年国内学术界对这一课题的研究来看,目前已有一些相关研究成果,这些研究成果主要集中在如下几个方面。第一类是对专业学位研究生培养的特征进行探讨。如:石中英(2007)探讨了专业学位教育的专业性问题;胡玲琳(2006)则对学术性学位与专业学位研究生教育培养模式的特性进行了比较。第二类是对专业学位研究生教育的现状和质量保障进行探讨。如:王莹、朱方长(2009),于东红、杜希民、周燕来(2009),曹瑞红、王根顺(2010),杨宁(2010)等研究者对我国专业研究生教育的发展现状进行了分析,提出了相应对策和建议;别敦荣、陶学文(2009)对我国专业学位研究生教育质量保障体系进行了反思;冯啸和查永军(2010)探讨了如何加强专业学位研究生教育过程中的管理问题;陆媛、罗琼(2010)分析了全日制工程硕士专业学位研究生教育的质量保障机制;甄良等(2012)对专业学位研究生培养质量评价及保障体系的构建进行了探讨。第三类是对专业学位研究生教育的模式进行探讨。如:李文芳(2010)探讨了基于项目管理的全日制专业学位硕士培养模式;杜丹(2012)对专业学位研究生培养机制进行了探讨;陶学文(2011)对我国专业学位研究生培养模式及其创新进行了研究;宋伟伟(2012)对全日制专业学位硕士研究生培养模式进行了探讨;曲海红(2012)以学科教学方向为例,对全日制教育硕士培养模式进行了研究。除此之外,时花玲、谢安邦(2009),李锋、晏斌、尹洁(2009),王磊、郭飞、郑国生(2010),李娟、孙雪、王守清(2010),杨根伟(2010),周昆(2010),万莹(2011),吴开俊、王一博(2013)等也从不同角度和方面对专业学位研究生教育问题进行了探讨。如:周昆(2010)对区域经济视角下的专业学位研究生教育发展路径进行了探讨;万莹(2011)探讨了专业学位研究生教育导师队伍建设问题;吴开俊、王一博(2013)则以广东省为例,探讨了专业学位研究生教育结构与产业结构适切性问题。在国外,Burton Clark(1993)、Gary Malaney(1998)等学者也对研究生教育的培养模式进行了探讨;Solomon Hoberman(1994)等则对美国医学、法学、管理学和社会学四个专业学位教育进行了个案研究。总体来看,这些已有的研究成果对于我们进一步深入研究专业学位研究生教育培养创新问题具有重要的借鉴和启示价值,但对专业学位研究生教育改革的理论与实践仍有进一步研究的必要与空间。

出于深化专业学位研究生教育改革的理论与实践研究的考虑,我们以此为主题参与了中央高校基本科研业务费学科团队项目、重庆市高等教育教学改革研究项目等项目的申报并获批准。本书即系我们主持的中央高校基本科研业务费学科团队项目成果"实践能力指向的全日制专业学位研究生教育创新研究——以教育硕士专业为中心"(项目编号:362014XK03)以及西南大学教育学部2014年度特色领域创新团队项目成果(项目编号:2014CXTD02)、重庆市2013年度高等教育教学改革研究重大项目(项目编号:131004)、重庆市2012年高等教育教学改革研究重点项目成果(项目编号:1202051)的研究成果,同时还得到2015年度中央高校基本科研业务费专项资金项目资助(项目编号:SWU1509404)。全书系由多位青年教师合作完成,各章撰写人具体如下:第一章,冉春;第二章,马成、张正江;第三章,邓磊、杨甜;第四章,陈本友;第五章,赵鑫、王珊珊;第六章,王正青、唐晓玲;第七章,吴渊;前言、结语及附录,彭泽平、姚琳。全书由彭泽平、姚琳统稿。限于编者的精力,在课题研究内容设计时我们只选择教育硕士专业作为中心对专业学位研究生教育创新问题进行研究和探讨,对于专业学位的其他专业研究生教育,课题组将以论文、研究报告等形式另作探讨,以作补充和完善。

在课题研究、书稿撰写的过程中,我们得到了西南大学教育学部部长朱德全教授和研究生院领导们的悉心指导和大力支持。在本书出版过程中,我们还得到了西南师范大学出版社领导的帮助,尤其是本书责任编辑在出版过程中花费了大量心血并提出了许多宝贵意见。在本课题研究和书稿撰写过程中,我们参阅、吸收了不少同行专家、学者们的研究成果,除在书中尽力一一注明外,谨在此向他们及其成果出版单位表示衷心的感谢。限于编者的学识、精力,书中定有不少疏漏、不妥乃至谬误之处,敬请广大专家、学者批评指正。

课题组

2015 年 11 月 15 日

目 录

前 言

第一章　教育硕士专业的发展及其特点 ········· 1
第一节　专业学位研究生教育的发展 ········· 3
第二节　教育硕士专业的设置与发展 ········· 9
第三节　教育硕士专业的特点 ········· 24

第二章　教育硕士专业发展的现状与问题 ········· 29
第一节　教育硕士专业发展的现状 ········· 31
第二节　教育硕士专业发展的实质 ········· 41
第三节　教育硕士专业发展的问题 ········· 54

第三章　国外教育硕士专业办理的经验 ········· 65
第一节　英国教育硕士的办理经验 ········· 67
第二节　美国教育硕士的办理经验 ········· 81
第三节　日本教育硕士的办理经验 ········· 92

第四章　教育硕士专业的质量目标体系 ········· 101
第一节　教育硕士专业质量目标体系的内涵 ········· 103
第二节　教育硕士专业质量目标制定的依据 ········· 110
第三节　教育硕士专业的质量目标要求 ········· 114

第五章　教育硕士专业的培养模式创新 ··········· 123
第一节　多样化教育硕士培养体系的形成 ··········· 125
第二节　全日制教育硕士培养模式的改进 ··········· 128
第三节　在职教育硕士培养模式的改进 ············· 136

第六章　教育硕士专业的课程与教学改革 ········· 145
第一节　教育硕士专业的课程与教学改革概况 ······· 147
第二节　教育硕士专业的课程改革 ················· 156
第三节　教育硕士专业的教学改革 ················· 166

第七章　教育硕士专业的质量保障 ··············· 179
第一节　国外研究生教育质量保障的经验 ··········· 181
第二节　我国教育硕士质量保障机制的现状与问题 ··· 188
第三节　教育硕士专业教育质量保障的改进 ········· 199

结　　语 ······································· 206
参考文献 ······································· 207
附　　录 ······································· 210

第一章 教育硕士专业的发展及其特点

第一节 专业学位研究生教育的发展

新中国成立后,经济及社会各项建设事业百废待兴,迫切需要各类高层次专业技术人才。1955年,国务院全体会议第十七次会议通过了《中国科学院研究生暂行条例》,教育部随即也组织部分有条件的高校参照执行上述条例,初步建立了全国性的培养体系。"文革"时期,教育事业遭受了毁灭性的破坏,专业技术人才的培养受到了极大的干扰和影响。"文革"结束尤其是改革开放之后,我国的研究生教育才迎来了新的历史机遇,并进入制度化的发展阶段。1980年2月,第五届全国人大常务委员会第十三次会议审议通过《中华人民共和国学位条例》,使研究生的招生和培养工作更为规范,培养质量不断提高。这对于改革开放初期高等教育和科学研究事业的恢复与发展发挥了相当重要的历史作用。然而,该条例只是笼统地将研究生教育分为硕士、博士两级,培养类型偏重于单纯的学术型,毕业研究生也大多流向高等院校和科研机构,以从事教学、科研工作为主。

随着改革开放进程逐步加快,经济和社会建设飞速发展,研究生教育培养体系类型单一、流向单一的弊端逐渐凸显,难以适应现代化事业对高层次人才的多样化需求。一方面,高校教学、科研人员已得到较多补充,人才短缺的问题已基本缓解;另一方面,工程、医学、财经等领域都急需大批应用型、复合型专业技术人才。为解决供求失衡的尖锐矛盾,我国开始对研究生培养类型加以调整和补充,逐步创设和建立了较为完备的专业学位体系,其发展过程大致可分为以下几个阶段。

一、探索试点阶段(1984—1988)

1984年11月,全国工科研究生教育研讨会在西安召开。会议期间,清华大学、西安交通大学等11所理工科高校向原国家教委提交了《关于培养工程类型硕士生的建议》。次月,研究生司转发了该项建议,同时决定在部分高等工科院校开展试点培养工作,并明确规定工程类型硕士生的课程教学侧重于实践能力、综合能力,生源主要招收来自生产、科研单位的具备实际技术工作经验和已有大学或同等学历的技术干部,培养目标为适应工矿企业和应用研究单位所需、能够独立担负专门技术工作的高级工程科技人才。显而易见,此类"工程类型硕士"各项要素已具较明显的职业性、应用性特征,有别于传统的学术型硕士,实为我国专业学位教育之历史源头。

1986年10月,国务院学位委员会、原国家教委、卫生部联合下达《培养医学博士(临床医学)研究生的试行办法》的通知,提出对医学研究生教育进行改革,以突出临床医学特点,培养更多、更好的高层次临床医学专门人才。该办法将医学博士研究生的培养类型分为两类:一类授予医学博士学位,以培养科学研究能力为主;一类授予医学博士学位(临床医学),以培养临床实际工作能力为主,"在临床工作上具有独立处理本学科常见病及某些疑难病症的能力,达到初级主治医师水平"。

1988年,国务院学位委员会办公室、原国家教委研究生司、中国人民银行总行教育司发布《货币银行学国际金融两专业硕士生(应用类)参考性培养方案》,提出试点培养能胜任金融部门中级业务经营与管理工作,并具备将来从事高级经营、管理工作基础的人才,以利于提高和改善金融部门中、高级管理干部的素质。同年,国务院学位委员会办公室、原国家教委研究生司、最高人民法院教育厅、最高人民检察院干部教育局、司法部教育司也联合制定了《刑法民法国际经济法三专业硕士生(应用类)参考性培养方案》,要求培养能胜任政法部门中级专业技术职务,具备将来担任高级专业技术职务基础的人才,提高和改善了我国法律专门人才的素质。

综上所述,从1984年至1988年,我国已先后在工程、医学、财经、法律等领域开设了应用型的研究生教育试点。从培养目标来看,都重在强调培养各类专业技术人才的实际工作能力和业务素质,从而初步建立了专业学位体系。由于尚处于探索试点阶段,这些培养类型还并未形成独立的体制,具体名称都是先以原有学术性学位或专业为基础,再加注括号和文字,借以表示区别,如工学硕士(工程类型)、医学博士(临床医学)、货币银行学(应用类)、刑法(应用类)等。尽管在概念和制度上尚存在一些模糊之处,但为专业学位教育的后续发展奠定了良好的基础。

二、制度形成阶段(1989—1998)

随着应用型研究生教育在我国的创设与发展,为进一步明确培养目标和完善培养方式,必须提供相应的制度保障,将培养类型与学术性学位加以严格的区分。1989年5月,国务院学位委员会批复卫生部,同意组建医学职业学位研究小组。这是我国首次提出"职业学位"的概念,并正式展开了职业学位的系统调查、研究和论证工作。国务院学位委员会第八次会议就此曾有解释:"职业学位与一般的学术性学位在培养目标、课程设置、论文要求和培养方式上都有所不同。其最大特点是,获得这种学位的人,主要不是从事学术研究的,而是带有明显的职业目标,如医生、工程师、企业家等。我们考虑应该在试点的基础上,对我国是否需要建立职业学位问题进行研究。"①

1990年,国务院学位委员会召开第九次会议,专门集中讨论专业学位教育问题。会议讨论通过了《关于设置专业学位调研工作的情况汇报》《关于设置医学专业学位的初步设想》《关于设置和试办工商管理硕士学位的几点意见》和《关于开展建筑学专业学位研究工作的意见》等相关文件。在我国专业学位制度的构建历程中,此次会议具有标志性的意义。第一,它将"职业学位"的提法修正为"专业学位",使概念更为明晰和准确。第二,它指出专业学位的培养标准应反映该专业领域的特点,侧重于专门技术工作能力的培养。设置目的是为了促进我国应用学科的建设和发展,加速培养应用学科的高层次人才,改变我国学位规格单一的现状,使我国的学位向多规格的方向发展。这就使得专业学位教育的培养定位更为合理,也更能满足社会建设对人才的多样化需求。第三,它决定在原货币银行学(应用类)、国际金融(应用类)硕士的基础上,设置工商管理硕士学位。这是我国第一个正式批准设立的专业学位,专业学位教育也由此进入制度化发展阶段。

1992年,国务院学位委员会第十一次会议批准了关于按专业授予专业学位证书的建议,决定专业学位的具体名称不再按照学科门类划分,而是根据专业领域确定,从而进一步将专业学位与学术性学位明确区分开来。按照这一规定,同年增设建筑学专业学位,包括建筑学学士、硕士两个层次。1995年,又以原刑法、民法、国际经济法三个应用类硕士为基础,设置了法律硕士。

1996年7月,国务院学位委员会第十四次会议审议通过《专业学位设置审批暂行办法》,在制度层面对专业学位进行了更为具体完善的说明。其要点包括:(1)设置目的。专业学位作为具有职业背景的一种学位类型,是为完善我国学位制度,加速培养经济建设和社会发展所需要的高层次应用型专业人才而设的;(2)培养层次。专业学位分为学士、硕士和博士三级,但一般只设置硕士一级。各级专业学位对应各级学术性学位,处于同一层次;(3)学位名称表述为"××(职业领域)"硕士(学士、博士)专业学位。至此,我国专业学位教育制度体系基本建构完成,对于专业学位教育的规范与深入发展,起到了积极的促进和保障作用。

三、深入发展阶段(1997—今)

自1997年开始,我国专业学位教育进入了定制后的深入发展阶段,新的培养类型不断增加,涉及的职业领域也随之丰富与拓展。1997年教育硕士正式开始招生试点工作。1999年增设兽医专业学位(包括硕士、博士两个层次)、农业推广硕士、公共管理硕士。2000年增设口腔医学专业学位(包括硕士、博士两个层次)。2001年增设公共卫生硕士。

---

① 黄宝印.我国专业学位教育发展的回顾与思考(上)[J].学位与研究生教育,2007(6):5—6.

除上述新设类型外,原有的某些应用类硕士学位也被正式列入专业学位系统:1997年原工学硕士(工程类型)改设为工程硕士。1998年医学博士(临床医学)改设为临床医学专业学位,包括硕士、博士两个层次。

2001年11月,教育部、国务院学位委员会联合召开了首次全国专业学位教育工作会议。时任教育部副部长的袁贵仁在开幕式上讲话,高度肯定了我国专业学位建设已取得的成效:"在我国学位与研究生教育制度改革和发展过程中,设置专业学位,不仅完善了我们国家的高等教育体系,符合国际高等教育发展趋势,更重要的是做到了教育要适应和服务于国家经济建设和社会发展的需要。经过十年的努力和建设,专业学位已成为与学术性学位并行的一种新的学位类型,专业学位教育特色逐步显现、种类逐步增加、规模不断扩大、制度不断完善,已经成为我国学位与研究生教育工作的重要组成部分,在我国经济建设和社会发展过程中发挥着越来越重要的作用。"会后,国务院学位委员会下发了《关于加强和改进专业学位教育工作的若干意见》(以下简称《意见》),指出专业学位教育制度适合我国国情和教育实际,是培养应用型高层次专门人才的重要途径。为全面贯彻落实党中央、国务院确定的科教兴国战略,适应国家经济建设、科技进步和社会发展需要,必须不断改革和完善我国学位与研究生教育制度,促进专业学位教育的健康发展,为社会主义现代化建设培养大批应用型高层次专门人才。《意见》还明确表示:"国家统筹规划专业学位教育的发展,研究专业学位教育发展规律,制定专业学位教育发展的政策、法规,指导、协调与专业学位教育有关的活动。"[①]这就在政策层面突出强调了专业学位教育的重要地位和作用,明确了专业学位发展的指导思想,从而有力地促进了专业学位教育的持续深入发展。

2002年至2007年,我国又先后增设了7类专业学位,分别为:军事硕士(2002年)、会计硕士(2004年)、体育硕士(2005年)、艺术硕士(2005年)、风景园林硕士(2005年)、汉语国际教育硕士(2007年)、翻译硕士(2007年)。截至2008年上半年,我国专业学位教育已累计招生86.5万人,初步建立了具有中国特色的专业学位教育体系。但在当时研究生教育的总体格局中,仍是以学术型研究生为主,专业学位教育比例相对偏低,难以很好地适应经济社会发展对高层次应用型人才的迫切需求。

在2009年2月召开的全国专业学位教育指导委员会联席会年度工作会议上,与会专家普遍认为:我国硕士研究生教育培养目标比较单一,人才培养的适应性不强,学术型硕士研究生规模过大,专业学位研究生培养规模过小,仅占硕士学位的10%;同时,专业学位类型和涉及职业领域还比较少,在职攻读专业学位比例较大、全日制攻读比例过小,与社会经济发展需要之间存在一定的脱节现象,严重影响了研究生教育的可持续发展。

---

① 国务院学位委员会办公室.关于加强和改进专业学位教育工作的若干意见(学位办[2002]1号)[Z]. http://yjsc.spu.edu.cn/s/40/t/19/3a/96/info14998.htm.

因此,应该抓住机遇,尽快地、坚决地予以扭转。要坚持"以人为本",高度关注研究生就业去向,培养经济社会发展急需的应用型人才;按照"全面、协调、可持续"的要求,实现研究生教育的分类培养,结构优化;运用"统筹兼顾"的方法,实现应用型与学术型高层次人才培养的共同发展。优化硕士研究生招生结构,调整硕士研究生培养目标,积极推进硕士研究生培养模式改革,加强应用型高层次人才的培养力度,促进人才培养与社会需求的有效衔接。① 根据会议提出的上述突出问题和解决建议,相关管理部门及时调整发展战略,从以下三个层面加以结构性调整,推进专业学位教育的持续深入发展。

首先,在研究生教育体系中,调整学术性教育和专业学位教育的结构比重。2009年3月,国务院学位办正式宣告:我国将大力培养工程师、医师、教师、律师、会计师等专业学位研究生。与此同时,教育部也表示在当年度研究生招生整体计划中,特别增加5万名专业硕士研究生招生指标。同年9月,教育部办公厅发布《进一步做好研究生培养机制改革试点工作的通知》,专门强调:"调整硕士研究生培养的类型结构,加大应用型人才的培养力度,是满足国家经济社会发展对应用型人才需求的重要举措。通过培养机制改革,建立起实现分类型培养和合理调控学术型、应用型研究生比例的新机制,是实现这一结构调整的重要基础。"②2014年5月,在教育部、国家发改委联合制定的本年度全国研究生招生计划中,再次提出:"重点支持专业学位研究生教育发展,扩大应用型、复合型高层次人才培养规模。"③

其次,在专业学位教育体系内部,调整在职攻读和全日制培养的结构比重。2009年3月,教育部决定从当年度开始,除工商管理硕士、公共管理硕士、工程硕士的项目管理方向、公共卫生硕士、体育硕士的竞赛组织方向、艺术硕士等管理类专业或少数目前不适宜应届毕业生就读的专业学位外,其他专业学位均面向应届本科毕业生招考,实行全日制培养。该年度增加的5万名专业硕士研究生招生指标,即主要用于招收应届毕业生,并采取全日制的培养方式。2010年4月,教育部对研究生招生政策进行调整,允许达到国家标准分数线,报考学术型硕士的考生改读专业硕士学位。这种大规模的跨学位调剂政策在国家高校招生工作中尚属首次,既提高了专业学位的吸引力度,也有利于保障专业学位的生源质量。④

最后,增加专业学位的培养类型,拓展层次结构。2010年1月,国务院学位委员会第二十七次会议决定在我国增设金融、应用统计、税务、国际商务、保险、资产评估、警务、应

---

① 专业学位研究生今年将扩招 实行全日制培养[N].北京晨报,2009-3-4.
② 教育部办公厅关于进一步做好研究生培养机制改革试点工作的通知(教研厅〔2009〕1号)[Z]. http://baike.baidu.com/link?url=Z4tI2I3bEprG0xxU120WTIs1kVzuz1M3BrxUprujIBuxqymUnfvDGYMx3mXVYZq8hqsBqJtqJRHfgUXCMnqba.
③ 教育部、国家发展改革委关于下达2014年全国研究生招生计划的通知(教发〔2014〕3号)[Z]. http://wenku.baidu.com/link? url = Gyys − hgTx _ EvAWuqGYyvu2d4X _ 2vDhuCWA _ 3GYviW5USRWovirg2pjTZBKmeF3DE5kB2ddAGwBVWPh − s05UMdhe4ISjhPqF7_Bp09XuTNGm.
④ 教育部调整研招政策 学术型硕士可改读专硕[N].京华时报,2010-4-26.

用心理、新闻与传播、出版、文物与博物馆、城市规划、林业、护理、药学、中药学、旅游管理、图书情报、工程管理等19类专业硕士学位。仅从这些专业学位的名称即可看出，涉及的职业领域更为具体和细化，实践性和应用性也更加明显。这也是自1990年我国正式设置专业硕士学位以来，增设数量最多的一次，恰好等于以往历次所设类型的总和。2013年3月，审议硕士、工程博士同时获准设置和试办。至此，我国已形成了以硕士学位为主，博士、硕士、学士三个学位层次并存的专业学位教育体系，其中硕士层次已有教育硕士、工商管理硕士、法律硕士共39种，博士层次有教育博士、兽医博士、临床医学博士、口腔医学博士、工程博士共5种，学士层次有建筑学学士1种。

除上述几项重大的结构性调整外，近年来我国还在招生考试、课程教学、质量保障、就业指导等方面对专业学位教育体系进行了全方位的改革。2013年11月，教育部、人力资源社会保障部联合发布《关于深入推进专业学位研究生培养模式改革的意见》，提出以职业需求为导向，以实践能力培养为重点，以产学结合为途径，建立与经济社会发展相适应、具有中国特色的专业学位研究生培养模式。[①] 在保持数量增长和规模扩大的同时，提高培养质量的内涵式发展，已成为我国专业学位教育的改革方向与发展趋势。

---

① 教育部、人力资源社会保障部关于深入推进专业学位研究生培养模式改革的意见（教研〔2013〕3号）[Z].http://www.henannu.edu.cn/s/55/t/318/18/0f/info71695.htm.

第二节　教育硕士专业的设置与发展

一、教育硕士专业的设置

我国教育硕士专业学位自 1996 年正式设置以来,已发展成为专业学位教育的重要组成部分,极大地丰富了硕士研究生教育的类型结构。教育硕士专业学位在发展过程中,始终坚持以服务我国基础教育的改革与发展、服务新时期中小学教师队伍建设和教师专业化为宗旨,不断深化制度改革,构建和完善多样化的培养模式,为基础教育事业培养了一大批高素质的教育教学和管理人员。大致而言,我国教育硕士专业近 20 年的发展历程可分为以下几个时期。

(一)设置确立(1996)

1995 年,国务院学位委员办公室组织国内部分教育专家、中学校长和地方教育行政部门负责人,对于开办教育硕士专业学位问题展开系统的专门论证。据参加此次论证的顾明远教授回忆,当初社会上很多人对此持保留态度,甚至部分教育工作者也表示不理解。"一种人认为:教中学,大学本科毕业生的知识足够了,没有必要再读研究生;另一种意见是:提高教师的业务水平主要靠学科知识的学习,已有的学术型研究生教育就可以解决,教育硕士专业学位学那么多教育专业知识没有用。同时,质量问题也是人们质难的一个方面。"[①]但专家组经过充分论证和广泛征求意见,从我国教育事业的现实需求和发展趋势着眼,认为设置教育硕士专业学位确有必要,并就此提交了肯定性的意见。

1996 年 4 月 13 日,国务院学位委员会第十四次会议审议通过《关于设置和试办教育硕士专业学位的报告》,正式批准设置教育硕士专业学位,并决定以北京师范大学、华东师范大学、东北师范大学、华中师范大学、陕西师范大学、西南师范大学(2005 年与西南农业大学合并更名为西南大学)等 16 所高校为首批试点培养单位。会议还决定成立全国教育硕士专业学位教育专家指导小组,由顾明远任组长,叶澜、何艳茹、沈德立任副组长,指导小组秘书处设于北京师范大学研究生院。围绕教育硕士专业学位的制度架构,此次会议还给予了如下全面而明确的规定。

[①] 顾明远.教育硕士专业学位十年的思考与建议[J].教师教育研究,2008(3).

1.设置目的:贯彻落实《中国教育改革和发展纲要》,加快教育师资和管理队伍的建设,提高教师和管理人员的素质,促进我国基础教育教学及其管理水平的提高。

2.层次类型:作为具有特定教育职业背景的专业性学位,分设学科教学和教育管理两个培养方向,主要培养面向基础教育及其管理工作需要的高层次人才。与现行的教育学硕士在学位上处于同一层次,但规格不同,各有侧重。

3.培养目标:该学位获得者应具有良好的职业道德,要掌握某门学科坚实的基础理论和系统的专门知识,同时还要懂教育的基本理论和学科教学或教育管理的理论方法;具有运用所学理论和方法解决学科教学或管理实践中实际问题的能力;能比较熟练地阅读本专业的外文资料。

4.招生对象:大学本科毕业,具有三年以上一线教学经历的基础教育的专任教师和管理人员。招生采取计划内委托、定向培养与单位自筹经费培养相结合的办法。

5.培养过程:以课程学习为主。教学安排上既有培养规格的统一要求,又应针对不同学科人员的特点,加强分类指导,重在加强基础理论和专业知识的学习,提高解决实际问题的能力。论文选题要密切联系实际,结合本职工作,对学科教学或教育管理中存在的问题进行分析、研究和提出解决办法。对论文的评价着重考查学生综合运用所学理论和知识,解决学科教学或教育管理实际问题的能力。

6.培养单位:由具备条件的高等师范院校招生培养和授予学位。

1996年5月,国务院学位办相关负责人在接受记者采访时,又对教育硕士专业学位的试点发展原则进行了几点说明:(1)根据高层次人才的培养规律,在总结现有教育学科研究生教育经验的基础上,按照基础教育教学、管理岗位的需要确定培养目标,加强能力培养,探索一个适合国情的、规范的、能成批培养合格的应用型高层次教育基础人才的新型教育学研究生教育模式。(2)拓展培养渠道,促进结构调整。根据师范院校自身的特点和培养任务,在招生中加大结构调整的力度,逐步实现师范院校的研究生教育以培养教育硕士专业学位为主的目标。(3)既要立足于我国的实际情况,又要借鉴世界各国开展教育硕士专业学位研究生教育方面的有益经验,注意使我国的教育硕士专业学位具有一定的国际可比性和通用性。(4)处理好质量与数量、速度的关系。在正确理解教育硕士质量标准的前提下,既应本着改革的精神积极探索,形成一定的规模效益,又应精心组织和管理,保证健康发展。

1996年6月,国务院学位委员会办公室、原国家教委研究生工作办公室联合下发《关于开展教育硕士专业学位试点工作的通知》(学位办〔1996〕25号),正式公布了教育硕士专业学位的试点计划、教学大纲和培养方案。同年9月,全国教育硕士专业学位第一次试点工作会议在东北师范大学召开。16所试点高等师范院校主管研究生工作的领导和学科教学方面的专家、3所全国重点中学校长、国务院学位办公室、原国家教委人事司、高校学生司、师范司、基础教育司等有关主管部门负责同志参加了会议。此次会议深入讨论了试点工作的具体方案,决定将教育硕士专业学位的招生对象暂定为普通高中的专任教师和中小学教育管理人员,采取推荐和考试相结合的形式。招生规模以高质量、小规模为原则,培养方式为脱产、半脱产和在职兼读等,学员一般应至少脱产学习一年。① 经过这次会议,更为明确了教育硕士专业学位教育发展的指导思想和基本方向,为此后试点工作的进行提供了蓝图与依据。

(二)试点发展(1997—2006)

1997年至2006年,是我国教育硕士专业学位教育的试点发展阶段。在这十年内,试点工作遇到了很多现实的困难与问题,但在实践中不断改革调整,基本形成了较为完善的培养制度和机构体系,主要表现为以下几个方面。

1.设立指导机构

1999年7月,国务院学位委员会、教育部为适应教育硕士专业学位教育发展需要,进一步加强对试点院校教育硕士专业学位试点工作的指导,决定在全国教育硕士专业学位教育专家指导小组的基础上,成立全国教育硕士专业学位教育指导委员会(以下简称"全国教指委")。其主要职责是指导、协调全国教育硕士专业学位教育工作,监督教育硕士专业学位教育质量,推进基础教育师资队伍和管理干部队伍的建设,加强教育硕士专业学位教育的国际交流与合作,促进我国教育硕士专业学位教育制度不断完善和发展,以不断提高我国基础教育及管理队伍整体素质和教学管理水平,促进我国基础教育事业的发展。第一届全国教指委由顾明远为主任委员,叶澜、何艳茹、沈德立为副主任委员,裴娣娜任秘书长,秘书处设于北京师范大学研究生院。② 2006年2月,指导委员会任满换届后,第二届由钟秉林为主任委员,叶澜、朱慕菊、宋永刚为副主任委员,张斌贤任秘书长。

根据1999年11月通过的《全国教育硕士专业学位教育指导委员会章程》,全国教指委直接接受国务院学位委员会、教育部领导,是全国性教育硕士专业学位教育的专家指导和咨询机构。③ "作为业务指导组织,履行相关管理职能,教育行政部门则从直接管理转向间接管理"。多年来的实践也充分证明,"这种管理机制的创新对于推进教育硕士专业学位教育事业的发展发挥了重要的作用"④。特别是全国教指委自成立后,每年都要定期举行一次包括所有试点院校研究生院(处、部)主要负责领导和相关教育专家在内的工作会议,总结和交流经验,以促进试点工作的良好开展,并部署后续的工作计划和任务。

---

① 孙平.全国教育硕士专业学位试点工作会议在东北师范大学召开[J].中小学教师培训(中学版),1996(6).
② 国务院学位委员会 教育部关于成立全国教育硕士专业学位教育指导委员会的通知(学位〔1999〕30号)[Z].http://www.edu.cn/zhuan_ye_864/20060323/t20060323_111675.shtm
③ 全国教育硕士专业学位教育指导委员会.教育硕士专业学位建设的理论与实践[C].北京:人民教育出版社,2007:21—23.
④ 张斌贤,翟东升.我国教育硕士专业学位教育发展历程的回顾与前瞻[J].教师教育研究,2008(3).

如 2000 年在福州召开的首届第二次会议,重点讨论了关于培养的教学大纲、教材建设、案例教学、师资培训等问题。2001 年在武汉召开的第三次会议暨第一次扩大会议,确定了招生工作的基本原则,对报考条件、招生对象、招生领域、招生计划等都进行了一定的调整。2003 年在昆明召开的第五次会议暨第三次教育工作扩大会议,对教育管理、科研项目、教育培训、国际交流等展开了广泛而深入的探讨。2006 年在西安召开的第二届第二次会议暨第一次教育工作扩大会议,集中回顾了教育硕士专业学位设立以来的发展与改革历程,交流了各培养单位的招生和培养经验,也指出了以往工作中存在的某些具体不足,提出了改进的建议与意见。围绕教育硕士专业教育的结构性发展和内涵发展问题,与会代表一致认为应拓展专业方向,拓宽教育渠道,完善规章制度,注重质量和数量的协调发展,将教育硕士教育打造成师范院校培养应用型人才的品牌。[①]

2.扩大招生范围

1997 年教育硕士专业招收首届学生时,采取的是计划内学历教育方式。报考者参加全国研究生统一入学考试或单位单独考试,毕业后获得硕士学位和研究生学历。由于考试难度较大,加之招生对象又以普通高中的专任教师和中小学教育管理人员为限,首届总共只录取了 191 名学员。针对这种情况,国务院学位委员会、原国家教委及时调整政策,决定开始以计划外招生为主,即学生毕业后只能获得硕士学位,没有研究生学历。与计划内的学历教育相比,计划外的报考资格同样要求具有大学本科学历、三年以上第一线教学经验,但对于工作单位的限制有明显放宽,扩大为所有普通中学的在职专任教师或教育管理人员、中等师范学校的专任教师。[②] 1998 年第二届录取人数随即迅速增长,达到了 1390 名。1999 年招生范围又扩大到中等教育其他类型学校的文化基础课专任教师和具有中学专业技术职务的教研员,录取人数增长为 1943 名。

2003 年,全国教育硕士专业学位教育指导委员会召开第五次会议,又将招生对象扩展为基础教育各级各类学校的专任教师和教育管理人员、各级教育行政部门中具有(或相当于)中小学、幼儿园专业技术职务的管理干部,从而形成了服务于基础教育领域的全方位、多层次招生体系。2003 年度录取人数为 9043 名,2006 年更是达到了空前的 11289 名。需要说明的是,招生规模之所以逐年持续增加,除因报考资格的相应放宽外,也直接表明了试点工作取得的良好成效。如 2001 年 10 月,《光明日报》就登载了题为"教育硕士专业越来越火"的新闻报道,对此进行了高度的评价,将教育硕士称为专业学位教育中的"柳暗花明又一村"。[③] 据相关统计,从 1997 年至 2006 年,全国教育硕士累计招生约 5.3 万

[①] 全国教育硕士专业学位第二届教育指导委员会第二次会议暨第一次教育工作扩大会议在陕西召开[J].学位与研究生教育,2006(8).
[②] 唐继卫.中国教育硕士专业学位简介[J].学科教育,1998(1).
[③] 赵群.教育硕士专业越来越火[N].光明日报,2001-10-4.

人,其中有 3 万人陆续毕业并获得硕士学位。教育硕士已逐渐成为我国培养规模最大的专业学位教育类型之一。

3.增加招生领域

1997 年首届教育硕士的招生范围仅限于普通高中的专任教师和中小学教育管理人员,设置的招生领域只有教育管理、学科教学 2 个专业,其中学科教学专业又包括数学、语文、政治、物理、化学、生物等 6 个方向。显然,这与当时的招生范围是紧密配合的,但还没有涵盖到高中的所有学科。此后随着招生范围的逐步扩大,招生领域和方向也有相应的增加。至 2006 年,先后增加了现代教育技术、小学教育 2 个专业,学科教学专业中也增设了英语、历史、地理、体育、音乐、美术 6 个方向,总计达到 4 个专业,15 个方向。

4.增加培养单位

1997 年首批获准试办教育硕士专业学位的高校共有 16 所,分别为北京师范大学、华东师范大学、东北师范大学、华中师范大学、西南师范大学(2005 年更名西南大学)、陕西师范大学、华南师范大学、南京师范大学、湖南师范大学、天津师范大学、辽宁师范大学、哈尔滨师范大学、福建师范大学、山东师范大学、广西师范大学、西北师范大学。"选取首批试点单位主要考虑两个方面的因素,一方面要考虑培养能力,试点单位教育学及相关学科研究生培养力量较强,经验较丰富;另一方面要考虑地区布局,试点单位所在省份,基础教育工作开展较好,能提供较充足的生源。"[①]上述 16 所高校全部属于师范类,除 6 所教育部直属师范大学外,其余 10 所省属师范大学也多数位于沿海及东部各省市。

1998 年 7 月,国务院学位办发出通知,表示拟新增少量教育硕士专业学位试点单位,以更好地为基础教育服务,适应基础教育师资队伍建设的需要。同时明确要求:"新增单位的范围仅限于具有硕士学位授予权的师范院校。申报单位一般应在教育学门类至少有 2 个以上的硕士学位授权点,并具有较成熟的研究生培养经验。"[②]经过申请与审批,该年度有 13 所师范院校增列为试点单位,分别为首都师范大学、河北师范大学、山西师范大学、内蒙古师范大学、沈阳师范学院(现为沈阳师范大学)、上海师范大学、浙江师范大学、安徽师范大学、江西师范大学、曲阜师范大学、河南师范大学、四川师范大学、云南师范大学。

2003 年,又有 12 所高校获准培养教育硕士,分别为贵州师范大学、青海师范大学、新疆师范大学、徐州师范大学、西华师范大学、杭州师范大学、宁夏大学、浙江大学、苏州大学、扬州大学、河南大学、渤海大学。值得注意的是,在这批高校中首次包括了 6 所综合

---

① 国务院学位委员会办公室有关负责同志就设置和试办教育硕士专业学位答记者问[J].学位与研究生教育,1996(5).
② 全国教育硕士专业学位教育指导委员会.教育硕士专业学位建设的理论与实践[C].北京:人民教育出版社,2007:14—16.

性大学,突破了仅限于师范院校的既有限制,表明我国教育硕士专业教育乃至整个教师教育体系的逐步开放。2005年,重庆师范大学、鲁东大学、聊城大学、延边大学、山西大学、湖北大学、广州大学、湖南科技大学等8所高校也被增补为培养单位。

从1996年到2007年,教育硕士的培养单位从最初的16所增至49所。这49所院校中,地理位置的分布逐渐由沿海向中西部地区延展,基本形成了布设于全国多数省市区,以点带面的培养网络。

5.创新培养模式

在我国教育事业的整体进程中,广大农村尤其是中西部贫困乡村的教育相对落后。而在这些农村地区,师资数量匮乏和素质偏低又是制约当地教育发展的重要因素。为全面加快农村教育发展并提高教育质量,教育部于2004年4月宣布实施"农村高中教育硕士师资培养计划"(以下简称"硕师计划"),在具有推荐免试研究生资格的大学中,选拔部分优秀应届本科毕业生到中西部地区"国家扶贫开发工作重点县"(简称"国贫县")高中任教。具体选拔标准为:政治思想素质好,热爱教育工作;获得学士学位;志愿到扶贫县高中任教,且服从省级教育行政部门安排。学习方式则为"1+1+1+2"五年制:第一年,由省级教育行政部门安排获得推荐免试入学资格的学生("农村教育硕士生")到指定的扶贫县高中任教。第二年,农村教育硕士生到培养学校注册研究生学籍,脱产学习教育硕士专业学位研究生课程。第三年,农村教育硕士生在任教学校工作岗位上,边工作、边学习,通过现代远程教育等方式继续学习部分课程,并撰写学位论文。毕业通过论文答辩后,获得硕士研究生学历证书和教育硕士专业学位证书。第四、第五年在任教中学承担教学任务。①

为贯彻落实党的十六届五中全会提出的"切实提高师资特别是农村师资水平"精神,切实解决农村教师匮乏、结构性失衡和整体素质偏低问题,教育部又于2006年3月对"硕师计划"实施政策调整,将服务范围由"国贫县"扩大到"省扶贫开发工作重点县"(简称"省贫县")的农村学校,以初中为主,从而进一步加强农村学校教师队伍整体建设,促进基础教育均衡发展。学习方式调整为"3+1+1":头三年,由省级教育行政部门安排到签约的农村学校任教。第四年,到培养学校注册研究生学籍,脱产学习教育硕士专业学位研究生课程。第五年,在任教学校工作岗位上,完成后续课程学习,并撰写学位论文和通过论文答辩。②

"硕师计划"的制定与实施,既是落实科学发展观,创新农村教师培养和补充机制,吸引优秀高校毕业生到农村学校任教,提高农村师资水平的重要举措,也是教师教育、研究

---

① 全国教育硕士专业学位教育指导委员会.教育硕士专业学位建设的理论与实践[C].北京:人民教育出版社,2007:36—41.
② 教育部办公厅关于做好2006年为农村学校培养教育硕士师资工作的通知(教学厅〔2006〕2号)[Z]. http://44939.wangxiao.30edu.com/.2015-11-2.

生教育、专业学位教育人才培养模式的重大创新。对于加强农村教师队伍建设,推进基础教育均衡发展,促进社会主义新农村建设,都具有重要的战略意义。与以往的在职人员攻读模式相比,其显著区别有:招生对象为应届本科毕业生,招生方式为推荐免试,培养经费主要由国家统一负担,毕业后同时取得硕士研究生学历证书、教育硕士专业学位证书。

总的来说,我国教育硕士专业教育自试点招生以来,经过多次改革、调整与完善,组织实施、培养体系和管理制度都不断走向成熟。各试点院校在培养与管理工作实践中积累经验,探索规律,取得了显著的办学业绩,同时也出现了一些值得重视并迫切需要加以解决的问题。为保证教育硕士专业学位教育的质量,促进其持续健康地发展,各级相关管理部门从2004年开始对试点工作的成效与不足进行深入总结与反思,准备将教育硕士专业学位教育逐步引入规范化发展阶段。2004年2月,全国教指委下发《关于加强教育硕士的培养与管理工作的意见》,针对办学指导思想、学位性质与培养目标、招生与录取、培养方式与学习年限、课程与教学、学位论文与学位授予、教师队伍建设、学员管理、校内管理体制、保障机制等十个方面,向各试点院校进行了详细的重申和说明,其中特别强调了教育硕士专业学位教育的重要意义,要求必须"坚持严格的质量标准,保证培养质量"。①

2006年3月,全国教指委在北京召开换届会议,时任国务院学位委员会副主任委员、教育部副部长吴启迪在会上宣布:"我国将结束教育硕士专业学位的试点工作,走上正式规范发展的道路。"同年8月,国务院学位办决定对教育硕士专业学位教育第一、二批试办院校进行评估。"了解试办工作情况,总结教育硕士专业学位培养工作经验,积极探讨教育硕士专业学位教育的培养规律,进一步优化培养方案,促进教育硕士专业学位教育由试办阶段向正常工作的及时转化。"通过院校自评与专家组评相结合的方式,"以评促建,以评促改,以评促管,评建结合,重在建设"。评估的指导思想为:一是进一步确定教育硕士专业学位教育在普通高师院校学位与研究生教育中的重要地位,加大学校投入力度,加强建设,切实解决培养工作中存在的问题,规范管理,提高质量。二是全面了解培养单位目前的办学条件能力与发展思路,了解地方基础教育改革与发展对高素质中小学教师的需求,为国家制定教育硕士专业学位教育的方针政策提供依据。三是进一步强化教育硕士专业学位教育在我国中小学教师队伍建设中的重要作用,进一步引起社会的广泛关注和各级政府的积极支持,促进教育硕士专业学位教育的健康发展。②

(三)规范发展(2007—今)

2007年12月,全国教育硕士专业学位教育十周年庆祝大会暨教育硕士专业学位教

---

① 全国教育硕士专业学位教育指导委员会.关于加强教育硕士的培养与管理工作的意见[Z].全国教育硕士专业学位教育指导委员会.教育硕士专业学位建设的理论与实践[C].北京:人民教育出版社,2007:41—47.
② 国务院学位委员会办公室.关于开展全国教育硕士专业学位教育合格评估工作的若干意见[Z].http://max.book118.com/html/2015/0622/19535063.shtm.

育改革发展论坛在北京举办,全国教指委的全体成员和来自全国教育硕士各培养单位的管理干部、教师代表、教育硕士代表及艺术硕士、公共管理硕士等兄弟专业学位教育指导委员会的代表共 200 余人出席了会议,国务院学位委员会办公室、教育部基础教育司、师范教育司有关领导到会并作报告。会议期间,共有近十个单位介绍、交流了培养经验,表彰了十年来对教育硕士教育做出较大贡献的人员,还评选出了 30 篇教育硕士优秀学位论文。① 在我国教育硕士专业学位教育的发展进程中,此次会议有着标志性的意义,不仅是对过去十年培养成效的集中总结,实质上也意味着规范发展阶段的全面展开。正如顾明远教授在会上的发言指出:"教育硕士专业学位教育已经走过了第一个十年。这十年留下了大量宝贵的精神财富,为今后十年乃至更长时期的发展奠定了坚实的基础。教育硕士专业学位教育即将迎来第二个十年,即将进入发展的战略机遇期。"②

从 2007 年我国教育硕士专业学位教育进入规范发展阶段以来,至今已有将近八年的历程。之所以称为"规范发展",不仅是因为国务院学位委员会、教育部的相关政策规定,而且从教育硕士专业学位教育近八年来的实际进程来看,"规范"与"发展"两个关键词也始终贯穿其中并相互交织,可说是在发展中加强规范,同时以规范促进发展。所谓"发展",主要指培养规模的进一步扩大,整个培养体系日渐拓展与充实,除专业领域和培养单位的增加外,更体现为培养模式的改革与创新。而"规范"则反映为培养过程和管理制度的完善,培养标准的严格和培养质量的提高。

1.培养体系的拓展与充实

先就专业领域的增设而言,已设置形成了较为完备的专业领域框架。2007 年 4 月,全国教指委 2007 年专项工作会议在成都召开。会议从我国基础教育改革与发展的实际需要出发,根据《国家基础教育课程改革纲要》精神,决定增设心理健康教育、科学技术教育 2 个专业,从而加强心理健康教育师资队伍建设,提高学校心理健康教育工作的专业性和实效性,并培养科学与技术教育的高层次人才。③ 对于基础教育各级各类学校、各级教育行政部门中一些非专任教师,但具有专业技术职务的工作者而言,这两个专业的增设为他们提供了更有针对性的培养机会。2010 年增设学前教育、特殊教育 2 个专业后,我国教育硕士专业学位教育已有 8 个招生领域,19 个专业方向,基本能够满足基础教育战线各级各类学校专任教师、管理人员以及各级教育行政部门管理干部的培养需要。

值得一提的是,2008 年 12 月国务院学位委员会第二十六次会议审议通过《教育博士专业学位设置方案》,批准在我国设置和试办教育博士专业学位,全国有 15 所高校获得

---

① 全国教育硕士专业学位教育十周年庆祝大会暨教育硕士专业学位教育改革发展论坛在京举行[J].学位与研究生教育,2008(3).
② 顾明远.教育硕士专业学位十年的思考与建议[J].教师教育研究,2008(3).
③ 全国教育硕士专业学位教育指导委员会秘书处.关于开设教育硕士专业学位科学技术、心理健康教育学科专业方向有关工作的通知[EB/OL].(教硕发[2007]7 号). http://blog.sina.com.cn/s/blog_505dd04a01008f4b.html.

培养资格,在教育领导与管理、学校课程与教学、学生发展与教育3个专业方向招生。教育博士专业学位的设置目的是为了深入贯彻落实科学发展观,适应我国经济社会和教育事业发展需要,实现建设人力资源强国和创新型国家的战略目标,进一步调整和优化教育学科类型、结构和层次,培养教育实践领域高层次专门人才。招生对象为具有硕士学位、有5年以上教育及相关领域全职工作经历、具有相当成就的中小学教师和各级各类学校管理人员。[1] 这不仅丰富了我国教育专业学位教育的层次,也为教育硕士的后续培养提供了上升的渠道。

再从培养单位的增加来看,数量规模和结构类型都有显著的扩充。2007年,吉林师范大学、河北大学、宁波大学、湖南大学、深圳大学、中山大学、西藏大学、华中科技大学等8所高校获准培养教育硕士。2009年,又有北华大学、黑龙江大学、淮北师范大学、厦门大学、漳州师范学院(现闽南师范大学)、南昌大学、赣南师范学院、信阳师范学院、武汉大学、广西师范学院、四川大学、云南大学、延安大学、新疆石河子大学、青岛大学、海南师范大学等16所高校被增补为培养单位。2010年,又增加了北京航空航天大学、北京理工大学、中央民族大学、吉林大学、复旦大学、东南大学、中南民族大学、中南大学、华南理工大学、西北大学等10所高校。不同于以往全国统一的评审模式,这10所高校都是先通过学校自审或省级学位办审核,再报请国务院学位委员会复审获得培养资格。[2]

2011年8月,国务院学位委员会第二十八次会议决定开展"服务国家特殊需求人才培养项目"试点工作,"安排少数确属服务国家特殊需求,但尚无博士或硕士学位授予权和没有列入国家批准的新增学位授予单位立项建设规划的高等学校,在一定时期内招收培养研究生并授予学位,并根据国家特殊需求的变化对人才培养项目实行动态管理。"[3]根据上述决定,教育部随后启动了学士学位授予单位培养硕士专业学位研究生的试点工作,并将洛阳师范学院、黔南民族师范学院、合肥师范学院、鞍山师范学院、黄冈师范学院、宁夏师范学院和天水师范学院等7所高校设为试点单位。2014年5月,北京工业大学、中国音乐学院、北京联合大学、重庆大学、重庆三峡学院等50所高校也通过自审或省审的方式,获得了培养资格,这也是历次培养单位增加最多的一批。从1996年至今,先后有9批高校成为教育硕士培养单位,数量由最初的16所增加为140所,结构类型也不断丰富与拓展。其中既有部属重点高校,也有省属一般高校;既有师范类高校,也有综合类、理工类、艺术类高校。地域分布更是由中心城市、省会城市向三、四线城市逐渐延伸,从而形成了培养单位的多元格局与规模效应。

---

[1] 国务院学位委员会.关于下达《教育博士专业学位设置方案》的通知(学位〔2009〕8号)[EB/OL]. http://blog.sina.com.cn/s/blog_505dd04a0100d3a0.html.

[2] 国务院学位委员会办公室.关于下达2010年新增硕士专业学位授权点的通知(学位办〔2010〕32号)[EB/OL]. http://www.cdgdc.edu.cn/xwyyjsjyxx/zxkb/hyxx/pgc/267015.shtml.

[3] 国务院学位委员会.关于开展"服务国家特殊需求人才培养项目"试点工作的意见[EB/OL]. http://xwb.jju.edu.cn/info/1004/1033.htm.

2.培养模式的改革与创新

如前面所述,我国在2007年之前已先后确立了两种教育硕士的培养模式。第一种是从1997年即开始实施的在职人员攻读模式,通过全国统一考试,招收基础教育各级各类学校、各级教育行政部门的在职人员,只能获得硕士学位。第二种是从2004年开始实施的农村教育("硕师计划")硕士,通过推荐免试,招收应届本科毕业生,可同时取得硕士研究生学历、教育硕士专业学位。

2009年9月,教育部下发《教育部关于做好2010年"农村学校教育硕士师资培养计划"实施工作的通知》(教师〔2009〕5号),对相关政策从四个方面进行了较大的改革与调整:(1)服务范围由"国贫县"和"省贫县"扩大到所有县镇及以下农村学校,由中西部21个省份扩大到全国31个省份。(2)学习方式由"3+1+1"五年制改为"3+1"四年制。(3)参加推荐免试工作的高等学校由58所增加至86所,承担教育硕士专业学位培养资格的高等学校由30所增加至73所。(4)结合"农村义务教育阶段学校教师特设岗位计划"(简称"特岗计划"),具体采取两类录取和培养方式:①应届本科毕业生类。录取为"硕师计划"研究生并同时应聘为特岗教师,先到设岗县的农村义务教育阶段学校任教服务三年,并在职学习研究生课程,第四年到培养学校脱产集中学习一年,毕业时获硕士研究生毕业证书和教育硕士专业学位证书;②已在任特岗教师类。具备普通高等学校本科学历、三年聘期内年度(或绩效)考核至少一年优秀并继续留在当地学校任教,表现突出,经任教学校和县级教育行政部门考核推荐、培养学校单独考核、符合培养要求者,可推荐免试在职攻读教育硕士。[①] 从上述第四项政策调整可以看出,为配合"特岗计划"的实施,对在职人员攻读、农村教育硕士两种模式都进行了一定的改革与调整。

在完善既有培养模式的同时,我国近年来又先后设置了全日制教育硕士、免费师范生教育硕士两种全新的培养模式。2009年3月,教育部下发《关于做好全日制硕士专业学位研究生培养工作的若干意见》,决定开展以应届本科毕业生为主的全日制硕士专业学位研究生教育,以加快培养高层次应用型专门人才,满足社会多样化需求,进一步调整和优化硕士研究生的类型结构,增强专业学位研究生的培养能力,逐渐将硕士研究生教育从以培养学术型人才为主向以培养应用型人才为主转变。同年5月,国务院学位办发布《全日制硕士专业学位(分类别)研究生指导性培养方案》(学位办〔2009〕23号),其中对全日制教育硕士专业学位的培养方案进行了详细的指导说明:(1)培养目标。掌握现代教育理论、具有较强的教育教学实践和研究能力的高素质的中小学教师。(2)招生对象。具有大学本科学历(或本科同等学力)人员,以应届本科毕业生为主,也包括其他符合相

[①] 为农村造就更多高素质骨干教师——教育部有关负责人就2010年农村学校教育硕士师资培养计划实施答记者问[N].中国教育报,2009-10-17.

应报考条件的社会人员(教育管理专业必须要求工作经验,不招收应届本科毕业生)。(3)招考方式。参加全国统一考试,应届本科毕业生可推荐免试。(4)学习方式。全日制,学习年限一般为2年。(5)毕业实行双向选择,可同时获得教育硕士专业学位、硕士研究生学历证书。全日制教育硕士的设置与实施,可以说是我国研究生教育和教师教育体系的重大制度创新,不仅使教育硕士的培养模式得以丰富,招生对象得以扩大,也有利于提高基础教育师资的整体学历层次和专业水平,从长远促进教育硕士与教师资格准入制度的相互衔接,加快我国教师专业化进程。

　　免费师范生教育硕士的政策设想,早在2007年计划招收首届免费师范生时就已提出,但具体实施办法的制定要晚于全日制教育硕士。2007年5月,教育部、财政部、人事部、中央编办等联合制定了《教育部直属师范大学师范生免费教育实施办法(试行)》,并经国务院办公厅转发。该办法第七条规定:"免费师范生毕业前及在协议规定服务期内,一般不得报考脱产研究生。经考核符合要求的,可录取为教育硕士专业学位研究生,在职学习专业课程,任教考核合格并通过论文答辩的,颁发硕士研究生毕业证书和教育硕士专业学位证书。"①这实际上意味着将免费师范生预先纳入了教育硕士的培养轨道,但对于具体如何实施,尚未作详细的说明。直至2010年5月,教育部发布《教育部直属师范大学免费师范毕业生在职攻读教育硕士专业学位实施办法(暂行)》,才明确提出"自2012年起,北京师范大学、华东师范大学、东北师范大学、华中师范大学、陕西师范大学和西南大学从到中小学任教的免费师范毕业生中招收教育硕士专业学位研究生,支持师范毕业生结合中小学教育教学工作实际继续深造和专业发展"。围绕免费师范生的培养模式,该实施办法还进行了如下具体规定。(1)培养目标:使免费师范毕业生具备先进的教育理念,良好的职业道德和创新意识,扎实的专业知识基础,较强的教育教学实践反思能力,为将来成长为优秀教师和教育家奠定坚实基础。(2)招生方式:免费师范毕业生到中小学任教满一学期后,均可申请免试在职攻读教育硕士专业学位,经任教学校考核合格,部属师范大学根据工作考核结果、本科学习成绩和综合表现考核录取。招生计划在全国研究生招生总规模之内单列,全部为国家计划。(3)学习方式:在职学习,学习年限一般为2~3年,实行学分制。课程学习主要通过远程教育和寒暑假集中面授方式进行。(4)毕业通过论文答辩,经学校学位评定委员会审核批准,授予教育硕士专业学位,并颁发硕士研究生毕业证书。② 至此,我国教育硕士专业学位教育已设有在职人员攻读教育硕士、农村教育硕士、全日制教育硕士、免费师范生教育硕士等四种类型,培养模式更具多样化与针对性。

---

① 国务院办公厅转发教育部等部门关于《教育部直属师范大学师范生免费教育实施办法(试行)》的通知(国办发[2007]34号)[EB/OL]. http://www.gov.cn/gongbao/content/2007/content_638524.htm.
② 教育部关于印发《教育部直属师范大学免费师范毕业生在职攻读教育硕士专业学位实施办法(暂行)》的通知(教师[2010]3号)[EB/OL]. http://www.gov.cn/gongbao/content/2010/content_1713710.htm.

3.培养质量的保障与提高

我国教育硕士专业学位教育进入规范发展阶段以来,培养规模日渐扩大,培养单位、专业领域、培养模式都有不同程度的增加,相关管理部门也采取了种种措施,加强了对具体培养过程的指导与监督,力求切实保障和提高培养质量。

2007年前后,国务院学位办根据《关于开展全国教育硕士专业学位教育合格评估工作的若干意见》,对第一、二批教育硕士专业学位试点单位进行了统一的教学合格评估,北京师范大学等29所培养单位先后提交了工作总结报告和评估申请。教育部学位与研究生教育发展中心(简称"学位中心")受国务院学位委员会办公室委托,在参评单位自我评估的基础上,组织专家分别进行了实地考评。经过认真严格的仔细评估,评估结果于2008年1月发布,29所培养单位全部合格。本次评估表明:在这些较早试点的培养单位中,虽然不同程度地存在一些具体的教学和管理问题,但总体办学思想明确,办学条件较好,师资队伍建设效果明显,教学管理规范严谨,办学特色鲜明,教学水平与培养质量不断提高,整体的培养成效值得充分肯定。[①] 此后,指导和监管的重点更多地放在了各新增的培养单位或培养模式上面。

2009年3月,教育部下发《关于做好全日制硕士专业学位研究生培养工作的若干意见》,围绕科学定位、课程教学、专业实践、学位论文等几个方面,反复强调要"以质量为核心""确保全日制硕士专业学位研究生的培养质量"。如在课程教学方面,要求课程设置要以实际应用为导向,以职业需求为目标,以综合素养和应用知识能力的提高为核心。教学内容要强调理论性与应用性课程的有机结合,突出案例分析和实践研究;教学过程要注重培养学生研究实际问题的意识和能力;建立健全校内外双导师制,吸收不同学科领域的专家、学者和实践领域有丰富经验的专业人员,共同承担培养工作等。专业实践方面,要求应届本科毕业生的实践教学时间原则上不少于一年;建立多种形式的实践基地,加大实践环节的学时数和学分比例。注重吸纳和使用社会资源,合作建立联合培养基地,联合培养专业学位研究生,改革创新实践性教学模式。推进专业学位研究生培养与用人单位实际需求的紧密联系,积极探索人才培养的供需互动机制等。这些都使全日制教育硕士的培养过程更为规范和严格,有利于培养质量的保障与提高。

免费师范生教育硕士培养模式尚在计划实施阶段,教育部即针对培养质量问题,从各具体环节进行了详细而明确的规定。其要点包括:(1)采取部属师范大学与地方政府、中小学校合作培养教育硕士研究生的新机制。选择具备条件的免费师范毕业生任教学校建立教育硕士研究生培养基地,实行部属师范大学和中小学的双导师制,共同研究和

---

① 国务院学位委员会办公室关于下达教育硕士(Ed.M)专业学位教学合格评估结果的通知(学位办〔2008〕2号)[EB/OL]. http://www.fsou.com/html/text/chl/1740/174078.html.

实施教育硕士研究生培养方案。(2)课程设置要突出实践性,密切结合中小学教育教学实践,并与本科阶段所学课程相衔接,整体设计。各培养学校应根据指导性培养方案,结合本校实际,制订教学计划。认真组织远程教育课程学习和教育实践活动,制订严格的考核标准,采取科学有效的考核方法。(3)加强教师职业道德教育,树立长期从教的职业理想和信念;坚持理论联系实际,面向基础教育,注重教师专业素质养成,注重教育教学能力训练,注重教育实践问题研究能力培养。(4)加强导师队伍建设,选择责任心强、熟悉中小学教育、教学经验丰富的高校优秀教师和培养基地的中小学优秀教师组成双导师指导组。①

2011年,教育部启动学士学位授予单位培养硕士专业学位研究生试点工作,并将洛阳师范学院、黔南民族师范学院、合肥师范学院、鞍山师范学院、黄冈师范学院、宁夏师范学院、天水师范学院等7所高校定为培养教育硕士的试点院校。自试点工作开展以来,根据国务院学位办的部署,全国教指委积极主动地开展工作,精心指导试点工作,于2012年暑期组成7个专家工作组先后赴上述院校开展政策解读、管理咨询和培训等实地指导工作。从2013年起,每年组织试点院校召开工作交流研讨会,并邀请相关专家和院校代表进行现场指导。从2014年起,为试点院校设立专项科研基金,鼓励开展实践研究,以进一步推动试点工作朝着规范化和科学化方向顺利进行,不断提高教育硕士专业学位研究生的培养质量。②

二、教育硕士专业设置的意义

作为专业学位教育体系的重要组成部分,"教育硕士专业学位是具有特定教育职业背景的专业性学位,主要培养面向基础教育教学和管理工作需要的高层次人才"。③ 教育硕士专业学位的设置,既丰富了专业学位教育的培养类型,也迎合了基础教育的现实需求,对于我国教育事业的整体发展具有多方面的意义。

1.是我国研究生教育改革与发展的现实需要

如前文所述,我国研究生教育曾长期存在培养目标比较单一,培养重心偏于学术型的突出矛盾,因而无法满足社会建设对各类高层次应用型人才的迫切需求。在高等师范院校的研究生教育中,这种矛盾更表现得尤为明显:学科结构片面倾斜,基础理论学科占

---

① 教育部关于印发《教育部直属师范大学免费师范毕业生在职攻读教育硕士专业学位实施办法(暂行)》的通知(教师〔2010〕3号)[EB/OL]. http://www.gov.cn/gongbao/content/2010/content_1713710.htm.
② 张斌贤,吴刚,周险峰."服务国家特殊需求人才培养项目"教育硕士专业学位研究生试点工作的进展与趋势[J].学位与研究生教育,2014(8).
③ 国务院学位委员会关于设置和试办教育硕士专业学位的报告[EB/OL]. http://www.cdgdc.edu.cn/xwyyjsjyxx/gjjl/szfa/jyss/263535.shtml.

绝大部分,实践应用学科过少;培养过程重基本理论研究,轻应用研究,学生实践能力难以得到有效培养;毕业流向主要定位于高等学校或研究机构,供需失衡的现象日渐严重,毕业生即便愿意从事基础教育阶段的教学工作,也会在求职或工作中遇到很多实际问题。

教育硕士专业学位的设置和发展,为上述问题的解决提供了切实有效的途径。首先,通过培养大批教育领域的高层次应用型人才,能够更好地服务于基础教育的实际需要,从而显著增强了研究生教育的社会服务功能。其次,采取在职与全日制两种培养路径,使基础教育在职教师、高校应届毕业生都获得了接受专业硕士教育的机会,既有利于充实培养规模,也能够保障培养质量。最后,就高等师范院校的学位和研究生教育而言,也增加了培养类型和数量,扩大了社会影响和招生吸引力。由此可见,教育硕士专业学位的设置和发展,对于专业学位教育体系的健全和完善,以及师范类院校研究生教育的改革与创新,都具有相当重要的意义。

2.是我国基础教育改革与发展的需要

基础教育质量的高低,直接影响着高等教育的生源,也关系着整体的国民素质。自改革开放以来,我国基础教育快速发展,数量规模和普及程度取得了值得肯定的成效。但在培养质量方面,仍存在某些缺陷与问题。从现实的影响因素来看,师资素质无疑是制约基础教育质量持续提高的重大瓶颈。造就高素质的教师和管理干部队伍,已成为基础教育发展的迫切需求。而教育硕士专业学位的设置和完善,则是基础教育师资质量建设的一项重要手段。

早在1993年2月,中共中央、国务院印发的《中国教育改革和发展纲要》就提出大力加强基础教育师资队伍建设。高等学校尤其是师范院校,"要积极承担培养中小学和职业技术学校师资的任务。要制定教师培训计划,促进教师特别是中青年教师不断进修提高,使绝大多数中小学教师更好地胜任教育教学工作"[①]。1996年4月,设置教育硕士专业的主要目的即在于"加快教育师资和管理队伍的建设,提高教育教师和管理人员的素质,促进我国基础教育教学及其管理水平的提高"[②]。1999年6月,中共中央、国务院《关于深化教育改革全面推进素质教育的决定》更是明确要求优化结构,建设全面推进素质教育的高质量的教师队伍。"在中小学培养一批高水平的学科带头人和有较高影响的教书育人专家,造就一支符合时代要求、能发挥示范作用的骨干教师队伍";"经济发达地区高中阶段教育的专任教师和校长中获得硕士学位者应达到一定的比例"[③]。教育硕士专

---

① 中国教育改革和发展纲要[EB/OL].http://www.people.com.cn/item/flfgk/gwyfg/1993/112701199312.html.
② 国务院学位委员会关于设置和试办教育硕士专业学位的报告[EB/OL].http://www.cdgdc.edu.cn/xwyyjsjyxx/gjjl/szfa/jyss/263535.shtml.
③ 中共中央、国务院关于深化教育改革全面推进素质教育的决定(中发〔1999〕9号)[EB/OL]. http://www.chinalawedu.com/news/1200/22598/22615/22793/2006/3/he7396032197360029150−0.htm.

业教育的设置和发展,正是培养基础教育学科骨干教师的重要手段,也是中小学教师、管理人员获得硕士学位的重要途径,从而可在长远上促进基础教育师资队伍建设,提高基础教育的整体质量。

3.是推动我国基础教育师资专业化发展的需要

教育硕士专业学位的设置与充实,能够有效提高基础教育师资的专业水平、学历层次和社会地位,促进教师职业的整体专业化发展。1999年6月,江泽民同志在第三次全国教育会议上的讲话指出:"社会上任何一个职业,只有它的专业性越强,具有不可替代性,它的社会地位才越高。"[①]相当长一段时期内,我国中小学教师的学历层次普遍偏低,整体专业化程度不高,社会地位和职业吸引力也受到严重影响。为解决这一矛盾,除严格执行教师资格证书制度、加强在职培训、注重发展性评价、开展校本行动研究等措施外,实施教育硕士专业教育也是推进教师专业化建设的一项重要手段。

教育硕士专业学位具有特定的教育职业背景,主要培养面向基础教育教学和管理工作需要的高层次人才。其培养层次与学术型硕士处于同一级别,是研究生教育的组成部分。培养过程既有统一的规格要求和入学考试,又针对基础教育不同阶段、不同学科的特点,分类指导,重在加强基础理论和专业知识学习,提高解决实际问题的能力。通过在职或全日制两种培养路径,学习者可以掌握系统的现代教育理论和教育研究方法,并能应用于分析和解决教育教学或管理中存在的实际问题,以实践研究为指向完成学位论文,参加论文答辩并获得硕士学位。这就切实保障了教育硕士专业教育的培养质量,也使基层教育师资的学历层次、专业水平和社会地位以明显提高,迎合并推动了教师专业化的发展趋势。

---

① 江泽民在第三次全国教育会议上的讲话[EB/OL]. http://fagui.eol.cn/html/201008/4636.shtml.

第三节　教育硕士专业的特点

专业学位教育是研究生教育中的一个学位类型,而教育硕士是专业学位教育中的一种培养类型,全日制教育硕士又是教育硕士中的一种培养模式,这几个概念带有逐层递进和包容的关系。为明晰起见,可依次从以下三个层次分别进行比较与分析:首先,通过与学术性学位教育的比较,分析专业学位教育的特点;其次,通过与教育学硕士的比较,分析教育硕士的特点;最后,通过与非全日制教育硕士培养模式的比较,分析全日制教育硕士的特点。

一、专业学位教育的特点

按照1996年《专业学位设置审批暂行办法》的规定:"专业学位作为具有职业背景的一种学位类型,是为完善我国学位制度,加速培养经济建设和社会发展所需要的高层次应用型专业人才而设置。各级专业学位对应各级学术性学位,处于同一层次。"2002年《关于加强和改进专业学位教育工作的若干意见》又解释为:"专业学位,或称职业学位,是相对于学术性学位而言的学位类型,培养适应社会特定职业或岗位的实际工作需要的应用型高层次专门人才。专业学位与相应的学术性学位处于同一层次,培养规格各有侧重。"

专业学位与学术性学位都是现代研究生学位教育体系的重要组成部分,相互之间既有共同的联系,又有明显的区别。两者之间的联系为:都建立在共同的学科基础之上,攻读两类学位者都需要接受共同的学科基础教育,都需要掌握学科基本理论和基础知识与技术。在不同的教育阶段,两类学位获得者可通过进一步深造达到交叉发展。如学术性硕士学位获得者可以攻读专业博士学位,专业硕士学位获得者也可以攻读学术性博士学位。从本质上来讲,"专业学位研究生教育是一种从学术学位研究生教育中生发出来的相对独立的教育类型,它并非另起炉灶自建体系,而是与学术学位研究生教育和谐共生,它将学术学位研究生教育的适切要素吸收进来,并使之成为自身的有机组成部分"[1]。

专业学位和学术性学位的区别,突出体现为需求导向与培养定位的不同。首先,学术性学位面向学科专业需求,以学术研究为导向,偏重理论研究,强调学术创新,主要培

---

[1] 别敦荣.专业学位研究生教育的特性及其质量标准的学理探析[J].教育科学文摘,2013(4).

养在高校、科研机构从事教学和科研工作的研究型人才。专业学位面向社会职业需求，以专业实践为导向，偏重实践研究，强调应用能力，主要培养社会特定职业或岗位需要的应用型高层次专门人才。其次，学术性学位主要是为了满足人的发展的普遍需要和社会基础研究人才的需要，学位获得者需要掌握学科领域中较高深的知识与理论，进行学术研究。专业学位主要是为了满足特定社会职业的专业人才需求，学位获得者需要具备特定职业所要求的专业能力和素养，能够运用专业领域已有的理论、知识和技术有效地从事专业工作，合理有效地解决专业问题。

结合相关政策规定，通过专业学位与学术性学位的内涵比较，可总结出专业学位教育所具有的如下基本特征。

（一）职业性

职业性是专业学位教育的首要特征，也是其区别于学术性学位教育的本质属性。其一，从历史渊源来看，专业学位首先产生于西方中世纪，最初只是一种职业资格证书或从业执照。其二，从国际通例来看，专业学位一般也称为职业学位，培养目标都定位于社会特定职业实际需要的应用型高层次专业人才。其三，就我国相关政策规定而言，也始终肯定和强调了专业学位的职业背景和职业属性。如1996年《专业学位设置审批暂行办法》表示："专业学位作为具有职业背景的一种学位类型。"2002年《关于加强和改进专业学位教育工作的若干意见》则将"专业学位"直接称为"职业学位"。2006年3月，时任国务院学位委员会副主任、教育部副部长吴启迪在全国公共管理硕士专业学位教育指导委员会换届会议上的讲话也指出："专业学位是规范的职业教育，是比较高层次的职业教育。"[①]

（二）学术性

学术性或称研究性，与教育硕士的职业性特征并不排斥。首先，专业学位本身是一种学位类型。按照《中华人民共和国学位法》的规定，"学位是建立在高等教育阶段严格的科学训练和考核的基础之上，主要是反映高等教育各个阶段所达到的不同学术水平的称号，它是评价学术水平的一个尺度"。无可否认，任何学位类型都是对学术水平的一种鉴定与认可，只不过学术性学位侧重于理论研究，专业学位更注重应用研究，其职业性特征并不是对研究性的排斥与对立。其次，专业学位教育定位于培养应用型高层次专业人才，不同于一般的职业技能培训，学位获得者必须具备一定的学术素养，才能进而掌握较高的实践研究和应用能力。最后，专业学位教育属于研究生教育的组成部分，其培养过程和评价体系都必须符合研究生教育的基本学术要求，体现学术研究的维度与标准。因此，专业

---

① 吴启迪.转变观念 提高认识 积极促进专业学位教育的健康、快速发展[J].学位与研究生教育,2005(9).

学位教育是职业性与学术性的有机统一,也可称为"内含学术性的职业性研究生教育"。①

(三)应用性

应用性或称实践性,也是专业学位教育的重要特征之一。首先,专业学位教育的培养目标为"应用型高层次专门人才",即足以说明其应用性特质。所谓应用型人才,就必须掌握实践性的知识,具备较高的实践应用能力。其次,专业学位教育培养过程的各个环节都必须始终贯穿实践应用性的需要。如在2002年《关于加强和改进专业学位教育工作的若干意见》中,就有如下明确规定:一是培养方案和课程设计要体现实践性,教学内容要紧密联系实际需要。着重培养学生的思维能力、逻辑推理能力和操作能力以及观察问题和创造性解决问题的能力。二是教学方式要将课堂讲授与研讨、模拟、案例教学、实践等形式有机结合,加强实践环节,创造条件建立较稳定的实践基地,把理论学习与实际应用紧密结合。三是论文选题应有现实针对性、应用性,论文内容强调理论在实践中的应用,论文要综合反映学生运用知识分析问题和解决问题的能力及调查研究的能力。四是教师必须要紧密接触实际,具有实践经验,积极吸收实际部门有丰富实践经验和较高理论水平的人员参与教学活动。

需要特别解释说明的是,虽然专业学位教育具有实践性特征,但并非意味着学习者必须预先具备相关的职业背景、工作经历和实践经验。实践经验与专业学位教育之间,可以说是一种相辅相成的关系。已经具备或逐步获取实践经验,可以促进专业学位教育培养目标的达成,而在专业学位教育的培养过程中,学习者又能够弥补或掌握实践经验。因此,专业学位教育对工作经历要求的本意是为了保证在教学中实现理论与实际的统一,更好地体现其特定的职业指向性,但不能将这种要求绝对化地设定为攻读专业学位的必要条件。"也就是说,只要能够在教学中实现理论与实际的统一,就能够达到专业学位的要求。从这个意义上讲,是否拥有实际工作经历不能成为专业学位教育的招生标准。"②全日制专业硕士的生源以应届本科毕业生为主,就充分地说明了这一点。

二、教育硕士的特点

1996年《关于开展教育硕士专业学位试点工作的通知》指出:"教育硕士专业学位是具有特定教育职业背景的专业性学位,主要培养面向基础教育及其管理工作需要的高层次人才。它与现行的教育学硕士在学位上处于同一层次,但规格不同,各有侧重。"2004年《关于加强教育硕士的培养与管理工作的意见》对此的解释基本相同,只是更为强调其

---

① 周颋.我国专业学位研究生教育发展对策研究[D].兰州:兰州大学硕士学位论文,2008:13.
② 别敦荣,赵映川,闫建璋.专业学位概念释义及其定位[J].高等教育研究,2009(6).

实践性特征。教育学硕士与教育硕士的区别首先在于学位类型的不同,分别归属于学术性学位和专业学位,但两者之间还是有某些内在的联系或共性。其一,学位层次都是硕士,教育阶段都是研究生教育。其二,报考条件都要求大学本科学历或具有同等学力。其三,都要接受系统的学位教育,完成学位课程学习和学位论文答辩。其四,都是以教育作为学习领域,都必须具备教育专业知识和基本理论,掌握教育研究方法与研究能力,都带有一定的研究性。

作为专业学位的教育硕士,与作为学术性学位的教育学硕士相比,其不同之处主要有:(1)设置依据不同。教育学硕士学位依据教育学科领域设置,教育硕士学位依据教师职业领域设置。(2)培养目标不同。教育学硕士学位主要培养从事教育学科教学和科研工作的研究型人才,教育硕士学位主要培养从事基础教育教学和管理工作的应用型人才。仅就毕业去向而言,教育学硕士更为开放,包括高等教育和基础教育的各级各类学校、各级教育行政部门,甚至非教育机构。教育硕士则较为封闭,无论各种培养模式和学生来源,在制度原则上都要求与基础教育及其管理工作相关。(3)培养规格不同。教育学硕士以学习学科理论为主,侧重理论研究和学术创新;教育硕士以掌握专业能力为主,侧重实践研究和应用能力,需要运用教育理论和研究方法,分析和解决教育实践中的具体问题。

当然,教育硕士的职业性特征也并不排斥学术性的内在要求,同样可视为职业性与学术性的有机统一。特别是在当前教师专业化的发展趋势下,对教师专业素质提出了更为全面的要求,而教育硕士作为基础教育领域高水平、高层次教师的重要培养渠道,其能力素质要求也更多地带有综合性或复合性特征。1996年《关于开展教育硕士专业学位试点工作的通知》对此规定为"该学位获得者应具有良好的职业道德,既要掌握某门学科坚实的基础理论和系统的专业知识,又要懂得现代教育基本理论和学科教学或教育管理的理论及方法,具有运用所学理论和方法解决学科教学或教育管理实践中存在的实际问题的能力,能比较熟练地阅读本专业的外文资料。"2004年《关于加强教育硕士的培养与管理工作的意见》以上述规定为基础,又增加了关于现代教育教学技术和方法、教师身体和心理素质、终身学习理念和教师专业化发展与成长理念的要求。由此可见,教育硕士的特征是多元兼容的,除职业性、学术性、应用性等专业学位教育的共同特质外,同时还具有综合性与发展性的特点。

三、全日制教育硕士的特点

至今为止,我国教育硕士专业教育已先后实施有四种培养模式,分别为在职人员攻读教育硕士、农村教育硕士、全日制教育硕士、免费师范生教育硕士。其中只有全日制教育硕士的学习方式为全脱产,其余三种的学习方式以不脱产或半脱产为主,可统称为在职或非全日制教育硕士。从培养目标和规格来看,全日制与非全日制并没有实质差异,也都带有教育硕士的共同特征。两者之间的区别,主要体现为培养模式中某些具体要素的不同。

1.招生对象。非全日制三种培养模式都要求在职身份和工作经历,在职人员攻读教育硕士最初只招收具有三年以上工作经验的普通高中专任教师和中小学管理人员,后来逐步扩展为基础教育各级各类学校、各级教育行政部门的在职人员。农村教育硕士虽然招收应届本科毕业生,学习方式也由"1+1+1+2""3+1+1"改为"3+1",但学生入学时都已实际具有在职身份和一定的工作经历。与之类似,免费师范毕业生也需要到中小学任教满一学期后,才能申请免试在职攻读教育硕士。全日制教育硕士的招生对象以应届本科毕业生为主,也包括其他符合相应报考条件的社会人员,对在职身份和工作经历没有任何要求。

2.课程设置。非全日制教育硕士属于在职培养,学生入学时都有或多或少的工作经历,并具有一定的工作经验和职业技能,但能够脱产集中学习的时间较为有限,因此课程设置相对偏重于专业知识和基础理论。如2004年《关于加强教育硕士的培养与管理工作的意见》要求:"切实保证教育学科专业与学科专业课程的合理比例,即所设教育学科专业的课程门数与学分数应高于学科专业课程。教育学科专业课程必须设置"教育学原理专题研究""教育心理学""教育科研方法""现代教育技术""学科课程与教学论"或"教育管理学"等课程;学科专业课程应设置能加强、扩展或更新学员学科专业知识的课程。学科专业课的体例一般应采用专题形式,重视对学科研究具有范例价值的内容。"

全日制教育硕士的招生对象主要是应届本科毕业生,能够保证充足的脱产集中学习时间,但他们没有实际的工作经历,也普遍缺乏职业经验和职业技能。因此,课程设置相对更强调实践能力的培养。2009年《关于做好全日制硕士专业学位研究生培养工作的若干意见》就此明确规定:"课程设置要以实际应用为导向,以职业需求为目标,以综合素养和应用知识与能力的提高为核心。教学内容要强调理论性与应用性课程的有机结合,突出案例分析和实践研究;教学过程要重视运用团队学习、案例分析、现场研究、模拟训练等方法;要注重培养学生研究实践问题的意识和能力。课程学习与实践课程要紧密衔接,应届本科毕业生的实践教学时间原则上不少于1年。"

3.就业去向。非全日制教育硕士生都属于在职攻读,人事关系和组织关系仍保留在原工作单位,毕业之后一般也会返回原单位继续工作,带有一定的封闭性与定向性。全日制教育硕士则与教育学硕士相仿,毕业分配实行双向选择,原则上应从事与基础教育教学和管理相关的工作,但择业不受政策限制,更为开放与自由。最后需要说明的是,毕业是否取得研究生学历证书,并不是区别全日制和非全日制教育硕士的一项依据。在四种培养模式中,除最早实施的在职人员攻读教育硕士外,农村教育硕士(应届本科毕业生类)、全日制教育硕士、免费师范生教育硕士都可同时取得硕士研究生学历证书、教育硕士专业学位证书。

第二章 教育硕士专业发展的现状与问题

第一节 教育硕士专业发展的现状

当前,我国教育硕士学位的类型和培养形式呈现出多样化发展态势。除了在职和全日制攻读教育专业硕士学位两种基本形式之外,还包括农村学校教师、特岗教师和"免费师范教育生"在职攻读教育硕士专业学位的形式。教育硕士专业学位教育呈现开放、立体(分层)、多元化的发展态势。为清楚认识这些纷繁复杂、眼花缭乱的教育硕士类型,我们可以这样来区分:首先,可以区分为全日制教育硕士和在职教育硕士两大类;全日制教育硕士只有一种。其次,在职教育硕士可以根据是否通过考试入学而区分为两类:一是通过考试入学的在职教育硕士,这是 1996 年开始设置的主要的教育硕士类别。二是免试入学的在职教育硕士,主要包括农村教育硕士、特岗教育硕士、免费师范生教育硕士三种类型。

一、通过考试入学的在职教育硕士学位专业的发展情况

通过考试入学的在职教育硕士是我国发展最早的教育硕士类型。1996 年 4 月 30 日,国务院学位委员会第十四次会议审议通过的《关于设置和试办教育硕士专业学位的报告》(以下简称《报告》)正式提出设置教育硕士专业学位。《报告》规定:教育硕士专业学位分设学科教学和教育管理两个培养方向。招生对象为"大学本科毕业,具有三年以上第一线教学经历的基础教育的专任教师和管理人员"。1996 年 6 月 10 日,国务院学位委员会办公室、国家教委研究生工作办公室联合下发的《关于开展教育硕士专业学位试点工作的通知》,对教育硕士试点工作的指导思想和原则、教育硕士专业学位的基本要求以及试点工作的组织与实施等做出了明确规定,并成立了全国教育硕士专业学位教育专家指导小组(1999 年 7 月 19 日,改名为"全国教育硕士专业学位教育指导委员会")。由此,我国的教育硕士专业开始从无到有地起步了。

经过二十余年的发展,我国教育硕士专业发展已经具有了相当大的规模。当前,我国教育硕士专业的发展呈现出欣欣向荣的景象。开展教育硕士专业学位教育的院校,在开始试点时(1996 年确定,1997 年开始招生)只有 16 所。两年后的 1998 年,增加了 13 所。2003 年,又增加了 12 所。2005 年增加 8 所,2007 年增加 8 所,2009 年增加 16 所,2010 年增加 10 所,2011 年增加 5 所。到 2011 年 10 月,教育硕士研究生培养单位已达到 88 所院校。增加最多的是 2014 年,该年共增加 50 所。至此,开展教育硕士专业学位教育的院校共 140

余所,覆盖了我国除海南、澳门、香港、台湾以外的各个省(直辖市、自治区)。

另外,教育硕士招生对象范围不断扩大。1996 年,国务院学位办文件规定只招收普通高中现职教师或管理人员。1997 年,国务院学位办文件规定招收在职普通中学专任教师或教育管理人员和中等师范学校在职专任教师。可见,招生对象从普通高中扩展到初中和中师,但是依然限于专任教师与管理人员。1998 年,国务院学位办文件规定进一步扩大到其他中等学校的文化基础课专任教师和具有中学教师职务的教研员。招生对象扩展到了中等职业学校。2001 年,教育硕士的招生对象扩展到小学专任教师或管理人员。2002 年,招生对象继续扩展到幼儿园教育工作者。2003 年,招生对象继续扩展,增加了政府机关教育系统中具有(或相当于)中学、小学、幼儿园教师职务的管理人员报考。至此,招生对象涵盖了基础教育各级各类学校的专任教师和教育管理者以及各级教育行政部门中具有(或相当于)中小学、幼儿园技术职务的管理干部,形成了一个全方位的服务于基础教育战线的教育硕士专业学位的招生体系。

教育硕士的学科与专业设置也不断增多。1996 年 10 月 10 日,国务院学位委员会转发的《教育硕士专业学位第一次试点工作会议纪要》及有关决定的通知规定:1997 年招收教育硕士的学科与方向为:教育管理和学科教学 2 个专业(学科教学专业含 6 个专业方向,即数学、语文、思想政治教育、物理、化学、生物)。2002 年,增设了现代教育技术专业和学科教学的 6 个专业方向。2004 年,增设了小学教育专业。2007 年,增设了科学与技术教育、心理健康教育专业。至此,教育硕士专业达到 6 个,专业方向达到 17 个。2010 年,又增设了学前教育专业和特殊教育专业。到目前为止,已初步形成了我国教育硕士专业学位的专业设置框架。现有教育管理、学科教学、现代教育技术、小学教育、科学技术教育、心理健康教育、学前教育、特殊教育共 8 个专业、19 个专业方向。[①]

招生人数方面,由 1997 年的 200 余人,到 2001 年突破 5000 人,达到 6262 人;再到 2004 年(2005 年入学)突破万人大关,达到 10422 人;2005—2009 年稳定在 1.1 万余人;2010 年由于国家减少在职攻读硕士专业学位总招生规模,招生人数下降为 8986 人。从 2009 年开始,国家开通全日制攻读教育硕士专业学位(打破设立之初的原则,招收无教育实践背景的考生),当年招生人数 4537 人;2010 年招生人数为 5444 人。截至 2010 年 12 月,累计录取各类教育硕士研究生约 12 万人。[②]

获得学位人数方面:从全国范围来看,从 1999 年的 100 余人,到 2000 年的 1183 人,到 2005 年的 6206 人,再到 2010 年的 8700 人,到 2010 年 12 月,获学位人数已达约 6 万人。[③] 自 2010 年以来,通过考试入学的在职教育硕士处于稳定、健康、正常的发展之中。

当前,通过考试入学的在职教育硕士专业处于蓬勃发展之中。该教育硕士专业的设

---

① 教育专业学位基本概况[EB/OL].http://www.edm.edu.cn//viewnews.jsp? id=41.
② 教育专业学位基本概况[EB/OL].http://www.edm.edu.cn//viewnews.jsp? id=41.
③ 教育专业学位基本概况[EB/OL].http://www.edm.edu.cn//viewnews.jsp? id=41.

置和发展丰富与充实了我国的教育学硕士群体,为我国基础教育事业的发展做出了重大贡献。与其他教育硕士类别相比,这一教育硕士专业的发展是存在问题最少的一类。例如,全日制教育硕士专业的学制是2年,没有弹性,学制较短,硕士生的学习很紧张。相反,在职教育硕士专业的学制具有弹性,学员可以在3~5年内完成。其次,全日制教育硕士生的实践、实习受到很大限制,而在职教育硕士由于没有脱产,因此根本不存在实践、实习方面的问题。与农村教育硕士、特岗教育硕士、免费师范生教育硕士等这些免试入学的教育硕士生相比,考试入学的教育硕士的知识与专业基础比较厚实,学员之间的差异不突出。免试入学的教育硕士生,尤其是免费师范教育硕士生大规模地免试入学存在教育公平的问题、政策的合理性问题等。相反,通过全国统一考试入学的在职教育硕士生在这些方面不存在什么问题。在职教育硕士生存在的主要问题是:在职教育硕士学员所面临的学业冲突非常大,尤其工作和学习矛盾,即工学矛盾,这是阻碍教育硕士学习的重要矛盾。[①] 在职教育硕士生的年龄大多是30多岁,处于"上有老、小有小"的关键期,需要花费大量时间用在工作与生活、家庭方面,因此用于学习与完成学位论文的时间很有限。加上课程学习多是集中授课的形式,一门课往往在三五天就要结束,又由于课程成绩往往是写课程论文的形式,不用考试,因此他们难以认真细致、深入地学习。

二、全日制教育硕士专业学位研究生的教育现状

2009年3月19日,教育部颁发的《关于做好全日制硕士专业学位研究生培养工作的若干意见》(教研〔2009〕1号)规定:"决定自2009年起,扩大招收以应届本科毕业生为主的全日制硕士专业学位范围。"全日制教育硕士专业即开始设置。具体招生的专业与方向很多,如:教育管理专业、学科教学专业、现代教育技术专业、小学教育、心理健康教育、科学与技术专业、学前教育专业、特殊教育专业等。其中,学科专业又包括思想政治、语文、数学、物理、化学、生物、英语、历史、地理、音乐、体育、美术等方向。

2009年5月19日,国务院学位委员会办公室发布了《关于转发全日制硕士专业学位研究生指导性培养方案的通知》。其中,《全日制教育硕士专业学位研究生指导性培养方案》(以下简称《方案》)对全日制教育硕士学位专业的培养目标、招生对象等问题做了具体的规定。关于培养目标,《方案》指出:"培养掌握现代教育理论、具有较强的教育教学实践和研究能力的高素质的中小学教师。"具体要求的一个重要方面是:"具有较强的教育实践能力,能胜任相关的教育教学工作,在现代教育理论指导下运用所学理论和方法,熟练使用现代教育技术,解决教育教学中的实际问题;能理论结合实践,发挥自身优势,开展创造性的教育教学工作。"

---

① 施国春.在职教育硕士群体特点及培养对策[J].辽宁工业大学学报(社会科学版),2015(2).

全日制教育硕士学位专业的招生对象为：具有国民教育序列大学本科学历（或本科同等学力）人员。学习方式及年限是采用全日制学习方式，学习年限一般为2年。课程设置要体现理论与实践相结合的原则，分为学位基础课程、专业必修课程、专业选修课程、实践教学四个模块。总学分不少于36学分。其中，实践教学时间原则上不少于1年。实践教学包括教育实习、教育见习、微格教学、教育调查、课例分析、班级与课堂管理实务等实践形式，其中到中小学进行实践活动的时间不少于半年（创造条件，尽可能采取顶岗实习的方式）。教学方式要重视理论与实践相结合，采用课堂参与、小组研讨、案例教学、合作学习、模拟教学等方式。应在中小学建立稳定的教育实践基地，做好教育实践活动的组织与实施。成立导师组负责研究生的指导，并在中小学聘任有经验的高级教师担任指导教师，实行双导师制。

全日制教育硕士专业的学位论文选题应紧密联系基础教育实践，来源于中小学教育教学中的实际问题。论文形式可以多样化，如调研报告、案例分析、校本课程开发、教材分析、教学案例设计等。论文字数不少于1.5万字。修满规定学分，并通过论文答辩者，经学位授予单位学位评定委员会审核，授予教育硕士专业学位，同时获得硕士研究生毕业证书。

《方案》还规定：非师范类专业毕业生入学后，应至少补修3门教师教育课程（如教育学、心理学和学科教学论），不计学分。跨专业毕业生入学后，至少补修2门学科专业基础课，不计学分。

全日制教育硕士的学制一般为2年，在时间上比传统的学术型研究生更具有竞争力，一诞生便受到立志从事教师职业考生的热捧。据报道，全日制教育专业硕士生的报考热度年年递增，到2015年全日制教育硕士专业学位研究生和教育学学术型硕士生的招生人数与报考人数均已经达到约1∶1的水平。

自2009年以来，全日制教育硕士专业取得了突飞猛进的发展。但是，从辩证和一分为二的角度看，全日制教育硕士专业在取得重大成就的同时，也存在一些不可忽视的问题。这些问题已经引起了人们的注意。有研究者把这些问题归纳为：(1)招生生源问题，即生源质量比较差。这方面存在的主要问题有：第一，跨专业考生较多，考生缺乏相应的学科背景与基础；第二，三本及同等学力考生较多；第三，各学科招生人数不均衡。(2)培养模式方面存在的问题。主要有：第一，培养规格的同质化倾向严重；第二，课程设置的理论化倾向严重；第三，学位论文的学术化倾向严重。(3)导师队伍方面存在的问题。主要有：第一，导师遴选标准不科学；第二，专业型导师数量不足；第三，学术型导师水平不高。(4)实践环节方面存在的问题。主要有：第一，教育实习环节不佳；第二，教学技能训练环节不够；第三，实践教学标准缺乏。①

---

① 孟庆男,王安娜.全日制专业学位教育硕士培养中的问题与对策——以辽宁省学位教育硕士培养为例[J].教育探索,2015(5).

三、免试入学的在职教育硕士发展情况

(一)农村教育硕士的发展情况

农村教育是教育事业的重中之重。解决农村教师匮乏和整体素质偏低问题是加快农村教育发展、全面提高农村教育质量的重中之重。为此,2004年4月7日,教育部发布《关于做好为农村高中培养教育硕士师资工作的通知》,决定从2004年开始实施"农村高中教育硕士师资培养计划",鼓励大学应届本科毕业生到中西部地区"国家扶贫开发工作重点县"(简称"扶贫县")高中任教。具体做法是在具有推荐免试研究生资格的大学中,选拔部分优秀应届本科毕业生,通过如下方式为中西部地区扶贫县高中培养教育硕士师资:第一年,由省级教育行政部门安排获得农村教育硕士专业学位推荐免试研究生(简称"农村教育硕士生")入学资格的学生到指定的扶贫县高中任教。第二年,农村教育硕士生到培养学校注册研究生学籍,脱产学习教育硕士专业学位研究生课程。第三年,农村教育硕士生在任教学校工作岗位上,边工作、边学习,通过现代远程教育等方式继续学习部分课程,并撰写学位论文。学生毕业通过论文答辩后,获硕士研究生学历证书和教育硕士专业学位证书。第四、第五年在任教中学承担教学任务。

由于农村教育硕士是由高校在应届本科毕业生中采取"推荐免试"的方式入学、到全国扶贫县工作等原因,十多年来农村教育硕士的发展规模不大。例如:海南省从2010年才开始启动,当时仅海南师范大学有招生资格,2010年招收了50名,2011年也只招收了50名。2012年开始改招"特岗教师",招收人数略多一些。① 四川省的招生规模略大一点。在2004—2005年的试点阶段,招生70人左右;2006—2009年的政策扩大阶段,招生90人左右;2010年由于"硕师计划"与"特岗计划"的结合,招收了120人左右。② 2009年,湖北省计划招生150名,签约95人,3年后实到培养学校进修的有56人。③

有研究者根据《2004年农村教育硕士生招生简章》《教育部办公厅关于做好2005年为农村高中培养教育硕士师资工作的通知》《教育部办公厅关于做好2006年为农村学校培养教育硕士师资工作的通知》《教育部办公厅关于做好2007年"农村学校教育硕士师资培养计划"实施工作的通知》《教育部办公厅关于做好2008年"农村学校教育硕士师资培养计划"实施工作的通知》《关于做好2009年推荐优秀应届本科毕业生免试攻读硕士学位研究生工作的通知》《关于做好2010年"农村学校教育硕士师资培养计划"实施工作的通知》《关于做好2011年"农村学校教育硕士师资培养计划"有关工作的通知》《关于做

---

① 胡佳静.海南省农村教育硕士培养现状调查研究[D].海口:海南师范大学教育硕士学位论文,2014:6.
② 安倩颖.农村教师专业发展政策实施问题研究——以农村教育硕士政策为例[D].重庆:西南大学硕士学位论文,2014:18.
③ 玉新靖.农村教育硕士专业成长过程探究[D].武汉:华中师范大学硕士学位论文,2014:2.

好 2012 年推荐优秀应届本科毕业生免试攻读硕士学位研究生工作的通知》《关于做好 2013 年推荐优秀应届本科毕业生免试攻读研究生工作的通知》《关于做好 2013 年推荐优秀应届本科毕业生免试攻读研究生工作的通知》等文件中公布的官方分配名额进行统计,发现从 2004 年到 2014 年的十年里,国家计划招生农村教育硕士生 14588 人。但据研究者估算,报到率大约只有 37.3%,因此实际可能只有约 5400 名农村教育硕士生毕业或在各省贫困县从教。①

"农村学校教育硕士师资培养计划"自 2004 年实施以来,取得了积极成效,为农村学校培养了一批骨干教师。为进一步加强农村教师队伍建设,在总结经验基础上,教育部决定从 2010 年开始,进一步扩大"农村学校教育硕士师资培养计划"(硕师计划)规模,并与"农村义务教育阶段学校教师特设岗位计划"(特岗计划)结合实施。由此,"农村教育硕士"开始走向新阶段。

(二)"特岗教育硕士"发展情况

"特岗教育硕士"是在"农村义务教育阶段学校教师特设岗位计划"的基础上发展起来的。为贯彻落实党的十六届五中全会精神,进一步加强农村教师队伍建设,促进义务教育均衡发展,2006 年 5 月 15 日,教育部、财政部、人事部、中编办联合颁发了《关于实施农村义务教育阶段学校教师特设岗位计划的通知》(教师〔2006〕2 号),决定组织实施"农村义务教育阶段学校教师特设岗位计划"(特岗计划)。计划通过公开招募高校毕业生到西部"两基"攻坚县的县以下农村义务教育阶段学校任教,引导和鼓励高校毕业生从事农村教育工作,逐步解决农村地区师资力量薄弱和结构不合理等问题,提高农村教师队伍的整体素质。这项计划是创新农村学校教师补充机制,吸引高学历人才从事农村义务教育的一项重大举措,也是引导和鼓励高校毕业生到西部边远贫困地区就业的实际行动。随该通知同时颁发的《农村义务教育阶段学校教师特设岗位计划实施方案》(以下简称《方案》)对"特岗计划"做了详细的规定。

《方案》规定特设岗位教师聘期 3 年,"计划"的实施范围以国家西部地区"两基"攻坚县为主,"计划"所需资金由中央和地方财政共同承担,以中央财政为主。"计划"是中央对西部农村贫困和边远地区解决教师问题的支持,不改变事权划分。纳入"计划"的县(市),在"计划"实施期内不得再以其他方式补充新教师。"计划"的实施采取先试点,后推开的办法。2006 年拟安排 2~3 万个特设岗位教师。2007 年至 2010 年在不断总结试点工作的基础上,根据中小学生数量变动情况,每年另行确定招聘人数。特设岗位教师实行公开招聘,合同管理。招聘对象和条件以高等师范院校和其他全日制普通高校应届本科毕业生为主,可招少量应届师范类专业专科毕业生,取得教师资格。

---

① 玉新靖.农村教育硕士专业成长过程探究[D].武汉:华中师范大学硕士学位论文,2014:2.

《方案》还规定:"计划"的实施可与"农村学校教育硕士师资培养计划"相结合。符合相应条件要求的特设岗位教师,可按规定推荐免试攻读教育硕士。特设岗位教师3年聘期视同"农村学校教育硕士师资培养计划"要求的3年基层教学实践。这就为特岗教师在职免试攻读教育硕士提供了政策保证。

2009年底,教育部下发的《关于做好2010年"农村学校教育硕士师资培养计划"实施工作的通知》,规定在进一步扩大"硕师计划"的同时,对"硕师计划"做了四个方面的调整,其中包括:对于具备普通高等学校本科学历、三年聘期内年度(或绩效)考核至少一年优秀并继续留在当地学校任教,表现突出的特岗教师,经任教学校和县级教育行政部门考核推荐、培养学校单独考核,符合培养要求的,可推荐免试在职攻读教育硕士。[①]

2011年11月21日,教育部办公厅下发的《关于做好2011年特岗教师在职攻读教育硕士工作的通知》(以下简称《通知》)正式对特岗教师在职攻读教育硕士做出了明确规定,决定从2011年起,开展服务期满留任特岗教师在职攻读教育硕士专业学位工作。《通知》指出:"服务期满留任特岗教师攻读教育硕士专业学位采取在职学习的方式,学习年限按培养学校在职人员攻读教育硕士专业学位培养方案执行。通过学位论文答辩者授予教育硕士专业学位证书。"特岗教师只要具有全日制普通高等学校本科学历、参加特岗计划、服务期满且继续留在当地学校任教、近3年年度考核合格且至少有一次考核优秀的特岗教师,就可以直接登录"中国学位与研究生教育信息网"进行报名,由省级教育行政部门在学位网对本地区特岗教师进行资格审查并公示,培养学校根据省级教育行政部门提供的资格审查结果和特岗教师的年度考核情况、本科期间学习成绩,按不低于3∶1的比例择优确定复试名单并公示。具体的复试要求、录取办法和工作安排应提前告知参加复试的特岗教师并在学校网站予以公示,复试要加强对考生的教育基础知识、教育教学技能、综合素质和培养潜力等方面的考察,择优录取。

《通知》下发后,全国各地各高校纷纷响应,出台相关政策、措施,促进特岗教师教育硕士的发展。几年来,特岗教师教育硕士的招生专业、招生人数不断扩展。以2014年为例:2014年12月1日,从国务院学位委员会办公室和教育部教师工作司联合下发的《关于做好2014年特岗教师在职攻读教育硕士专业学位工作的通知》的"附件"——2014年特岗教师在职攻读教育硕士专业学位招生计划表可见,当年全国共计划招收2500名。招生专业包括教育管理、现代教育技术、学前教育、小学教育、心理健康教育、学前教育、特殊教育、学科教学(思政、语文、数学、英语、历史、物理、化学、生物、音乐、美术、体育)等领域。

---

① 薛寒.2010年"硕师计划"有四项政策调整[J].中国教育学刊,2009(1).

表 2-1　2014 年特岗教师在职攻读教育硕士专业学位招生计划表

省份	学校名称	招生计划	省份	学校名称	招生计划
北京	首都师范大学	20	山东	山东师范大学	20
天津	天津师范大学	20		曲阜师范大学	20
河北	河北大学	40		聊城大学	20
	河北师范大学	120		鲁东大学	20
山西	山西大学	40	河南	河南大学	100
	山西师范大学	80		河南师范大学	140
陕西	延安大学	80	湖北	湖北大学	80
辽宁	辽宁师范大学	20	湖南	湖南科技大学	50
	沈阳师范大学	20		湖南师范大学	70
	渤海大学	20	广东	华南师范大学	20
吉林	延边大学	30	广西	广西师范大学	120
	吉林师范大学	50	重庆	重庆师范大学	60
黑龙江	哈尔滨师范大学	80	四川	四川师范大学	60
江苏	南京师范大学	20		西华师范大学	60
	江苏师范大学	20	贵州	贵州师范大学	120
浙江	浙江师范大学	10	云南	云南大学	80
	杭州师范大学	10		云南师范大学	80
安徽	安徽师范大学	80	甘肃	西北师范大学	120
	淮北师范大学	80	青海	青海师范大学	80
江西	江西师范大学	60	宁夏	宁夏大学	100
新疆	新疆师范大学	120	海南	海南师范大学	40
内蒙古	内蒙古师范大学	20			

资料来源：http://tg.ncss.org.cn/tgzc/zy/286806.shtml.

四、免费师范生教育硕士学位教育的情况

从 20 世纪 90 年代后期开始,我国的高校招生开始实现"并轨",实行收费制,取消了高等师范教育的免费制。2007 年 5 月 9 日,教育部、财政部、人事部、中央编办等又联合制定了《教育部直属师范大学师范生免费教育实施办法(试行)》(以下简称《办法》),经国务院办公厅转发(国办发〔2007〕34 号)。该办法指出:"国务院决定在教育部直属师范大学实行师范生免费教育。"《办法》规定:"从 2007 年秋季入学的新生起,在北京师范大学、华东师范大学、东北师范大学、华中师范大学、陕西师范大学和西南大学六所部属师范大学实行师范生免费教育。要通过部属师范大学的试点,积累经验,建立制度,为培养造就大批优秀教师和教育家奠定基础。免费教育师范生在校学习期间免除学费,免缴住宿费,并补助生活费。所需经费由中央财政安排。"该办法第七条规定:"免费师范生毕业前及在协议规定服务期内,一般不得报考脱产研究生。免费师范毕业生经考核符合要求的,可录取为教育硕士专业学位研究生,在职学习专业课程,任教考核合格并通过论文答辩的,颁发硕士研究生毕业证书和教育硕士专业学位证书。"

2010 年 5 月 21 日,教育部发布《教育部直属师范大学免费师范毕业生在职攻读教育硕士专业学位实施办法(暂行)》(教师〔2010〕3 号),对免费师范毕业生在职攻读教育硕士问题做了具体的部署和规定。该实施办法指出:"自 2012 年起,北京师范大学、华东师范大学、东北师范大学、华中师范大学、陕西师范大学和西南大学从到中小学任教的免费师范毕业生中招收教育硕士专业学位研究生。"入学条件和方式是"免费师范毕业生到中小学任教满一学期后,均可申请免试在职攻读教育硕士专业学位,经任教学校考核合格,部属师范大学根据工作考核结果、本科学习成绩和综合表现考核录取"。学习采取在职学习方式,学习年限一般为 2~3 年,实行学分制。课程学习主要通过远程教育和寒暑假集中面授方式进行。教育硕士研究生培养模式,采取部属师范大学与地方政府、中小学校合作培养教育硕士研究生的新机制。选择具备条件的免费师范毕业生任教学校建立教育硕士研究生培养基地,实行部属师范大学和中小学的双导师制,共同研究和实施教育硕士研究生培养方案。通过全国教师教育网络联盟公共服务平台,部属师范大学教育硕士研究生课程实行学分互认,共享优质资源。在课程设置方面要求突出实践性,密切结合中小学教育教学实践,并与本科阶段所学课程相衔接,整体设计。导师队伍方面,要求加强教育硕士研究生导师队伍建设,选择责任心强、熟悉中小学教育、教学经验丰富的高校优秀教师和培养基地的中小学优秀教师组成双导师指导组。强调要认真组织远程教育课程学习和教育实践活动,制订严格的考核标准,采取科学有效的考核方法。教育硕士研究生课程考查与考试可通过调查报告、课程论文、教学设计、教学视频和笔试、口试等多种方式进行。实践环节考查要求学生在学习期间至少完成一篇实践调查报告和一

项教学设计。将免费师范毕业生在中小学教育教学工作岗位的实际表现作为教育硕士研究生成绩考查的重要内容。教育硕士专业学位论文撰写方面则要立足教育实践,突出学以致用,要运用教育理论、知识、方法分析和解决中小学教育教学工作中迫切需要解决的实际问题,具有创新性和实用价值。论文形式可以是研究报告、调研报告或教育教学案例分析报告等。

在职攻读教育硕士专业学位的免费师范毕业生修满规定课程学分,通过论文答辩,经学校学位评定委员会审核批准,授予教育硕士专业学位,并颁发硕士研究生毕业证书。在职攻读教育硕士专业学位的免费师范毕业生,如未按《师范生免费教育协议》从事中小学教育工作,部属师范大学可以取消学籍。免费师范毕业生在职攻读教育硕士专业学位招生计划在全国研究生招生总规模之内单列,全部为国家计划。

第一届免费师范毕业生已经于2012年开始在职攻读教育硕士学位。由于免费师范毕业生攻读教育硕士的门槛很低,大部分免费师范毕业生已经入读。例如陕西师范大学2007年招生免费师范生2500人,他们于2011年毕业后在2012年回校入读教育硕士的人数为2066人。① 对于免费师范毕业生攻读教育硕士,有学者认为这些政策是锦上添花,而类似的教育优惠政策更应当用到雪中送炭上去。② 有研究者指出:"免费师范生攻读教育硕士学位的新政策工具性的'效率'优先没有绝对公平,也没能照顾最小受惠者的最大利益。换言之,新政策的公正意义有待提高。"还有研究者认为"这是对非部属师范院校的不公平""免费师范生的培养没能真正照顾落后地区""对非免费师范生的不公平"。③

---

① 李高峰."免费师范毕业生在职攻读教育硕士"的困境与出路[J].研究生教育研究,2015(2).
② 李高峰."免费师范毕业生在职攻读教育硕士"的困境与出路[J].研究生教育研究,2015(2).
③ 李鹏,林克松,朱德全.发展与论争:免费师范毕业生在职攻读教育硕士专业学位之政策检视[J].现代教育管理,2013(3).

第二节　教育硕士专业发展的实质

当今,我国教育硕士专业的发展虽然蒸蒸日上,但是一些基本理论问题尚存在争议。例如:教育硕士专业发展的实质究竟是什么？它与学术型教育学硕士或普通本科教师教育之间究竟是什么关系？只有弄清楚了教育硕士专业的实质,才能够认识清楚这些关系。

一、教育硕士专业发展的实质是教师的专业发展

在我国教育或教育学领域,一直存在着这样两个问题:一是教育学理论似乎难以指导教育实践,因为一些人认为教育学理论比较抽象、空泛,不具有可操作性。二是我国各级各类教师比较普遍地存在着教育学理论素养偏低的现象,他们在教育教学活动过程中往往是按照经验进行,缺乏自觉的理论意识与理论指导,日复一日、年复一年、一辈复一辈地重复着昨天的故事。

在我们看来,教育学理论难以指导实践,其根本原因在于相当多的教育实践工作者并没有掌握多少教育学理论。他们或许根本就不想掌握多少教育学理论,只希望掌握一些可操作的教育学技术,直接指导教育实践,就如电工并不需要(希望)掌握多少电学或物理学理论,而只需掌握一些中学的电学常识与操作技术就能够顺利完成工作一样。我们常说"科学技术","科学"与"技术"其实并非一回事。科学解决的是"是什么"的问题,技术解决的是"怎么做"的问题。许多学科领域既有科学又有技术。所以,人们可以在不必掌握多么高深的科学理论的情况下就能够掌握相关的技术,从而顺利从事相应的工作。然而,教育学领域不像其他学科领域一样,既有理论,又有技术。教育学领域似乎只有理论,没有技术。因为教育学是人文科学,教育活动的对象是"人"而非"物"。这就是我国相当多的各级各类教师普遍存在教育学素养偏低、只能依靠经验从事教育教学活动的原因。因为他们一方面没有机会或者不愿意学习与掌握比较系统的教育学理论(例如,长期以来,我国高校本科专业如物理教育、数学教育、英语教育、语文教育等的课程方案里,往往只有普通教育学、普通心理学、学科教学法三门与教育学相关的课程。这三门课程只是教育学的入门课,距离掌握比较系统的教育学理论还比较遥远),另一方面又没有教育学技术可以让他们去掌握。

为了解决以上这些问题,开设教育硕士专业、培养专业型教师是根本出路所在。也就是说,教育硕士专业是培养专业型教师的事业,是为了我国教师的专业化发展而设。

这一实质早在1996年国务院学位委员会办公室、国家教委研究生办公室颁发的《关于开展教育硕士专业学位试点工作的通知》(以下简称《通知》)就有明确而具体的阐述："教育硕士专业学位是具有特定教育职业背景的专业性学位，主要面向基础教育教学和管理工作需要的高层次人才。教育硕士与现行的教育学硕士在学位上处于同一层次，但规格不同，各有侧重。该学位获得者应具有良好的职业道德，既掌握某门学科坚实的基础理论和系统的专业知识，又要懂得现代教育基本理论和学科教学或教育管理的理论及方法，具有运用所学的理论和方法解决学科教学或教育管理实践中存在的实际问题的能力，能比较熟练地阅读本专业的外文资料。"同时，该通知亦指出教育硕士专业学位的设置是为了"改变现行教育学科研究生教育尚存在的偏重学术研究、培养规格单一的状况，加强能力培养，探索一个适合国情的、规范的、能成批培养合格的应用型高层次教育基础人才的新型教育学研究生教育模式"。

就培养方式而言，该通知明确规定：教育硕士专业学位以课程学习为主，在教学安排上既有培养规格的统一要求，又应针对不同学科人员的特点，加强分类指导，重在加强基础理论和专业知识的学习，提高解决实际问题的能力。同时，《通知》还进一步规定："教育硕士专业学位论文选题要密切联系实际，结合本职工作，对学科教学或教育管理中存在的问题进行分析、研究和提出解决办法；对论文的评价着重于考查学生综合运用所学理论和知识解决学科教学或教育管理实际问题的能力。"

总而言之，教育硕士的培养主要是以课程学习和学位论文相结合的方式来进行的，着重以培养学生对知识的应用能力和解决实际教育教学问题的能力为主。由此观之，教育硕士学位设立的直接目的是培养"主要面向基础教育教学和管理工作需要的高层次人才"，即培养教育领域的应用型人才。一言以概之，教育硕士专业主要是为基础教育培养"研究型教师"和专业化的教育管理者，即培养教育家型教育工作者。教育科研能力只是教育硕士的必备能力之一，但不是最主要的。因此，教育硕士专业发展的终极目标与学术型硕士有根本性不同。因此，有研究者明确指出："我们认为应把教育硕士专业学位的教育目的定位为培养教育家，使教育硕士成为教育家的摇篮，教育硕士学位研究生教育就是培养教育家的教育。"[①]故此，教育硕士的专业发展实质上就是教师的专业发展。换言之，从我国教育制度角度看，教育硕士研究生教育实质上是教师专业发展的一个阶段，是一个有关教师在职教育和训练的阶段，一个塑造专业化程度较高的"临床专家型"教师的阶段。"临床专家型"教师是学科教学活动的专家而不是"初任教师"，是能够根据自己的教育科学研究解决学生现实的学习问题和发展问题的教育实践者，而不是纯粹的教育理论家，是具有强大的教育信念、合理的知识结构、过硬的教育教学技能、独特的教育智慧等典型特征的一线教师。

---

① 邬志辉,戴继天,唐德先.关于教育硕士专业学位几个理论问题的认识[J].学位与研究生教育,2001(1).

二、教育硕士专业发展是面向未来教育家的职业教育

教育硕士作为一种专业学位,"是面向特定社会职业的人才需求,为培养社会高端专业人才而设立的学位类型,它本身并不表明获得者拥有多么宽广高深的专业理论修养,或者在相关专业领域做出了原创性的研究成果。从其内涵及外显特征看,专业学位的内在规定性显示,获得者具备了特定社会职业所要求的专业能力和素养,具备了从业的基本条件,能够运用专业领域已有的理论、知识和技术有效地从事专业工作,合理地解决专业问题。因此,专业学位注重应用、注重实践"[①]。教育硕士专业学位主要着力于培养受教育者应用型开发性研究与设计的能力。[②] 因此,教育硕士的"专业性"必然包括专业学位的职业指向性、实践应用性和学术科研的建制性等特点。从某种意义上讲,教育硕士专业发展的目的是提高教师职业本身的专业性,因为"社会上任何一种职业,只有它的专业性越强,具有不可替代性,它的社会地位才越高"[③]。

那么,教育硕士专业发展具体有何目的?换言之,教育硕士的专业发展是发展何种专业?是某种学术专业抑或发展某种职业技能?教育硕士专业发展具体包括哪些发展要素?这涉及何谓"专业"、何谓"专业化"等问题。

首先,所谓专业,是指以体制化、系统化的知识体系为基础,以专门的教育培训机构为繁衍机制,能为从业人员提供全日制、独立化的职业发展道路的成熟职业。它一般以社群性协会为组织基础,以行会性伦理规则为行为规范,通过为顾客提供专业性服务,寻求专业社群以外权威或其他利益群体的价值认同,并在专业范围内赢取工作自主和实践自由,进而在实施专业垄断的基础上攫取社会声望、提升社会地位,实现对专业社群自身利益的有力维护和全面捍卫。[④] 专业作为一种知识体系的社会建制,"被看成一个富有历史、文化含义而又变化的概念,主要指一部分知识含量极高的特殊职业"[⑤]。故而,专业首先应被归属于职业的领域,具有一般职业的共性,但专业又是区别于普通职业的特殊职业。教育硕士专业学位是一种具有教育职业背景的学位,是为基础教育培养较高专业水平的教师和管理者而设置的,"专业化程度高的职业所具有的复杂科学知识体系,是专业学位设置所必备的知识基础"[⑥]。纵观中外专业学位的发展史,无论是具有悠久历史的职业还是新兴的职业,其专业学位的确立都是建立在对应职业的知识体系发展到相当成熟的基础之上的。而教育硕士学位的设置就是伴随现代教育科学和心理科学的深度发展

---

① 别敦荣,赵映川,闫建璋.专业学位概念释义及其定位[J].高等教育研究,2009(6).
② 专业学位与学术学位的关系[EB/OL]. http://www.cdgdc.edu.cn/xwyyjsjyxx/gjjl/szfa/267336.shtml.
③ 顾明远.中国教育发展史上的里程碑——谈教育硕士专业学位[N].中国教育报,1998-9-24.
④ 陈伟.西方大学教师专业化[M].北京:北京大学出版社,2008.
⑤ 赵康.专业、专业属性及判断成熟专业的六条标准[J].社会学研究,2000(5).
⑥ 邓光平,郑芳."专业"与专业学位设置[J].江苏高教,2005(5).

而出现的。

其次,"专业化可以被界定为一个社会过程或工程,在这一过程/工程中,在'国家'、'社会'(客户和公众)、'大学'和'该活动本身'4个实体要素间错综复杂的互动作用驱使下,一个具有潜在价值、确定的人类活动发展成长,经由'次级专长''准职业''形成的职业''出现的专业'阶段,最终达成'成熟专业'的身份。与此同时,与该活动相应的人群组织和自治程度、科学知识体系和知识获取系统、经济和社会效益以及国家和社会对该活动的规范和保护程度,也逐渐从低级形态进化至高级、发达状态。"[①]大学作为专业化的四个实体要素之一,在专业知识体系的演化与整合方面扮演着重要角色。因为,专业知识体系的系统化、结构化、合法化和传承主要是在大学里完成的,专业知识体系实现系统化、结构化、合法化之后,就被组合成大学的学位课程供学生学习,修完这些课程的学生就可以成为该领域的准专业人员了。

再次,教育硕士获取的是学术专业吗?所谓学术专业,主要是指高等院校中以学术研究为职业的专业化了的教师群体,他们以学术自由、行业自治自律和学术责任为信念,进行知识传播与学术生产。教育硕士与教育学硕士两者虽然都是教育专业的硕士研究生,但教育学硕士是以培养学术型的高级专门人才为目的的,教育硕士是以培养实务型的高级专门人才为目的的,两者"研究"的指向是截然不同的。教育学硕士指向的是教育科学、教育理论和元教育学,属于学术研究范畴,是以提出或创造出新的教育理论、新的教育研究方法等为旨趣的,解决的是"是什么"的问题,其研究的成果可以是理论的生长点,也可以用来指导实践;教育硕士指向的是教育工程、教育实践和教师职业实务,属于行动研究范畴,解决的是"怎么做"的问题,目的是解决实际存在的教育、教学和管理问题,是以解决教育实然问题为旨趣的。因此,教育学硕士教育具有鲜明的学术性质,而教育硕士则具有鲜明的实务性质、职业性质和工程性质。

最后,教育硕士专业发展的内容或标准是什么?对于这个问题,国内学界有不同的解读。由于教育硕士是培养中小学的专业教育工作者,主要是培养中小学的专业型教师。因此,我们认为,教育硕士专业发展的标准可以参考中小学(以及幼儿园)教师的专业发展标准。2012年2月10日,国家教育部颁布了《幼儿园教师专业标准(试行)》《小学教师专业标准(试行)》和《中学教师专业标准(试行)》。这些专业标准的基本理念都是:学生为本(《幼儿教师专业标准(试行)》是"幼儿为本")、师德为先、能力为重、终身学习。其主要框架都是3个维度、14个领域(《小学教师专业标准(试行)》是13个领域)以及60个左右的基本要求,涵盖了专业理念与师德(职业理解与认同、对学生的态度和行为、教育教学的态度和行为、个人修养和行为)、专业知识(教育知识、学科知识、学科教学知识、通识性知识)和专业能力(教学设计、教学实施、班级管理与教育活动、教育教学评价、沟

---

① 赵康.专业化运动理论——人类社会中专业性职业发展历程的理论假设[J].社会学研究,2001(5).

通与合作、反思与发展)等。这些标准完全是以教师的职业发展为目的来设置的。因此,教育硕士的专业发展也是面向未来教育家的职业教育。

三、教育硕士专业发展的学科依附

一个专业是以某一领域的系统知识为基础的,而某一领域的系统知识呈现为学科。因此,专业与学科的关系似乎就是:学科决定专业,专业依附于学科。那么,教育硕士专业的学科基础是什么呢?

所谓"学科",在我国教育学界一般是从三个方面来定义的:(1)学问的分支,即科学的分支和知识的分门别类,是一种发展、改进知识和学问研究的活动;(2)教学的科目,即教的科目或学的科目,是一种传递知识、教育教学的活动;(3)学术的组织,即学界或学术的组织,是从事教学与研究的机构。① 如美国当代著名的高等教育学家、社会学家伯顿·克拉克认为:"学科明显是一种联结化学家与化学家、心理学家与心理学家、历史学家与历史学家的专门化组织方式,它按学科,即通过知识领域实现专门化"②,"根据独特的理智任务,每一学科都有一种知识传统——即思想范畴——和相应的行为准则。"③我国学者蒋洪池等认为:"学科就是根据一定的理智和任务及知识自身的特点而对知识进行的有组织的社会分组,是拥有自己的一套观念、方法和主要目标的相对独立的知识体系。"④

学科是教育硕士专业生活的重要组织者和主要依托,影响教育硕士对专业的理解和体验以及对外部世界的认知与行动,也是教育硕士专业自主权的重要来源。学科是教师理解课程改革的重要基点,国家课程被理解的方式在某种程度上依赖于既存的学科范式和学科亚文化。⑤ 从现行教育制度来看,学科是教育硕士专业发展的核心内容与主要载体。在这个传统脉络中,学科是教师熟悉的"舒适地带"。面对课程改革所带来的风险和不确定性,教师往往诉诸学科的庇护,归依惯常的学科教学,并在其中积极找寻工作的意义,在专业生活的叙事中不断建构学科依附的自我认同模式。⑥ 因此,有学者提出,教育改革需关注教师赋予改革的主观意义和教师专业生存样态,视学科为重要的政策实施层面,教师教育要注重拓宽教师的视野,培养教师的自我赋权意识和能力,拓展教师的专业自主空间。⑦

---

① 胡建雄.学科组织创新[M].杭州:浙江大学出版社,2001:243—244.
② [美]伯顿·R.克拉克.高等教育系统——学术组织的跨国研究[M].王承绪,译.杭州:杭州大学出版社,1994:34.
③ [美]伯顿·R.克拉克.高等教育系统——学术组织的跨国研究[M].王承绪,译.杭州:杭州大学出版社,1994:87.
④ 蒋洪池.大学学科文化研究[M].北京:光明日报出版社,2011:18.
⑤ Ball,S.J.,Bowe,R.Subject department and the"implement"of national curriculum policy:An overview of the issues[J].Journal of Curriculum Studies,1992,(2).
⑥ 王夫艳,卢乃桂.自由与束缚:课程改革中教师的学科依附[J].教育研究,2012(9).
⑦ 王夫艳,卢乃桂.自由与束缚:课程改革中教师的学科依附[J].教育研究,2012(9).

虽然在当今时代出现了明显的学科交叉和综合化特征,"人类知识的生长点从此由学科内部转移到学科之间,知识分子的学科身份也越来越模糊,人们已经很难用传统的学科定义来界定很多知识分子或科学家的知识身份"①,但是当代科学发展的状况也说明:如果一个人离开了他所属的知识共同体,完全沉湎于个体的苦思冥想之中;如果他对于自己所生活其中的社会技术、价值或组织等方面的问题一无所知或毫不关心,那么他即使从事哲学这种似乎完全属于个人理智爱好的研究,也很难取得创造性的知识成就,更不用说从事社会科学、自然科学研究了。②教育硕士的这种学科依附性是其专业发展不可回避的现实,教育硕士专业发展是在其学科基础上的发展,是依赖于学科发展而进行的发展。

四、教育硕士专业发展理路的转向

(一)对教育硕士专业发展的认知从简单思维向复杂性思维转变

教育硕士专业学位的设置是我国教育领域的重要改革活动之一。而"教育改革是一个复杂的现象——是理念、政策和体制结构、历史和文化的大杂烩。很多关于改革的描述都有简单化之嫌,改革经常被看作由重要人物将深思熟虑的理念付诸实践的线性行为,预想不到的因素不计其数,因此成功比失败更令我们惊奇"③。教育硕士专业发展不是简单的线性过程,不是静态封闭的实体,不是机械程序,不是知识的简单传授,不是西方近代科学研究中所遵循的机械决定论发展思维。我国目前的教育硕士专业发展机制的启动与推进具有明显的外推性、强制性和运动性等特征,即往往是借助和依赖政府力量颁发一系列政策文件或是权威专家学者对教育硕士专业发展的解读说明。从某种程度上看,教育硕士的专业发展被规约为机械的、线性的和运动式的因果事件。这种简单性思维信奉"只要提供了(或下达命令)吸引人的或适应需要的变革方案,那么变革实施便是水到渠成的事情"④。然而,正如莫兰所言:"一种简单化的直线性的观点很有可能是残缺不全地考虑问题。"⑤这种机械线性的思维方式规避了教育硕士专业发展过程中各种不确定性事件、冲突因素及偶然因素的干扰,缺乏对基础教育学校、教师等实践主体的倾听与赋权。因为,人们在"实践中也发现,赋权有助于增强教师的工作满意度、激发教师

---

① 石中英.知识转型与教育改革[M].北京:教育科学出版社,2001:197-198.
② 石中英.知识转型与教育改革[M].北京:教育科学出版社,2001:201.
③ [加]Benjamin Levin.教育改革——从启动到成果[M].项贤明,洪成文译.北京:教育科学出版社,2004:186.
④ [美]吉娜·E.霍尔,雪莱·M.霍德.实施变革:模式、原则与困境[M].吴晓玲译.杭州:浙江教育出版社,2004:130.
⑤ [法]埃德加·莫兰.复杂性思想导论[M].陈一壮,译.上海:华东师范大学出版社,2008:86.

的工作动机、发展教师的专业知识和能力、提升学生的学习动机和学业成就等"①。如果缺乏对教育硕士专业发展进程之动态性、开放性、创造性、生成性等品质的关怀与体悟,仅仅把教育硕士看作忠实实施且符合工具理性的行为人,而非完整主体意义上的教育主体,这种逻辑显然未能全面、多层次、动态地理解教育硕士专业发展的内涵与实质。因为"人的存在不是充满能量的一个物,而是某一过程与许多事件之间的相互作用"②。

教育和社会是一个统一的系统,社会、人类共同体、文明所遇到的任何全球性问题,都会不可避免地影响教育状况,所以在讨论现代教育发展问题时就必须综合考虑政治的、社会文化的、经济的问题以及其他问题。③ 诚如 Levin 所言:"任何关于教育政策的讨论都应从提供生活和历史背景开始,因为我们不能离开随着时间流逝而发生的社会总体发展而孤立地了解教育。"④教育硕士的专业发展面临纷繁复杂的教育实践情境与变动不居的社会变革冲击,任何单向度的发展目标和路径都是背离鲜活的教育实践场景的,带来的终将是教育理想与现实的激烈冲突,学生全面发展与教师生命自觉和专业成长的紧张对立。

所以,在教育硕士专业发展过程中,应树立一种复杂性思想。复杂性思想能够做到的,就是给予每个人一个座右铭、一个警示录,它提醒道:"切莫忘记现实是变动不居的,崭新情况可能出现,无论如何将会出现。"⑤并且复杂性理论作为研究范式便是告诫世人不可对任何微小事件进行排斥抑或置之不理。⑥ 这就"要求我们在思维时永远不要使概念封闭起来,要粉碎封闭的疆界,在被分割的东西之间重建联系,努力掌握多方面性,考虑到特殊性、地点、时间,又永不忘记起整合作用的总体"⑦。教育硕士的专业理解源于对专业与职业的批判性分析与阐释,源于对充满不确定性、不稳定性、独特性的教育实践情境的反思性理解与诠释。教育硕士的专业实践是琐碎、复杂、交互、非重复性的动态生成过程,不是对理论、原则、策略的简单复制或移植,而需要教育硕士基于已有的经验、知识和专业认知来理解情境、问题与关系并找寻适切的解决策略。因为"教育真的是一件非常复杂和不可预料的事情,每一个细节都可能决定一个学生的命运。如果说课堂教学是课改的主阵地的话,那么,平淡、琐碎、不被教师们所关注的日常教育实践的变革则是一场没有硝烟的战争。这场战争不是靠一枪一炮、靠领导的一声命令就可以解决的"⑧。

---

① 王夫艳,卢乃桂.自由与束缚:课程改革中教师的学科依附[J].教育研究,2012(9).
② [美]赫舍尔.人是谁[M].隗仁莲,译.贵阳:贵州人民出版社,1994:43.
③ [俄]O.B.古卡连科.多元文化教育的理论与实践[M].北京:人民教育出版社,2012:98
④ [加]Benjamin Levin.教育改革——从启动到成果[M].北京:教育科学出版社,2004:7.
⑤ [法]埃德加·莫兰.复杂性思想导论[M].陈一壮,译.上海:华东师范大学出版社,2008:88.
⑥ Mark Mason.What Is Complexity Theory and What Are Its Implications for Educational Change? [A].Mark Mason.Complexity Theory And The Philosophy of Education[C].West Sussex:John Wiley&Sons Ltd,2008:34.
⑦ [法]埃德加·莫兰.复杂思想:自觉的科学[M].陈一壮,译.北京:北京大学出版社,2001:151.
⑧ 万伟.课程变革中的教师文化[M].南京:南京师范大学出版社,2010:36

(二)教育硕士专业发展的非连续性

加拿大著名教育学家迈克尔·富兰认为:"只有每个人采取行动来改变他们自己的环境,才有机会进行更深入的变革。'制度'不会——事实上已经不可能给我们恩惠;如果有所不同的话,教育制度正在走向自杀。当它面对社会要求进行重大改革的时候,却更多地服务于现状。如果教师和其他教育工作者想做出点成绩,而这时他们最好的驱动力,只有道德目标还不够,道德目标需要动力,而这个动力就是个人。必须重视个人变革的力量,把它看作通向制度变革的通道。"①"个人的变革"意在重视人的存在过程的非连续性。正如哲学人类学家赫舍尔所指出的:"做人不是一个物,一种物质,而是偶然的一个时机;它不是一个过程,而是一系列的行为和事件,做人就是要图谋,要决定,要挑战,而不仅仅是延续、反应、或者成为一个结果。"②人不能像动物那样被动地适应环境,而应积极主动地创造、进取、谋划,把握时机、善用时机。赫舍尔进而认为:"做人不是一个固态结构,也不是一系列可以预见的事实,而是不计其数的、一连串的瞬间和行为。"③"做人意味着要超越纯粹的连续性。做人是在瞬间发生的。"④

存在主义哲学家萨特也指出:"人总是莫名其妙地遭遇一些偶然事件,因而世界上一切事件都有一种'荒诞'感。"⑤其实生活中的某一偶然瞬间、某一突发性事情或随机事件打断或暂停了人发展的连续性,而诠释出生命发展的非连续性的特点。对于这些偶然突发性事件,与其说是命运的邂逅,更不如说是生命发展的必然。正如马克思主义的观点:必然性通过大量的偶然性而表现,偶然性体现必然性。有鉴于此,德国教育人类学家博尔诺夫进一步指出:"生命发展中有连续性一面(如循序渐进,日积月累等)和非连续性一面(如顿悟,唤醒,豁然开朗等)。"⑥博尔诺夫强调指出:"无论如何不能把导致教育失误或完全失败的阻碍和干扰仅仅归结为偶然、来自外部的干扰,相反却有重要的积极作用。"而且这些事件"深深埋藏在人类存在的本质中"。⑦

在教育硕士的专业发展过程中,突发偶然性事件的背后都蕴含着无限的隐性教育资源和丰富的待开发的教育契机和成长智慧,适应生命发展和教学过程的这一非连续性特点,需要采用非连续性专业发展形式。正如博尔诺夫指出:"在人类生命过程中非连续性成分具有根本性的意义,同时由此必然产生与此相应的教育之非连续性形式。"⑧

---

① [加]迈克尔·富兰.变革的力量——透视教育改革[M].中央教育科学研究所、加拿大多伦多国际学院组织编译.北京:教育科学出版社,2004:52.
② [美]赫舍尔.人是谁[M].隗仁莲,译.贵阳:贵州人民出版社,1994:43.
③ [美]赫舍尔.人是谁[M].隗仁莲,译.贵阳:贵州人民出版社,1994:44.
④ [美]赫舍尔.人是谁[M].隗仁莲,译.贵阳:贵州人民出版社,1994:38.
⑤ 邹进.现代德国文化教育学[M].太原:山西教育出版社,1992:143.
⑥ 邹进.现代德国文化教育学[M].太原:山西教育出版社,1992:140.
⑦ [德]O.F.博尔诺夫.教育人类学[M].李其龙等,译.上海:华东师范大学出版社,1999:7.
⑧ [德]O.F.博尔诺夫.教育人类学[M].李其龙等,译.上海:华东师范大学出版社,1999:51.

博尔诺夫在他《存在哲学与教育》和《教育人类学》中系统地论述了非连续性教育的基本范畴,即"遭遇、危机、唤醒、告诫与号召、吁求"。具体到教育硕士专业领域而言,教育硕士要注重专业发展过程中的偶然性与间断性事件,感悟教育过程的非线性和复杂性,理解教育的生成性、动态性与开放性。通过创设各种真实的情境,具体的"遭遇"氛围,"走进"学生的心灵世界,引导学生在"遭遇、危机"中做出正确的选择和判断,以尽量保证他们发展的积极方向。

(三)教育硕士专业发展的自组织

20世纪以来,伴随着复杂性科学的诞生与演化,自组织受到各界的高度关注,出现了耗散结构论、协同学、突变论、超循环等自组织理论。根据自组织理论,自组织包含两层意蕴:一是与孤立、分离、瓦解相对应,强调联结、组合、协同等组织形式和力量;二是与他组织相对应,重视在组织过程中的自发性和自觉性。[①] 自组织普遍存在于自然界与人类社会,是生命系统、社会系统由无序向有序、由低级向高级演进的重要机制。[②] 教育硕士的专业发展实质上是教育硕士作为未来教育家或专家型教师所接受的研究生教育由无序向有序、由低级向高级发展的过程。

审视我国当前教育硕士的专业发展现状,可以发现:教育硕士的发展动机很少是来自教育硕士内生的价值诉求,而多是制度化和利益追逐的外部强制推动;其发展定位并不是基于教育硕士的个性化与职业化成长,而是代之以更高层级学历教育的过渡阶段或者是转行资格的获取手段;其发展手段并没有充分考虑教育硕士的内在力量,而是带有明显的外塑化印记;其发展的动力很少是来自对美好教育的向往,而更多是在各种压力下的被动反应和受功利主义与利益博弈的裹挟。这些情况不可避免地导致教育硕士专业发展出现机械化、形式化和功利化的倾向。自组织意味着教育硕士把教育教学实践与教育改革看作他们自发、自觉的组织性行为和本源性行为,不受利益和功利的裹挟,不是被动依赖外部条件的刺激反应模式。这是自发、自在、自为、自觉、有序的专业发展,它有利于教育硕士摆脱对"他组织"的依赖,唤醒作为未来教师的教育硕士内在的教育潜能和专业领悟,实现专业理解与专业创生,通过组织性行为发挥教育的协同效应与整体效应,帮助教育硕士在反思性教育实践中实现专业发展。

教育硕士的专业发展是协同创生与专业统整的过程。协同学研究的对象是自组织的规律以及处在不稳定和混乱状态中的不平衡的开放系统的进化规律。协同教育观认为,教育"不是把知识从一个人的头脑移到另一个人的头脑中,也不是通报和呈现现成的真理。这是开放式对话、正向联系和逆向联系的以及协调一致的教育的相互作用的非线

[①] 吴彤.自组织方法论研究[M].北京:清华大学出版社,2001:5—8.
[②] 吴彤.自组织方法论研究[M].北京:清华大学出版社,2001:10.

性情境"①。古卡连科指出:"高度协同的社会是这样一种社会,这个社会中的人们倾听的不仅仅是理智和理性的声音,他们还要倾听心灵的呼唤,倾听对他人的爱的情感的声音。"②"协同学不教人成为善良的人,而是研究善良;它也不教人成为有智慧的人,它本身就是进化的智慧③。"

教育硕士的专业发展关涉教育过程中的诸多问题与要素,协同论视域下的专业统整,主要是教育硕士的专业知识、专业实践、专业文化、专业伦理、专业心态、专业自我等的统整。教育硕士专业统整的过程也是专业智慧的生成过程。所谓教育智慧,叶澜教授指出它是"在教育教学实践中,具有敏锐感受、准确判断生成和变动过程中可能出现的新形式和新问题的能力,具有把握时机、转化教育矛盾和冲突的机智"④。教育硕士专业领域的教育智慧的形成是教育硕士自主分析专业问题、解决专业问题的过程。由于在解决专业问题的过程中,教育硕士必然会运用其特有的心智技能、认知策略和思维能力,而这些要素恰恰是作为未来教育家或专家型教师应对不确定性的教育实践的关键能力。生活在混沌边沿,意味着要习惯于一定程度的不确定性。蕴含其中的理由是:任何系统,例如拥挤的蜂房、企业、经济秩序,在混沌的生活状态下,都会"自我组合"以产生适应性行为,而这种适应性行为的中心就在于在少量严格的规则下,扶持一种经常变化、流动的文化,最终建立一种以人为本的学习系统。⑤

(四)教育硕士专业发展的文化路径:走向文化生态建构

文化,可以说是人之精神生活的空气。教育硕士专业的发展,需要良好的文化生态。但正如前述,当前教育硕士的文化生态在整个世界文化大气候的背景下,从一开始就处于"极端气候"频繁爆发的"新常态"下。这种状况需要我们重视和加强文化生态建设。

文化对于人乃至社会之存在的重要性是不言而喻的。我国当代著名学者钱穆先生曾言:"一切问题,由文化问题产生;一切问题,由文化问题解决。"⑥德国哲学人类学家兰德曼指出:"人生活在他创造的文化之中,一方面,人是文化的创造者,另一方面,人是文化的创造物,人在此过程中不断完善自身。"⑦另外,卡西尔对此也曾指出:"人类生活的典型特征,就在于能发明、运用各种符号,从而创造出一个'符号的宇宙'——'人类文化的世界'。"⑧缺乏文化、没有文化,"没有符号系统,人的生活就一定会像柏拉图著名比喻中

---

① [俄]O.B.古卡连科.多元文化教育的理论与实践[M].诸惠芳,梅汉成译.北京:人民教育出版社,2012:17.
② [俄]O.B.古卡连科.多元文化教育的理论与实践[M].诸惠芳,梅汉成译.北京:人民教育出版社,2012:16.
③ [俄]O.B.古卡连科.多元文化教育的理论与实践[M].诸惠芳,梅汉成译.北京:人民教育出版社,2012:17.
④ 叶澜.教师角色与教师发展新探[M].北京:教育科学出版社,2001:26
⑤ [加]迈克尔·富兰.变革的力量——透视教育改革[M].中央教育科学研究所、加拿大多伦多国际学院组织编译.北京:教育科学出版社,2004:32—33.
⑥ 钱穆.文化学大义[M].台北:正中书局,1952:2.
⑦ [德]兰德曼.哲学人类学[M].彭富春,译.北京:工人出版社,1988:4.
⑧ [德]恩斯特·卡西尔.人论[M].甘阳,译.上海:上海译文出版社,2007:9.

那洞穴中的囚徒,人的生活就会被限定在他的生物需要和实际利益的范围内,就会找不到通向'理想世界'的道路。"①有学者亦曾慨叹:"语言的尽头是音乐,技能的尽头是人格,生命的尽头是精神,教育的尽头是文化……应试教育用分数未竟的事业,教育家要用文化的方法来完成。"②作为一种文化历史现象的教育究其本质而言,就是与文化相适应的、内容丰富的文化事件,教育这种文化中能完整地再现它的那一部分;在系统的关系中教育是文化的同晶现象,人就是使教育与文化结合成系统的环节。③ "教育作为一种文化,实质上蕴涵着教育的文化价值的判断与选择问题。教育,既在一定文化背景下进行,又对文化进行传承与创新。因而,教育的过程,实质上就是文化的价值判断与选择、继承与创新的过程。"④

乌申斯基曾写道:"学校留在学生记忆中的不是它的默默无言的墙壁,而是师生关系中的那种高尚的精神,学生记忆中的学校是具有美德的教育者为了学生的福祉而准备做出自我牺牲的地方。"⑤社会背景既决定人在社会中所从事的活动的方式,还决定在该社会环境中所接受的休息、娱乐、心理放松的方式。⑥ 因此,倘若"不注意文化经验,不承认孕育儿童的文化传统,这就有可能在获得教育的同时消极地影响儿童对教学关系的态度"⑦。因为"传统虽然产生在过去,但必然是仍影响甚至决定着今天生活的东西,它仿佛无所在,又无所不在,既无形地存在一切传统文化之中,又存在一切现实文化之中,而且还在你我的灵魂之中"⑧。传统根植于普罗大众的灵魂深处,充斥在人们的生命与生活之中,深刻影响人们的道德判断、审美情趣和思维模式,"传统的本质不是在过去,而是在现在,甚至可以说,'传统'就是我们生存的一种方式",而"文化传统存在我们的生活方式之中,传统虽然产生于过去,但必然是仍影响甚至决定着今天生活的东西,传统永远是活生生的不断涌现的泉水,它是现实性和可能性的辩证统一"⑨。希尔斯明确指出:"传统是社会结构的一个向度,目前社会科学领域里流行的非历史概念使得这一向度消失或者被掩盖了。"⑩"一个社会不可能完全破除其传统,一切从头开始或是完全代之以新的传统,而只能在旧传统的基础上对其进行创造性的改造"⑪,"传统是人们既有的解决各种人类问题的文化途径"⑫。故此,教育硕士的专业发展必须尊重文化传统,在受到文化传统规约

---

① [德]恩斯特·卡西尔.人论[M].甘阳译.上海:上海译文出版社,2007:57.
② 王继华.推动教育的力量[M].长沙:岳麓书社,2008:1.
③ [俄]O.B.古卡连科.多元文化教育的理论与实践[M].诸惠芳,梅汉成译.北京:人民教育出版社,2012:9.
④ 吴松.大学正义[M].北京:人民出版社,2006:12.
⑤ [俄]O.B.古卡连科.多元文化教育的理论与实践[M].诸惠芳,梅汉成译.北京:人民教育出版社,2012:17.
⑥ [俄]O.B.古卡连科.多元文化教育的理论与实践[M].诸惠芳,梅汉成译.北京:人民教育出版社,2012:182.
⑦ [俄]O.B.古卡连科.多元文化教育的理论与实践[M].诸惠芳,梅汉成译.北京:人民教育出版社,2012:76.
⑧ 朱德生.传统辨[J].北京大学学报(哲学社会科学版),1996(5).
⑨ 朱德生.传统辨[J].北京大学学报(哲学社会科学版),1996(5).
⑩ [美]爱德华·希尔斯.论传统[M].傅铿,吕乐译.上海:上海人民出版社,2009:7.
⑪ [美]爱德华·希尔斯.论传统[M].傅铿,吕乐译.上海:上海人民出版社,2009:2.
⑫ [美]爱德华·希尔斯.论传统[M].傅铿,吕乐译.上海:上海人民出版社,2005.10.

的同时,必须积极适应传统、改善传统、变化传统、创造新的传统。

作为未来的"专家型教师"或教育家,教育硕士"掌握文化的过程的最重要目的是在孩子与他们周围的事物之间建立真实的内部联系。教师的任务是帮助学生寻找自然、产品和人之间的互相联系,要求教师大力发展个体的创造力,开发其社会与文化的前景,使儿童在多元文化环境中有效地进行社会化过程,用文化的手段使儿童和谐地融入人类的共同体和世界"[①]。教育的过程是一个教师、学生、文化传统等要素之间的对话、建构的过程。在这一过程中,知识自然而然地得到建构、产生。反之,"任何由外移植进来的知识,尤其是移自原本就高度异质的文化来源中的知识,都无法被充分地吸收、理解、应用,因为人们势必带着已有的文化心态来理解、应用这些知识,甚至创造来自不同文化来源的知识,其结果必然产生误解、误用或所谓消化不良的情形。因此,要努力转化移植来的知识,使之'本土化'。"[②]近代一百多年以来,我国在积极学习西方的科学、技术、文化、制度等过程中批判和抛弃传统所带来的后果,今天我们正在承受。那么,在教育领域,在教育硕士专业发展过程中,我们就不能再犯类似的错误了。

教师不仅仅是知识的体现者和检查者,他们的使命应该是用今天生活中的问题去充实教育、教学过程,应该善于在班级中引导跨文化的相互作用。[③] 简言之,教育硕士专业发展的过程实际上也是接受多元文化教育的过程,是一个养成文化自觉的过程。所谓文化自觉,是指生活在一定文化中的人对其文化有"自知之明",明白它的来历、形成过程、所具有的特色和它的发展趋向。这种文化自觉不带有任何"文化回归"甚至"复古"的意思,不是要"复旧",同时也不主张"全盘西化"或"全盘他化"。自知之明是为了加强对文化转型的自主能力,取得决定适应环境、新时代对文化选择的自主地位。文化自觉是一个艰巨的过程,首先要认识自己的文化,理解所接触到的多种文化,才有条件在这个正在形成中的多元文化的世界中确定自己的位置,经过自主地适应,和其他文化一起,取长补短,共同建立一个有共同认可的基本秩序和一套与各种文化和平共处、各抒所长、联手发展的条件。[④]

教育硕士养成文化自觉的过程也是教育硕士融入专业共同体的过程,甚至有学者提出"觉者为师"的观点,意即"教师对生命价值、教育价值及文化价值的自觉守护、追求及其实现的自由状态与境界高度",并认为"教师之为教师,不只是职业,也不只是专业,而是一种生活方式,应当具有对生命、对教育、对文化的自觉"[⑤]。

---

① [俄]O.B.古卡连科.多元文化教育的理论与实践[M].诸惠芳,梅汉成译.北京:人民教育出版社,2012:228.
② 万伟.课程变革中的教师文化[M].南京:南京师范大学出版社,2010:31
③ [俄]O.K.古卡连科.多元文化教育的理论与实践[M].诸惠芳,梅汉成译.北京:人民教育出版社,2012:76
④ 费孝通.费孝通九十新语[M].重庆:重庆出版社,2005:288
⑤ 叶文梓.觉者为师——教师专业化的超越与回归[J].教育研究,2013(12).

教育硕士要真正成为未来的"专家型教师"或教育家,必须逐步养成文化自觉,而文化自觉的养成必须以良性的文化生态为基础。一般而言,教师个体文化、教师群体文化与教育文化这三种文化形态的交互作用、共同影响促成了教师的专业发展。教育硕士的个体文化与群体文化,教育硕士的群体文化与教育文化之间是相互推动、相互构成和互为基础、互为积淀的生态性关系。而"文化生态"就是由上述三种文化形态交互作用,在共存共生中构成的一种动态发展、有机关联的良性循环过程。

基于上面这些认识,考察当今我国教育硕士专业发展的现状,我们就可以发现其中存在的深刻问题。

第三节 教育硕士专业发展的问题

近二十年来,我国教育硕士的发展在取得重大成就的同时,也存在一些问题。主要问题有:专业发展目标错位、专业实践缺位、专业文化迷失、专业可持续性的断裂和专业自我的阙如等。

一、专业发展目标的错位

美国学者艾伦·布卢姆极力赞颂大学的独立精神与探求真理的无畏勇气,他认为:"大学是一个让探索和哲学开放精神自行其是的地方。它旨在鼓励人们对理性本真的非工具性运用,它提供一种气氛,使统治者意志的道德优势和自然优势不至于吓跑哲学上的怀疑。而且,它维护着滋养这种怀疑的道德的伟大行为、伟大人物和伟大思想的丰富宝藏。"[①]美国著名高等教育学家克拉克·克尔甚至认为大学的作用是其他任何机构不可替代的,因为大学"在维护、传播和考察永恒真理方面是无与伦比的;在探索新知识方面是无与伦比的;在整个历史上所有高等教育机构中间,在服务于先进文明的如此众多的部分方面也是无与伦比的"[②]。大学能够"通过不断对新出现的社会、经济、文化和政治趋势进行分析,加强自己的批判和前瞻功能,成为预测、警报和预防的中心"[③]。这些论述无不在强调大学的与世独立与科学研究的独特性。弗莱克斯纳甚至还明确指出:大学是一个有机体,是学问的中心,而不是中学、职业学校、教师培训中心、研究中心以及提高身份机构的大杂烩,大学虽然不排斥教学,但科研是最为重要的。

大学的学术组织属性无时无刻不在对教育硕士的培养过程进行学术规训,大学的教育硕士培养方案和培养模式虽明确规定了教育硕士培养标准的职业定向和实践取向,但实际操作中,对教育硕士的评价标准却往往偏重教育硕士的学术研究能力发展和科研成果数量。这是因为"典型的大学课程设计是'反企业的'和缺乏职业性的,相比较工业和商业创新的适用性来说,大学显然对基础性的和求新的学术研究更感兴趣"[④]。苏霍姆林斯基也曾经说过:"如果你想教师的劳动能够给教师带来一些乐趣,使天天上课不至于变

---

① [美]艾伦·布卢姆.美国精神的封闭[M].战旭英译.南京:凤凰出版传媒集团,译林出版社,2007:204.
② [美]克拉克·克尔.大学的功用[M].陈学飞译.南昌:江西教育出版社,1993:29.
③ 联合国教科文组织.二十一世纪的高等教育:展望和行动世界宣言[A]//杨东平.大学之道[C].上海:文汇出版社,2003:211.
④ [英]罗杰·金等.全球化时代的大学[M].赵卫平译.杭州:浙江大学出版社,2008:26.

成一种单调乏味的义务,你就应当引导每一位教师走上从事教育研究这条幸福的道路上来。"[①]殊不知,教育硕士研究生教育虽然是"以学术为依托,是内含学术性的职业教育"[②],但是"专业学位的专业性主要被阐释为'职业性',专业学位的教育也因此被视为一种职业教育,专业学位的培养对象普遍被界定为具有一定职业背景的实践人才,在专业学位和任职资格之间建立起有效的衔接也被认为是大力发展专业学位教育的基本措施"[③]。更令人不解的是,"所有将学术生活常规化的热心都被当代文化精英们视为应当受到一致嘲笑,他们这样做远非为了自我保护。此外,这些精英的做法遵循的是工具主义原则,只有当艺术、文化和教育成为工具,服务于更实用的目的时,才重视它们"[④]。

教育硕士专业发展的应然状态是,学术取向与职业定向的共生发展,重点是促进职业能力的提升,实现教师职业在更高水平上的可持续发展。但是,实然的状态却是教育硕士的专业发展必须面对学术规训与职业定向的矛盾冲突。倘若我们把教育硕士的专业发展看作其学术职业的发展,那么这是严重背离教育硕士学位设置的本意的。但是,现实是很多高校却乐此不疲地在以学术的标准培养教育硕士,甚至把教育硕士研究生教育视为更高层次学历教育的过渡期。有的学校对教育学硕士与教育硕士两种学位的研究生教育采用的竟是同样的导师队伍、相同的课程安排、同样的评价体系。教育硕士的专业发展不同于教育学硕士的学术职业规训,不同于教师的在职培训,这是一个属于教育硕士的独特的职业成长过程。但这并不意味着要抑制教育硕士的学术科研能力发展,而孤注一掷地发展其教育教学能力和专业实践能力。这种顾此失彼的"二元论"思维严重制约了教育硕士的专业发展,正如布鲁贝克指出的那样,在一个民主社会中,阻止一个智力或性格与体力上属于强者的人取得凭天赋能力所能取得的成绩,其不公正、不民主和犯罪的程度正如阻碍一个弱者在与同伴竞争时最大限度地发挥其能力一样。[⑤] 而且,对大学的改革与发展同样会带来负面效应,"假如大学里缺少这种人际间精神活动的背景,只讲书本,不谈哲学;只做实验,不讲理论;只叙述事实,没有理论概括;只有学术的方法训练,而精神贫困;那么,这样的大学必定是个贫瘠的大学。"[⑥]

二、专业实践的缺位

教育变革的真正秘密不在教师们顶礼膜拜的各种教育理论之中,也不在教师们外在的教学行为之中,而是隐藏在往往被教师们忽视的平淡无味的日常教育实践中。[⑦] 雅斯

---

① [苏]苏霍姆林斯基.给教师的建议[M].北京:教育科学出版社,1984:507.
② 石中英.论专业学位的教育的专业性[J].学位与研究生教育,2007(1).
③ 石中英.论专业学位的教育的专业性[J].学位与研究生教育,2007(1).
④ [英]弗兰克·富里迪.知识分子都到哪里去了——对抗21世纪的庸人主义[M].戴从容,译.南京:江苏人民出版社,2012.
⑤ [美]布鲁贝克.高等教育哲学[M].王承绪译.杭州:浙江教育出版社,2002:73.
⑥ [德]雅斯贝尔斯.什么是教育[M].邹进译.北京:生活·读书·新知三联书店,1991:152.
⑦ 万伟.课程变革中的教师文化[M].南京:南京师范大学出版社,2010:35.

贝尔斯曾警告我们："谁要把自己单纯地局限于学习和认知上，即便他的学习能力非常强，那他的灵魂也是匮乏而不健全的。"①在教育硕士的专业发展过程中，真正支配其专业发展水平的是"虽有所准备但仍不断被情境因素所修正或改变的意向的支配"②。在这种情境下，教师专业发展的直接目的是学会在具体教育情境中形成行之有效的实践图式。所谓实践图式，是指教育硕士在教育活动中形成的一种能够有效自主解决教育问题的相对稳定而又变化着的行动方式和操作性程序。石中英教授指出："实践活动的原则不是一些能意识到的、不变的和形式化的规则，而是一些经过文化的长期积淀而形成的实践图式，这些图式是自己模糊的并常因情境逻辑及其规定的几乎不够全面的观点而异。"③教育情境是教师活动与实践的场所，它是特定时空条件下所呈现出来的一种教育关系状态，它是使教师和学生之间的教育体验成为可能的环境与条件。④但是，现实情况是，教育硕士的专业发展过程面向理论的多，面向实际应用的极少，往往是将教育学硕士的培养方案移植到教育硕士的培养过程，理论讲授偏多，专业实践机会和时间偏少，指导教师往往与学术型研究生的指导教师是相同的师资队伍。由于指导教师自身的理论研究倾向与实践经验缺乏，这些直接导致教育硕士的专业发展实际上变成了专业理论与知识的学习与强化。

众所周知，"科学不允许人们只为眼前这样或那样的一时需要去思考，而将重要的东西置之不顾。科学的最大特性是怀疑和质问一切的精神，对事物进行谨慎而有保留的判断，并对这一判断的界限和适用范围进行检验"⑤。对科学的检验需要科学实践，倘若没有科学实践，一切的怀疑也只能怀疑，一切的质问也只能被理解为对科学的一知半解或一无所知。毋庸置疑，"从来没有脱离一定的文化模式和文化传统而存在的人，因此也从来没有脱离一定的文化模式和文化传统而开展的实践。实践的目的、实践的手段、实践的组织方式等等无不受文化的巨大影响"⑥。但是，倘若教育缺乏实践的环节，教育就难以再称之为教育了，文化的魅力也只能湮灭在我们的想象中。

日本学者佐藤学指出："教育学关于教师的话语一直围绕着'教师应当如何'的规范性逼近，而非'如何才能成为教师？'的生成性逼近。"⑦同理，教育硕士专业发展的主题不是"应该怎样发展"的问题，而是要引导教育硕士思考"教师意味着什么""教师实际怎样成长"的问题。换言之，要引导教育硕士通过教育实践树立问题意识，不断地进行专业反思。与其他形式的实践相比，教育实践是一项承载着以成人为旨趣的崇高事业，是一种典型的充满意义的世界。但现实情况却是，教育硕士的专业发展内容中问题意识薄弱，

---

① [德]雅斯贝尔斯.什么是教育[M].邹进译.北京：生活·读书·新知三联书店，1991：4.
② 石中英.论教育实践的逻辑[J].教育研究，2006(1).
③ 石中英.论教育实践的逻辑[J].教育研究，2006(1).
④ 邬志辉.论教育实践的品性[J].高等教育研究，2007(6).
⑤ [德]雅斯贝尔斯.什么是教育[M].邹进，译.北京：生活·读书·新知三联书店，1991：112.
⑥ 石中英.知识转型与教育改革[M].北京：教育科学出版社，2001.
⑦ [日]佐藤学.课程与教师[M].钟启泉译.北京：教育科学出版社，2003：206.

导致教育实践缺乏方向性与创新性。问题意识是指所谓的问题性心理品质,它驱使个体进行积极思维,不断提出问题、分析问题和解决问题。从某种程度上讲,问题是教育实践的出发点与归宿,只有问题才能驱使教育实践走向深入、切入本质、关怀生命,实现教育硕士的生命自觉与专业成长的交融。因为,诚如爱因斯坦所言:"提出一个问题比解决一个问题更重要,因为解决一个问题也许仅是一个数学上的或是实验上的技能而已,而提出新的问题、新的可能性,从新的角度去看旧的问题,却需要有创造性的想象力,而且标志着科学的真正进步。"①

三、专业文化的迷失

德国著名学者费希特在他的《论学者的使命·人的使命》一书中写道:"如果人被看作有理性的感性生物,文化就是达到人的终极目的、达到完全自相一致的最终和最高手段;如果人被看作单纯的感性动物,文化本身则是最终目的。"②若干年后,德国学者朔伊尔(H.Schewert)和施密特(C.Schmidt)亦说:"教育始终在一种社会组织中进行,每个个体的教育活动又无一不受与它对应的文化模式的影响……每种文化都有其教育学传统,而在不同的文化中,教育学所涉及的范围或领域是各不相同的。因此,必须区别教育学在实践、地点、特殊环境、职业条件、宗教特点以及其他方面的差异……作为人类基本现象的教育以及教育行为的社会文化特征,不以人的意志为转移地广泛存在于人类社会的原始关系之中。"③教育根植于社会文化的积淀与演化,教育,在一定的文化背景下进行,受一定文化的规约。但是,教育本身也是一种文化活动,在进行文化的传承、传播、选择与创新,教育亦在超越文化的历史局限与规制,实现文化的创生。

雅斯贝尔斯曾大声宣言:"教育须有信仰,没有信仰就不成其为教育,而只是教学的技术而已,对终极价值和绝对真理的虔敬是一切教育的本质。"④而古卡连科则笃定:"只有当学校的经验内容具有了文化的和实践的指向性,并能促进民族自我意识的恢复和发展,能促进代际的、历史的、精神的和实践活动的继承时,培养'文化人'的目标才能实现。"⑤并且,他进一步强调:"如果教育承担起培养文化人的使命,教育就能够拯救文化。因此,教育应该充满文化的含义。教育的文化意义也就是教育的人性的意义。"⑥这也印证了雅斯贝尔斯的观点:"教育活动关注的是人的潜能如何最大限度地调动起来并

---

① [美]艾尔波特·爱因斯坦,利·英费尔德.物理学的进化[M].周肇威译.上海:上海科学技术出版社,1962:66.
② [德]费希特.论学者的使命·人的使命[M].梁志学,沈真译.北京:商务印书馆,1984:10.
③ 瞿葆奎.教育学文集:教育与教育学[M].北京:人民教育出版社,1993:300.
④ [德]雅斯贝尔斯.什么是教育[M].邹进,译.北京:生活·读书·新知三联书店,1991:44.
⑤ [俄]O.B.古卡连科.多元文化教育的理论与实践[M].诸惠芳,梅汉成译.北京:人民教育出版社,2012:229.
⑥ [俄]O.B.古卡连科.多元文化教育的理论与实践[M].诸惠芳,梅汉成译.北京:人民教育出版社,2012:20.

加以实现,以及人的内部灵性与可能性如何充分生成,质言之,教育是人的灵魂的教育,而非理智知识和认识的堆集。"①塑造灵魂的教育必须依靠人的自我觉醒和自我觉知,需要从根本上体认做人的意义,恰如赫舍尔所言:"道德行为之所以重要,并不仅仅因为社会需要它。它之所以重要,是因为没有它就不能理解'我之为人'中的'人'是什么。"②除此之外,我们还要牢记康德对我们的谆谆叮嘱:"人,总之一切理性动物,是作为目的本身而存在的,并不仅仅作为手段给某个意志任意使用的,我们必须在他的一切行动中,不管这行动是对他自己的,还是对其他理性动物的,永远把他当作目的看待。"③

C.P.斯诺在20世纪50年代末60年代初提出了"两种文化",即"科学文化"与"文学文化"的概念,两种文化分别对应自然科学与人文社会科学。斯诺认为,由于自然科学家与人文学者在教育背景、学科训练、研究对象以及所使用的研究方法和工具等方面的差异,使他们在文化的基本理念和价值判断方面经常处于互相对立的位置,不仅一直相互鄙视,甚至还不屑尝试理解对方的立场,自认为本学科才是最科学、最有价值的学科。这就是著名的"斯诺命题"。

"斯诺命题"不仅仅是对学科认知差异造成的学科偏见,也是对专业文化的盲目自信与妄自尊大的衍生品。建立在这种学科不断分化基础上的科学记忆和科学训练使科学从业人员的视野不断地变窄,以至于在不同的学科之间形成了清晰可见的屏障。④另一方面,"学术共同体衰弱的最重要的原因可能就是自然科学和技术的发展。这不仅由于它的专业术语、假定和结论难以为大众所理解,也由于其他学科大量地,有时甚至是愚蠢地学习它的研究方法,这样自然科学考虑问题的高度和广度就减小了"⑤。任何学科的存在自有其合理之处和相应的社会价值,倘若我们对专业文化认知出现偏差,势必会窄化教育硕士的专业视野、固化专业偏见,最终破坏专业发展生态。

因此,在面对教育硕士专业发展过程中专业文化迷失的困境时,大学应该引导教育硕士专业思想的发展,即在专业知识与专业理论之上的有关专业的关键要素,包括专业的理论范式、思维范式与研究范式,这些才是从整体上把握专业的核心内容。因为,"造成文明洗心革面的唯一重要的变化,是影响到思想、观念和信仰的变化。令人难忘的历史事件,不过是人类思想不露痕迹的变化所造成的可见后果而已。"⑥

---

① [德]雅斯贝尔斯.什么是教育[M].邹进译.北京:生活・读书・新知三联书店,1991:4.
② [美]A.J.赫舍尔.人是谁[M].隗仁莲译.贵阳:贵州人民出版社,1994:36.
③ 杨适.中西人论及其比较[M].北京:东方出版社,1992:175.
④ 石中英.知识转型与教育改革[M].北京:教育科学出版社,2001:196.
⑤ [美]弗兰克・H.T.罗德斯.创造未来:美国大学的作用[M].王晓阳,蓝劲松译.北京:清华大学出版社,2007:59.
⑥ [法]古斯塔夫・勒庞.乌合之众——大众心理研究[M].冯克利译.北京:中央编译出版社,2004.

四、专业可持续发展的断裂

决定人的发展高度的不是他已然的状态,而是他未然的潜能,也就是"人的存在之谜不在于他现在是什么,而在于他能够成为什么"①。赫舍尔指出:"一个人的存在从来不是完成了的,不是最后的。人的状态是初生状态。每时每刻都在做出选择,永远不会停滞","对人来说,这是一个正在被创造的世界,而做人就意味着处在旅途中"②,"为了从人出发来理解人的难题,我们决不应当从物理学的角度出发把人想象为以某种潜在方式贮存能量的物,而应当根据个人的思想和个人的经验把他想象为一个人——他被要求与现在有所不同,其任务不是实现潜能,而是理解、承认、回答和超越现状"③,"没有永恒的和终极形式的人这类实体,很少能在确定的版本中找到人。做人的显著特点是,他的行为和自我理解都是在变化不定的,不能一劳永逸地保持他原来的样子。终极性与人性似乎是互相排斥的。人处在实验性的、未决的、不确定的和终极的、固定的、确定的两极之间。"④正如雅斯贝尔斯所言:"对话便是真理的敞亮和思想本身的实现,对话以人及环境为内容,在对话中,可以发现所思之物的逻辑及存在的意义。"⑤

(一)专业知识观的嬗变

知识观是人们对于知识的基本看法。石中英教授认为:"不理解一个时代人类已经达到的知识状况,就不能很好地理解那个时代家园活动的方方面面;分析一个时代教育所面临的问题也必然要分析那个时代所面临的知识问题。"⑥"知识不仅为一种生活形态的建构提供智力的工具,同时也为这种社会形态的建构指示方向和进行辩护。"⑦"所有的知识都是受到认识者所处的社会条件特别是社会阶级和意识形态条件制约的,从来就没有哪一种知识是超越这种社会条件的。"⑧

知识观的演变必然导致专业发展观的变化,专业发展不再仅仅是专业知识的学习与专业技能的训练,更多的是专业理念与专业思维的涵养过程。虽然"一个人处于不同的历史和社会背景,就会获得不同的视角,从而深刻地影响到他的思想过程,影响到他所产生的知识的范畴与形式。"⑨但是,曼海姆认为:"没有任何一种知识体系和价值系统可以

---

① [美]A.J.赫舍尔.人是谁[M].隗仁莲译.贵阳:贵州人民出版社,1994:40.
② [美]A.J.赫舍尔.人是谁[M].隗仁莲译.贵阳:贵州人民出版社,1994:42.
③ [美]A.J.赫舍尔.人是谁[M].隗仁莲译.贵阳:贵州人民出版社,1994:40.
④ [美]A.J.赫舍尔.人是谁[M].隗仁莲译.贵阳:贵州人民出版社,1994:41.
⑤ [德]雅斯贝尔斯.什么是教育[M].邹进,译.北京:生活·读书·新知三联书店,1991:12.
⑥ 石中英.知识转型与教育改革[M].北京:教育科学出版社,2001.
⑦ 石中英.知识转型与教育改革[M].北京:教育科学出版社,2001:32.
⑧ 石中英.知识转型与教育改革[M].北京:教育科学出版社,2001:71.
⑨ 石中英.知识转型与教育改革[M].北京:教育科学出版社,2001:72.

宣称是永远有效的,理性、知识、真理都必须被重新定义为与一定的社会历史条件相联系。"①波普尔就明确提出:所有的知识,不仅是科学知识,在实质上都是"猜测性的知识",都是我们对于某些问题所提出的暂时回答,都需要在以后的认识活动中不断地加以修正和反驳。②

知识观的后现代转向为教育硕士专业发展提出了新的要求,必须开拓新的发展路径。但是,现实的教育硕士培养还没有意识到这个问题的紧迫性,有的大学管理者还没有觉知到后现代知识观的教育影响,这已然严重影响了教育硕士专业发展的高度与深度。他们还没有认识到"大学受到一系列知识生产者的挑战,大学已经不再是知识生产唯一的场所了。随着多学科方法成为标准,新的'后学科'现象逐渐占上风,学科界际逐渐模糊","一个非常明显的事实是大学丧失合法性的情况已广泛存在,这是现代性本身面临的最后一个严重的危机"③。知识的当代遭遇也需要引起我们的重视,"在当代人的头脑中,知识被赋予了一种肤浅的、几近平庸的特性。知识常常被定义为易消化的现成品,能够被'传递''分发''出售'和'消费'。把知识转变为产品,也就剥除了它一切内在价值和意义;而由知识经济的商人沿街叫卖的知识,事实上是知识的世俗化漫画。为什么这么说?因为缺少了与真理的联系,知识也就失去了其内在的含义。它成了一种抽象的观点,更可能被传播而不是珍视,可以在其最世俗的形式中被回收利用"④。在知识被视为市场经济的附属品的社会里,拥有知识的知识分子的境遇必然会发生变化,我们又该如何关照他们的心境转换?作为知识分子的教育硕士,我们要如何以对呢?因为"假如对知识的探求不再成为文化想象中激动人心的内容,知识分子也就不可避免地不再拥有特殊的、独一无二的地位"⑤。"当知识被当作产品的时候,它与它自己的文化和思想根源之间联系就变得模糊不清了。知识越来越被视为技术操作的产物,而不是人类智慧的成果"⑥。

知识社会中的知识爆炸"不仅意味着知识增长的速度远远超过任何个人能够获取知识的速度,更致命地,它意味着我们每一个都仅仅是知识的脚注"⑦。因此"在教学基本任务或基本目标方面,应该通过课程知识的传递培养学生的怀疑意识、批判意识和探究意识,从而使他们从小懂得知识是永远进步的,没有哪一种知识是不需要质疑和发展的,新的知识、新的方法、新的技术永远是值得尊重和赞赏的。知识创新所需要的各种基本素质和能力正是在这种对所谓'客观的''普遍的'和'中立的'知识的怀疑、批判的基础上培

---

① 石中英.知识转型与教育改革[M].北京:教育科学出版社,2001:72.
② 石中英.知识转型与教育改革[M].北京:教育科学出版社,2001:72.
③ [美]杰勒德·德兰迪.知识社会中的大学[M].黄建如译.北京:北京大学出版社,2010:4.
④ [英]弗兰克·富里迪.知识分子都到哪里去了——对抗21世纪的庸人主义[M].戴从容译.南京:江苏人民出版社,2012.
⑤ [英]弗兰克·富里迪.知识分子都到哪里去了——对抗21世纪的庸人主义[M].戴从容译.南京:江苏人民出版社,2012.
⑥ [英]弗兰克·富里迪.知识分子都到哪里去了——对抗21世纪的庸人主义[M].戴从容译.南京:江苏人民出版社,2012.
⑦ 汪丁丁.串接的叙事:自由、秩序、知识[M].北京:生活·读书·新知三联书店,2009:12.

养起来的"①。在教学评价方面,应该从注重课程知识的记忆、理解、掌握、综合和简单应用转移到注重学生对课程知识的独特理解、阐释、质疑、批判和应用上来。②

(二)知识社会的碎片化

"现代性将世界的碎片化作为自己的最大成就,加以炫耀。碎片化是其力量的源泉。""所有统治者和科学家都小心翼翼地守护着自己的那片猎场,维护着自己确立目的的权利。"③正是这种碎片化逻辑的盛行,现代大学逐渐丧失了知识的整体性,日益碎片化、原子化。在大学的内部,通过学科制度化程序,分支学科越来越多,最终大学被众多分支学科所掏空。大学不再是知识的共同体,而是那些碎片化的知识所共享的一个"保护伞"。大学不再是学者的"学术部落",而是一个学者不得不栖居的港湾,以躲避来自四面八方的挑战与批驳。知识分子的荣誉称号也开始被大学教授的学衔所取代。④

乌尔里希·贝克曾指出:"假如知识分子曾是游牧者,那么他们现在不再是了。他们已到家了。他们已定居了。他们已有自己的耕地了。昔日的自由知识分子变成了大学教师、政府顾问、战争专家和官员以及政府福利救济机构中的官僚。普遍性的骑士变成了医院、大学、剧院和研究院的捍卫者。"⑤与此同时,现代大学失去了成为公共领域的兴趣,甚至开始远离公共性,走向隐蔽的政治化抑或趋于公开的私人化。

大学的这些因应知识社会的变化势必导致大学教育的经济主义倾向,并且与市场经济的发展高度关联。教育硕士专业发展势必受到这些外部性因素的制约。难以想象的是,当教育硕士的专业发展是面向市场,以投入产出的逻辑来界定的时候,教育硕士专业发展的本真价值尚存吗?毋庸置疑,这必然导致教育硕士专业可持续发展的断裂。

五、专业自我的阙如

教育硕士从事教育活动的过程不是一个机械套用所学知识对教育活动做出技术性应对的过程,也不是一个重复他人教育行动的教书匠,而是依靠自身的反思性实践进行专业体验、专业决断的过程,是一个形成自我独特教育智慧的过程。正如赫舍尔所言:"做人(being human)比人的存在(human being)更重要。做人就意味着标新立异,意味着创新,意味着超越纯粹的连续性,做人是奇特性、独特性的出现。"⑥"做人是新奇——不是对过去的简单重复或延伸,而是对未来事物的期待。做人是出乎意料,不是往昔的结

---

① 石中英.知识转型与教育改革[M].北京:教育科学出版社,2001:170.
② 石中英.知识转型与教育改革[M].北京:教育科学出版社,2001:170.
③ [英]齐格蒙特·鲍曼.现代性与矛盾性[M].邵迎生,译.北京:商务印书馆,2003:19.
④ 王建华.我们时代的大学转型[M].北京:教育科学出版社,2012:10.
⑤ [德]乌尔里希·贝克.风险社会[M].何博闻,译.南京:译林出版社,2004:138.
⑥ [美]A.J.赫舍尔.人是谁[M].隗仁莲译.贵阳:贵州人民出版社,1994.

论。人有创造事件的能力。每个人都是独特性的展现和实例"①。"正是由于我认识到我不仅仅是任意的一个人,我才逐渐形成自我,形成某人,形成一个人,形成不能被重复的、没有复制品的、不能被替代的某物。正是由于意识到'我是某人',自由才得以实现②。"但是人的独特性"本质上不是追求实用的目的,而是在艺术、科学或形而上的思索中寻求乐趣,简言之,就是乐于寻求拥有非物质方面的利益"③。

教育硕士专业发展最大的问题是专业自我意识的薄弱,专业自主性认知的欠缺,专业态度的排斥性与模仿性,自我专业生命体认的被动性,简言之,即专业自我的阙如。

在形成教育智慧的过程中,"专业自我"就成为教育硕士专业发展的关键。自我总是作为人格的自我,作为具有习惯、能力、性格的自我被构成。④ 所谓"专业自我",凯尔克特曼(Kelchtermans)认为,它是人和环境之间在长期相互作用中生成的,它包括自我意象、自我尊重、工作动机、工作满意度、任务知觉、未来前景等诸多方面。⑤ 专业自我直接影响教育硕士对教育活动的理解和个性化的操作,是教育硕士专业发展水平的标志。教育硕士的专业发展就表现为他的专业自我不断调整和自主建构的过程。换言之,教育硕士专业自我的形成表明教育硕士成了自身的教育者,成了反思型教师。因为,"教育的终极意义并不在于穷尽真理,而在于逼近现实的存在,回归自身。教育是'生命的运动',是一种'心智的体操',以人自身为目的,教育才能走出形而上学,获得单纯的高贵"⑥。只有这样,"知识分子的重任——努力破除限制人类思想和沟通的刻板印象和化约式的类别"⑦方能实现。

专业自主是专业发展的关键要素和教育硕士专业性的必要维度,是教育硕士发挥专业责任、获致自身专业成长和获取专业地位与影响力的必要前提。教育硕士专业自我的形成是专业的社会建制和专业组织的学科范式、思维范式、理论范式与研究范式内化的统一过程。这也符合当代教育的特性,因为"今天的教育,大势所趋,不再是专业化的、工业时代的、技术人生的教育。人生原本应当是艺术的,而非技术的。教育应当是个性的,而非标准的。"⑧

萨义德曾指出,专业态度常常面临四重压力,即专业化、专业知识、崇拜合格专家和追随者无可避免的导向权威。⑨ 教育硕士专业发展过程中同样经受"专业态度"的奴役,

---

① [美]A.J.赫舍尔.人是谁[M].隗仁莲译.贵阳:贵州人民出版社,1994:38.
② [美]A.J.赫舍尔.人是谁[M].隗仁莲译.贵阳:贵州人民出版社,1994:35.
③ [美]爱德华·W.萨义德.知识分子论[M].单德兴,译.北京:生活·读书·新知三联书店,2002:12—13.
④ 胡塞尔.主体际性的现象学[A].胡塞尔全集(第14卷)[C].北京:商务印书馆,2009:275.
⑤ G.Kelchtermans & R.Vandenberghe.Teachers' Professional Develoment:A Biographical Perspective[J].Journal of Curriculum Studies,1994,26(1).
⑥ 吴松.大学正义[M].北京:人民出版社,2006:10.
⑦ [美]爱德华·W.萨义德.知识分子论[M].单德兴,译.北京:生活·读书·新知三联书店,2002:3.
⑧ 汪丁丁.知识印象[C].北京:中信出版社,2003:87.
⑨ 周艳丽.萨义德知识分子观的分析与启发——读《知识分子论》[J].河北理工大学学报:社会科学版,2004(2).

而专业自我的形成是超越这四种压力的关键策略,因为,"对我的头脑来说,我的实存是一系列事件,是一种独特性的终生的境遇,是不可重复的和不可代替的事物。我的实存作为一个事件,是原作,而不是摹本。没有哪两个人是相同的。做人的主要方式是独特性。"[①]"通过教育使具有天资的人,自己选择决定成为什么样的人以及自己如何把握安身立命之根。"[②]按萨义德所说,真正的知识分子在受到形而上的热情以及正义、真理的超然无私的原则感召时,叱责腐败、保卫弱者、反抗不完美的或压迫的权威,这才是他们的本色。[③] 知识分子既不是调解者,也不是建立共识者,而是这样一个人:他或她全身投注于批评意识,不愿接受简单的处方、现成的陈词滥调,或迎合讨好、与人方便地肯定权势或传统者的说法或做法。[④] 教育硕士作为一名知识分子必须具备萨义德所说的知识分子应该具有的那些品质才能形成正确的专业态度,进而树立专业自信,确立专业自我。

教育硕士专业自我还包括对自我生命的体认,即叶澜教授所称的"生命自觉"。因为"个体生命自觉的形成,是个体生命质量与意义在人生全程中得到提升和实现的内在保证。"[⑤]"教育只有培养个体的'内在定力',才算找准了自己的目标,才可能充分发挥教育对于社会和个体不可替代的价值。"[⑥]在叶澜教授看来,"生命自觉",不仅仅停留在,或者只看重个人修己立德,而是期望在生命全程意义上的自觉。它无疑包含着人生价值取向和道德意义上的自我清晰、自我选择、自我负责和自我完善,还包括人对自己的特长与不足、目前的发展状态、可能的发展目标与前景、人生未来理想的建构与策略选择,以及有方向地、坚持不懈地践行与实现等方面。即人能在复杂变化的社会中,因生命自觉的强大而把握自己的命运,过好自己的一生。[⑦]

---

① [美]A.J.赫舍尔.人是谁[M].隗仁莲译.贵阳:贵州人民出版社,1994:37-38.
② [德]雅斯贝尔斯.什么是教育[M].邹进译.北京:生活·读书·新知三联书店,1991:4.
③ [美]爱德华·W.萨义德.知识分子论[M].单德兴译.北京:生活·读书·新知三联书店,2002:13.
④ [美]爱德华·W.萨义德.知识分子论[M].单德兴译.北京:生活·读书·新知三联书店,2002:25.
⑤ 叶澜.回归突破:"生命·实践"教育学论纲[M].上海:华东师范大学出版社,2015:311.
⑥ 叶澜.回归突破:"生命·实践"教育学论纲[M].上海:华东师范大学出版社,2015:311.
⑦ 叶澜.回归突破:"生命·实践"教育学论纲[M].上海:华东师范大学出版社,2015:312.

第三章　国外教育硕士专业办理的经验

作为我国学位与研究生教育的重要组成部分，教育硕士专业学位教育已然成为培养教育高级人才的主要手段，其为我国教育的发展做出了巨大贡献。现今，虽然我国教育硕士专业学位教育取得了显著成绩，但仍然存在一定缺陷，在培养方式、课程设置、教师队伍建设等方面存在诸多不足之处，整体培养质量有待提高。反观一些发达国家的教育硕士办理，有些早已步入稳定与成熟阶段，形成了一套较为完整的制度体系；有些在各个环节具有实践性、灵活化与个性化的特色。因此，我们有必要借鉴国外培养教育硕士的先进经验，并结合自身的特点，以促进我国教育硕士专业学位教育的进一步改革与发展。接下来本章将详细介绍英国、美国和日本三个国家的教育硕士相关项目，剖析它们在培养机构、专业方向、课程设置与实施、培养方式与培养目标等方面的具体特色。通过对比分析和探究，以期为我国教育硕士项目的发展提供有益借鉴。

第一节　英国教育硕士的办理经验

英国现行学位教育体系中,尚没有一种与我国新设置的教育硕士专业学位完全对等的学位,具有一定可比性的是教育方面的课程硕士。[①] 英国的学位体系分为学士、硕士和博士三个层次,教育硕士是硕士教育中的一个特殊部分。根据培养目标和培养过程等方面的差异,英国的硕士教育分为研究硕士(Master by Research)和课程硕士(Master by Taught)两大类。前者通过科学研究获得学位,目的是培养高级科研人才;后者主要通过课程学习完成学业,重视实践能力的培养。作为世界上高等教育最发达的国家之一,英国教育硕士培养体系具有体系完整、目标明确、注重实践、突出核心课程以及招生自主度较高、培养方式多元并存以及培养质量较高等几个方面的特点。

一、英国课程硕士学位体系的历史沿革

英国的课程硕士出现于第二次世界大战之后,一问世便广受欢迎,成为英国研究生教育中发展最快的领域,当前已在整个英国教育体系中占有重要地位。英国课程硕士之所以能够受到青睐并迅速发展,主要包括以下几个方面的原因。

(一)经济及社会发展的需要

20世纪五六十年代,英国社会和经济飞速发展,社会对应用型人才有了更为广泛的需求,这不仅导致研究生教育的规模急剧扩张,而且课程硕士也应运而生。1963年,英国政府发表《罗宾斯报告》(Robbins Report),建议研究生的扩展主要是课程硕士的增加,研究型硕士可基本保持不变。同时代发表的《斯万报告》(Swann Report)也建议研究生教育的重心应从研究型博士学位转向课程硕士学位。20世纪70年代以降,英国经济逐渐开始全面衰退,为了恢复经济,研究生教育被迫调整。大学拨款委员会和各科学研究委员会在发展研究生教育方面,积极鼓励发展课程硕士研究生,包括在可授予哲学博士学位的一些专业中也引进听课的部分。1974年,英国议会投资委员会(Expenditure Committee of the House of Commons)宣布研究生教育的目标首先是满足经济对人力资源的

---

① 周世厚.英国教育硕士专业学位教育:现状、特色与经验[J].学位与研究生教育,2009,09:63—68.

需求。1987年,公共预算委员会(Public Accounts Committee)再次强调了这一原则。此后,1993年的教育白皮书也热烈欢迎课程硕士研究生的增长。总而言之,在社会发展的背景下,在政府政策的指导下,与经济发展密切相关的课程硕士也成为现代英国研究生教育的一大特色。

(二)教育经费日趋紧张

20世纪50年代以来,英国高等教育的科研经费迅速增加,研究生教育经费的增长尤为显著。1939年,英国的民用与军用研究和开发经费总共不到1000万英镑,工业研究和开发支出共占其中的一半。1950~1951年,科研经费已上升到3000万英镑;到了1963~1964年间,科研经费竟高至1.15亿英镑。① 这样快速增长的经费使得政府负担沉重,20世纪70年代的经济停滞更使局面雪上加霜。鉴于经济压力,政府对研究生教育的支持重心逐渐转移。课程硕士研究生教育由于投入小、见效快、实用性强,因此理所当然地受到政府青睐。以培养一个全日制本科生的投入经费为基数,培养一个课程硕士研究生只需投入1.3倍的经费,而培养一个学术型研究生则需投入3倍经费。② 如此一来,早已感到经费紧张的政府理所当然地会选择大力发展课程硕士研究生。

(三)硕士研究生阶段教育规模的扩大

1957年,英国科学与工业研究署(DSIR)决定在传统的研究生学额外提供课程硕士(修课式)研究生奖学金,这促进了研究生水平的课程发展。至1960年,已有240门类似的课程得到认可。但这时学生并不多,只有274人。③ 而此后的课程硕士研究生教育便进入了一个飞速发展期。如前所述,从1966年至1975年期间,大学全日制课程硕士研究生的人数从13000人增加到近24000人,增加85%,而哲学博士和哲学硕士学位的学生人数,在同时期内可比增长数为31%。

---

① [美]伯顿·克拉克.研究生教育的科学研究基础[M].王承绪译.杭州:浙江教育出版社,2001.78.
② 赵蒙成.英国修课式研究生的发展及思考[J].外国教育研究,1999,(2):27-31.
③ 赵蒙成.英国修课式研究生的发展及思考[J].外国教育研究,1999,(2):27-31.

表1 英国高等教育中的研究生人数(1966—1988年)①

研究型学位					
	大学		公共高等教育系统*		
	全日制	兼读制	全日制	兼读制	总计
1966—1967	18409	——	317	——	
1977—1978	24291	14247	2557	——	
1987—1988	29305	16772	2640	1550	47267

课程硕士（修课式学位）					
	大学		公共高等教育系统*		
	全日制	兼读制	全日制	兼读制	总计
1966—1967	13564	——	——	——	
1977—1978	25382	10263	9648	——	
1987—1988	29812	19363	6823	13485	69483

*公共高等教育系统主要指高科技大学。

进入20世纪80年代，研究生系统继续增长。在1982年至1988年间，全日制研究型研究生人数增长了24%，课程硕士研究生则只增长了19%，②而虽然课程硕士研究生增长的百分比小于研究型研究生，但是，由上表可以看出，全日制课程硕士研究生的人数仅在1987—1988年增长较为缓慢。并且，在这六年内大学中的课程硕士研究生的人数增长了51%左右。③而从课程硕士研究生和学术型研究生的人数总数来看，课程硕士研究生的人数已远远超过学术型研究生。

表2 英国的研究生人数(1990—1991年)④

	全日制	兼读制
研究型学位（大学）	28195	16980
课程硕士（大学）	22765	29932
研究型学位（全国学位授予委员会）	4092	
课程硕士（全国学位授予委员会）	3028	11896

*攻读全车学位授予委员会（CNAA）的研究型研究生有约1/3为全日制的。

整个研究生教育规模的扩大也导致了课程硕士研究生人数的增长。1938年，英国大

---

① [美]伯顿·克拉克.研究生教育的科学研究基础[M].王承诸译.杭州:浙江教育出版社,2001.95.
② [美]伯顿·克拉克.研究生教育的科学研究基础[M].王承诸译.杭州:浙江教育出版社,2001.95.
③ [美]伯顿·克拉克.研究生教育的科学研究基础[M].王承诸译.杭州:浙江教育出版社,2001.95.
④ Tony Beacher, Mary Henkel and Maurice Kogan:Graduate Education in Britain,Jessica kingsley Publishers Ltd,1994,p.14.

学共有全日制学生50000名,其中3000人是研究生;到1972年,学生总数增长了5倍,而研究生增长了13倍[①];1982年到1988年间,本科生的总人数基本没有改变,而研究生却增加了21%以上。研究生教育规模的迅速扩展,使经费十分紧张,这导致有些研究生申请不到研究型研究生的奖学金,而只能转为课程硕士研究生。这种扩张也使所招学生的水平参差不齐,有些学生不适合那些研究型学位,因而他们会选择课程硕士研究生。同时,研究生招生规模的扩大会引起毕业生的就业压力。如1965年,42%的毕业研究生可进入大学,到1971年降至22%,而到1975年,仅有18%的研究生可进入大学了。[②] 也就是说,从事非学术性工作的研究生日益增加,因此,课程硕士研究生在英国迅速成为研究生教育的发展重点。

经济增长不仅推动了课程硕士研究生教育在数量和形式上的发展,而且在质量和内容上对其不断育提出新的客观要求。现代社会是知识经济的社会,新的知识不断产生,新兴的学科也层出不穷。知识的进展需要高校扩大其课程的容量,但在经费缺乏的情况下延长本科的学习年限是不正常的,而且毕业后从事研究的研究生较少,而多数从事非研究性的工作,这样传统的研究生培养模式过于浪费,因此,一年制的课程硕士研究生教育最适合这些需要,而且课程硕士研究生教育为那些新兴学科知识的传授提供了场所。一言以蔽之,课程硕士研究生教育迎合了社会知识增长的迫切需要,其迅猛发展具有一定的必然性。

二、英国教育硕士的现状

(一)培养目标

在英国,教育硕士属于课程硕士的一种,是教师和其他教育人员专业发展的一个必经步骤,其招生对象主要是在职的教育工作者。一般来说,教育硕士的服务对象是教师、学校领导者、教育管理人员、教育政策研究者、教育行政官员等,其培养目标在于为上述教育人群提供专业发展机会。不过,不同大学的具体情形由于当地社会需求和自身学科实力的差异而各具特色。例如,剑桥大学在教育硕士培养中明显侧重于对教育科研意识和能力的培养,希望学习者在以下几个方面实现提升:能够获得教学、学习、管理等方面的相关知识,并能够深入地理解;能够运用学术研究的方法分析教育实践和教育问题;掌握常用的教育研究方法,能够辨别教育研究成果的价值;能够批判性地阅读教育研究文

---

① Ernest Rudd.The Highes Education:A Study of Graduate Education in Britain[M].Routledge & Kegan Paul Ltd 1975.p.1.
② 赵蒙成.英国研究生就业的现状与启迪[J].江苏高教,1999,(2):103-105.

献;具备阐述教育科研成果所需的实践能力、组织能力和演讲能力;能够理解学习对其专业发展、工作实践和个人目标的意义。而纽卡斯尔大学的教育硕士培养以促进学生的专业发展为核心,重视提高学生的专业素质以及与此相关的多方面素质,其培养目标所涉及的内容尤其广泛。具体包括:通过具有激发性和挑战性的学习经历,促进学生个人、专业和学术方面的发展;通过提高学生的专业素质,使学生能够从教育理论与观念演变的视角、时代的视角和国际的视角解释、分析教育以及相关领域中的问题;使学生能将教育理论应用于教育实践和教育研究之中,通过研究提高其专业水平;使学生能选择最恰当的方法和框架分析教育问题,开展研究,找出解决问题的办法;提高学生在个人发展以及专业发展中所需的学习能力、专业能力和人际沟通能力。[①]

显而易见,虽然各高校的教育硕士培养目标有所差别,但更存在着许多一般性的追求。从整体上说,可以将英国教育硕士的培养目标概括为:通过学位攻读过程的学习与训练,拓展学生的视野,提高学生的教育理论水平,引导他们将教育理论与作实践相结合,培养他们分析教育问题的能力和独立从事科研的能力,最终提升他们的专业素质以及教育、教学与管理的水平。英国教育硕士的培养目标兼顾了理论、实践、科研等多个方面,但与研究硕士和教育博士的培养目标相比较,教育硕士更偏重于学习者教育实践能力的提高,具有明显的实践性、应用性和职业性。

(二)入学条件

英国教育硕士的入学条件没有明确具体的规定,每一所院校可自行决定每一个硕士研究生的录取条件。申请人是否能被录取完全取决于他是否符合院校的入学要求。入学测试也没有统一的考试,通常以最低本科成绩等级、论文计划、面试等代替考试。一般来说,凡获得学士学位,并具备一定的工作经验者就有资格申请攻读教育硕士研究生。在正常情况下,申请者需要出具语言证明、推荐人意见等材料,但不同学校的情况也有所不同。总体而言,英国教育硕士的入学标准主要体现在以下三个方面。

1.对申请者受教育经历的要求

尽管各大学的具体要求不同,但具有荣誉学士学位是申请攻读教育硕士学位的普遍条件。格拉斯哥大学等部分高校甚至要求申请者提供一级荣誉学位,这就为教育硕士设置了相当高的入学门槛。也有个别学校规定,如果申请者的工作经历达到所要求的标准,即使没有荣誉学位也可以破格入学。此外,某些专业也对申请者的受教育经历有着

[①] 周世厚.英国教育硕士专业学位教育:现状、特色与经验[J].学位与研究生教育,2009,09:63—68.

特殊的要求。如在伯明翰大学，虽然具有普通学士学位就可以申请攻读教育硕士学位，但双语教育专业则要求一级荣誉学位，而自闭症治疗专业更需要申请者具有至少两年的相关专业的研究生学习经历。①

2.对申请者工作经历的要求

英国的教育硕士主要是针对在职的教师和教育管理人员设置的学位，因而职业资格和工作经历就成为教育硕士入学资格考核的重要内容。多数学校规定，申请者必须具备2年以上的工作经历，也有少数学校规定为1年。不具备职业资格的申请者只能攻读教育领域的其他硕士学位，而不能攻读教育硕士学位。例如，格拉斯哥大学的教育学院同时颁发理学硕士(M.Sc.)和教育硕士(M.Ed.)两种硕士学位。只有具有教师资格和从教经历的学生可以攻读教育硕士学位，而理学硕士学位对教师资格并无要求。②

3.对导师面试的要求

面试是英国课程硕士入学最重要的部分之一，导师在面试时会详细询问学生的学术背景与能力，学生也可以同时了解导师的学术能力、性格和其他方面。③ 开展面试的主要目的是为今后的师生合作奠定基础，也是学习者了解自身不足、寻找发展方向的重要过程。

（三）专业方向

由于英国的教育硕士培养由高校的教育学院负责，因而在专业方向设置上都以各教育学院原有的专业为基础。总体而言，各院校的教育硕士专业设置灵活多样，没有统一的标准，但基本可以概括为以下几类：教育研究、教育管理、教学与学习、特殊教育、心理学等。④ 其突出特点，就是与英国中小学教育紧密相关。

例如，沃威克大学是英国于第二次世界大战后新建的一所公立大学，建校虽然只有三十多年的历史，但已发展成为一所闻名世界的研究型大学。目前该大学设置的教育硕士项目有：教育研究硕士(MA Educational Studies)、教育管理硕士(MA in Educational Management)、数学教育硕士(MSc Mathematics Education)、科学教育硕士(MSc Science Education)、宗教教育硕士(MA in Religious Education)、儿童文学研究硕士(MA in Children's Literature studies)、艺术教育和文化研究硕士(MA Arts Education

---

① 周世厚.英国教育硕士专业学位教育：现状、特色与经验[J].学位与研究生教育,2009,09:63-68.
② 周世厚.英国教育硕士专业学位教育：现状、特色与经验[J].学位与研究生教育,2009,09:63-68.
③ 唐卫民,刘楠楠.英国教育硕士招生培养的现状及启示[J].沈阳师范大学学报(社会科学版),2012,05:92-94.
④ 周世厚.英国教育硕士专业学位教育：现状、特色与经验[J].学位与研究生教育,2009,09:63-68.

and Cultural Studies)、戏剧教育和文化研究硕士(MA Drama Education and Cultural Studies)、艺术和设计教育硕士(MA Art and Design Education)、音乐教育和文化研究硕士(MA Music Education and Cultural Studies)、教育社会学硕士(MA in the Sociology of Education)、英语教学硕士(MA in English Language Teaching)等。上述课程硕士除教育研究硕士外,全部与英国中小学管理和各科教学直接相关。[①]

(四)课程设置

英国教育硕士的课程一般分为必修和选修两个部分。具体由 2 门核心课程和 4 门选修课程构成。有些学校又将必修课分为共同核心课(所有专业方向共同的必修课)和专业核心课(为本专业学生开设的必修课)。除毕业论文外,课程学习需要获得 120 学分,其中选修课占 15~30 学分。英国政府对各大学开设的教育硕士课程的管理并不是采用统一大纲或教科书来进行规范,而是采用评估标准进行规范,运用视导手段进行监督管理,在政府的这种宏观监控下,各大学拥有教学管理的自主权,他们积极采用生动活泼的教学方法,努力促进理论与实践的结合,自觉规范教学过程。[②] 大致而言,英国教育硕士的课程设置主要具有以下几个方面的特点:

1. 阶段性

英国教育硕士课程设置具有鲜明的阶段性特点,大部分学校都在开展研究生证书、研究生文凭教育的基础上培养教育硕士。学生只要能够完成某阶段课程的学习,就可以随即获得相应的凭证。

2. 灵活性

英国教育硕士课程本身具有较大弹性和灵活性。大部分的教育硕士课程都是学科制的(modular),学生能够选择自己感兴趣的科目来制定自己的课程。譬如,布里斯托尔大学(Bristol university)的教育硕士生可从广泛的研究领域中选修他们所感兴趣的科目,包括教育心理学、教育管理、教育咨询、英语教学和特殊需求学生之教学等。伯明翰大学(Birmingham University)为学习者提供广泛的一年教育硕士课程,适合于没有任何教学经验的本科毕业生,学生可选择以下四个领域的其中之一当作主修:国际教育管理与政策、英语教学、信息科技教育、特殊教育需求。曼彻斯特大学(Manchester university)教育系所开设的教育硕士课程也为学科制,学生能够依据个人兴趣选择研究

[①] 袁锐锷.中英教育硕士专业学位教育的比较研究[J].比较教育研究,2000,03:26—29.
[②] 唐卫民,刘楠楠.英国教育硕士招生培养的现状及启示[J].沈阳师范大学学报(社会科学版),2012,05:92—94.

领域的自由,具备教师资格和教学经验的学员都能申请选修教育心理学、特殊需求与发展、英语教学、教育领导与管理、信息科技教育等热门的研究领域。①

3.突出核心课程

英国教育硕士课程设置的另一个特点,就是突出核心课程的重要性,并酌情增设高级学位课程。一般情况下,核心课程的课时数倍于其他课程。而高级学位课程的开设,主要是加强专业领域的导向性和拓宽知识面。② 以沃威克大学教育管理专业为例,2门核心课程为"研究方法基础"和"教育的领导与管理",选修课是从一系列有关教育管理的课程中选读3门,如"资源和财务管理""人力资源的开发与配置""提高学生的学业成绩""成绩的测量与评价""教育的国际展望"等。除此之外,学生还需再从其他专业课中选修一门。③ 在这个课程结构中找不到单独设置的教育学、心理学、教育技术学课程,相关课程的原理、规律、技术、方法都被有机地结合到所有其他课程中。

4.实践性

英国课程设置的另一个显著特点即注重理论结合实际,为学生提供多种多样的经验课程。英国的大学一般与业界保持着很好的沟通和合作,④这也是英国课程硕士课程设置最突出的特色,理论与实际的理想结合可提高学生的学习和工作能力,在学习理论知识的基础上加强实际操作,这样更有利于毕业后投入社会,服务社会。⑤

关于英国教育硕士课程设置,无论是中小学的PGCE课程还是教学硕士学位课程,都十分注重教育实践与教育技能的培训。从其课程的内容看,就各门专门学科的内容,与我国的教育硕士课程内容有较大区别,其各专门学科课程的学习重点不是放在对各专门学科知识的学习,而是放在如何在教学实践中理解这些知识。如在其小学教师PGCE课程中有一门叫"学科研究"的科目,要求从教学法的角度探讨学科教学问题。引人注目的是,在其设置的一门"专门研究"课程中,列入了关于"具有特殊需要的儿童"的研究内容。这一做法将具有特殊需要的儿童作为教育教学关注的对象进行研究,具有独特意义。

5.规范性

英国对教育硕士的课程,并不是采用统一大纲或教科书来进行规范,而是采用评估

---

① 英国教育硕士课程之指南[EB/OL].http://www.netbig.com/zyxk/ch3/04/02/0901htm.[2009-6-1].
② 李岩.英国课程硕士研究生教育的特质探析[D].东北师范大学,2007.
③ 袁锐锷.中英教育硕士专业学位教育的比较研究[J].比较教育研究,2000(3):26—29.
④ 何妍,叶新.中英出版专业硕士研究生教育的比较研究[J].出版发行研究,2009(7):40—41.
⑤ 唐卫民,刘楠楠.英国教育硕士招生培养的现状及启示[J].沈阳师范大学学报(社会科学版),2012(09):92—94.

标准进行规范,运用视导手段进行监督管理。在政府的这种宏观监控下,各大学拥有教学管理的自主权,他们积极采用生动活泼的教学方法,努力促进理论与实践的结合,自觉规范教学过程。以沃威克大学教育管理硕士的核心课程"教育的领导与管理"为例,该课程除了备有一份数千字的简明介绍外,还有一份长达5万字的《课程说明书》,其中包括导言、目标与期望、课程教师小组成员介绍、教学安排、课程论文具体要求、课程论文参考书目、课程成绩评定标准、课程参考书目、可供检索的网址目录等9部分,其中第四部分"教学安排"是主体。该部分将课程内容分为5大方面,共25讲,并对每讲的教学过程做了详尽的规定。[1]

(五)培养方式

在培养方式上,英国的教育硕士具有全日制、部分时间制和远程教育三种。在教育硕士的基本学制上,大部分院校规定,全日制为1年,部分时间制为2~3年。其中,格拉斯哥大学的教育硕士基本为部分时间制,学习1~2年,最长不超过5年,个别专业要求全日制脱产学习,学制1年。相比之下,伯明翰大学和阿伯丁大学等高校的教育硕士培养方式则比较灵活,分为全日制、部分时间制,部分专业可通过远程网络进行学习。在剑桥大学,教育硕士全部为部分时间制,这是教育硕士区别于哲学硕士的一个根本特征。剑桥大学教育学院培养哲学硕士和教育硕士两种硕士研究生,二者在学习内容、考核标准等方面是一致的。其中,全日制学习者学习1年,获哲学硕士学位;部分时间制学习2年,每周集中授课一次(一般为14:00—19:00),毕业时被授予教育硕士学位。然而,在纽卡斯尔大学等英国大多数高校中,教育硕士与其他硕士在学制上并没有明显的差别。

一般来说,教育硕士研究生每周的学习时间和与导师的见面时间的总和在4个小时到8个小时之间。其教材也不是固定的,不过教师会提供与课程相关的索引和框架给学生,这对学生在学习和科研过程中主动性和创造性的发挥起到了积极促进作用。此外,课程硕士研究生的学习强度很大,一般要完成听课、阅读、试验和书面作业;第二个环节是集体设计,由一组学生共同完成一项课题,课题多是来自于生产实际,并由工厂或者公司专门派工程师来指导,设计结束后有的专业会举行答辩;第三个环节为论文,论文的题目与集体设计没有关联,可由学生自己确定,可以作为导师科研中的一部分,也可由导师出题。通常学院不组织教育硕士论文答辩,讨论会起到了答辩的作用,会后教师开商讨会,并对研究生论文工作做出评审意见。[2]

教育硕士的指导教师一般由所攻读院系的学术研究人员担任。根据指导教师的责

---

[1] 唐卫民,刘楠楠.英国教育硕士招生培养的现状及启示[J].沈阳师范大学学报(社会科学版),2012(9):92-94.
[2] 春洋.英国课程硕士研究生教育探析[J].研究生教育研究,2012,04:91-95.

任与分工情况,学生的指导方式可概括为两种形式。

1. 单一导师形式

例如,在剑桥大学,学生入学后,该校教育学院的管理人员就指定教育学院的一名科研人员担任该学生的指导教师。指导教师要监督、指导学生的课程学习过程,也负责学生毕业论文的指导,并教授某些课程。在多数学校中,课程学习和毕业论文是相对独立的两个环节。然而,也有部分学校开始尝试着将二者相结合。因而,当前英国教育硕士的毕业论文环节具有两种形式。

2. 双导师形式

在多数开设课程硕士的英国大学,都为学习者配备两个指导教师,一个负责其日常课业,另一个则根据学生的学习方向和兴趣为其毕业论文提供专门的指导。例如,在格拉斯哥大学,每个教育硕士配备两个指导教师:①课程指导教师。学生入学后,教育学院为每个学生指派一名指导教师,负责在选课、上课、作业等方面提供指导。②论文指导教师。课程结束后,教育学院根据学生提交的论文选题和研究设计情况为学生指派论文指导教师。[①]

(六)毕业论文规定

1.毕业论文的总体要求

英国教育硕士培养方案都有提交学位论文(dissertation)的要求,但许多专业不举行论文答辩(oral examination)。他们对论文有规范的要求,一般要求兼有实验(或调查)和理论探讨,在论文的准备、撰写、结构、内容、文字、注释、提交、评分等方面都有严格、明确的规定,字数一般在1.5万字左右[②]。在多数学校中,课程学习和毕业论文是相对独立的两个环节。然而,也有部分学校开始尝试着将二者结合起来。因而,当前英国教育硕士的毕业论文环节具有两种形式。

2.论文同课程分离

在纽卡斯尔大学、格拉斯哥大学等院校,学生在课程学习结束后进入论文环节。在论文写作期间,学校不再开设任何课程。学生展开独立的研究,并与指导教师定期进行

---

① 周世厚.英国教育硕士专业学位教育:现状、特色与经验[J].学位与研究生教育,2009(09):63-68.
② 袁锐锷.中英教育硕士专业学位教育的比较研究[J].比较教育研究,2000(05):95-100.

一对一的交流。指导教师要对学生的论文选题、研究方法的选择和写作过程进行指导。

3. 论文与课程结合

在另一些学校,学生的教育科研方法训练过程、毕业论文写作过程被整合到课程学习之中,学校将毕业论文写作设置为一门课程。如阿伯丁大学,在必修与选修的5门课程外,学校开设"课程六:毕业论文或毕业项目"。该课紧紧围绕着学生毕业论文写作的需求和程序组织课程内容,其内容包括文献的检索与综述、研究问题与研究目标的提出、研究方案的设计、方法的选择、数据收集与整理、写作与发表等。在课程结束后,学生提交该课的课程作业,同时也完成了学位论文或毕业项目。

(七)英国教育硕士的培养质量

在20世纪初,英国率先使用ISO9001来保障高校教学质量。到2003年底,英国已有37所大学按照ISO9001标准在高等学校建立质量管理体系,并获得经验。随着ISO9001质量管理体系在教育行业的应用,研究生教育过程应用ISO9001标准建立质量管理体系提高研究生教育的质量具有必要性和可行性。[1] ISO9001质量管理体系包括四大过程,即管理职责、资源管理、产品实现和测量、分析和改进。[2] 具体参见图3-3。

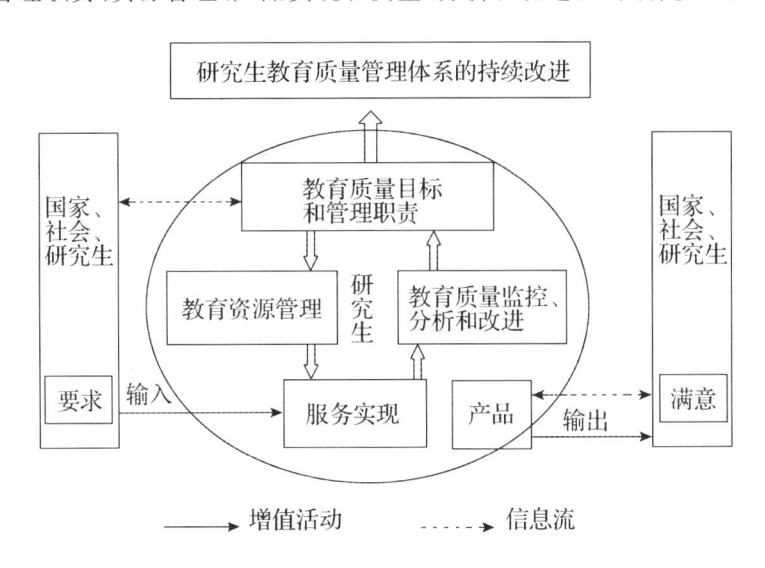

图3-3 研究生教育质量管理体系[3]

在英国,与系统的教师职业培训相配套的是标准化、系列化的各级教师教育质量监

---

[1] 杨晓江.关注教育领域的ISO9000现象[J].江苏高教,2000(02):36-39.
[2] 丛选斌.ISO9000体系的建立与创造世界一流的高等航海学府[J].航海教育研究,1997(01):22-26.
[3] 王旭育,周蔵.借管理体系助ISO9000推动高校研究生教育质量的提高[J].上海管理科学,2006(01):45-47.

控管理。对于初任教师教育(Initial Teacher Training,即 ITT)和"研究生课程证书"培训(Programme of Graduate Certificate Education,即 P.G.C.E),英国政府教育与就业部(Department for Education and Employment,即 DfEE)公布了《教学:高水平、高标准——对初任教师教育课程的要求》(Teaching:High Status, High Standards——Requirements for Courses of Initial Teacher Training)。随后,该部的教育标准办公室(Office for Standards in Education,即 OFSTED)于 1998 年 7 月颁发了《初任教师教育的标准和质量评估框架》(Framework for the Assessment of Quality and Standards in Initial Teacher Training)。在此基础上,又对在职教师的硕士学位课程培训公布了视察和评估标准,并于 1999 年 2 月颁布了《教师训练局资助的在职培训课程视导和评估程序》(Inspection of TTA-Funded INSET, Inspection procedures, February 1999),该标准包括培训需要的甄别、培训的提供、培训的效果和质量保证(Identification of Needs, Provision, Impact of Provision, Quality Assurance)四大部分。[①]

八、英国教育硕士学位教育的特色与经验

通过以上对英国教育硕士专业学位教育体系的系统梳理,我们不难发现其体系完整,并且其特色与发展经验对我国具有一定的启示意义和参考价值。

(一)着眼于需求和质量,避免盲目发展

教育硕士学位是 20 世纪 90 年代前后出现的一种新学位。在设置之初,人们对于这种学位是否会导致学位的泛滥和贬值不无担忧。而且,在一些国家,由于在教育硕士学位教育体系尚未健全和完善之前就急于扩大教育硕士的规模,的确出现了数量与质量严重脱节的问题。比较而言,在发展规模与速度上,英国教育硕士专业学位教育以社会需求为导向,同时力求保证教育质量,因而其发展显得尤为谨慎。其中,剑桥大学的做法最为典型。剑桥大学在教育硕士培养中,对质量的要求相当严格。在剑桥大学的教育学院,教育硕士的考核标准、论文要求与学术型硕士基本相同。此外,剑桥大学一方面同英国的其他高校一样把教育硕士作为课程硕士培养,另一方面却尝试着以培养研究硕士的方式培养教育硕士。[②] 总体而言,剑桥大学对教育硕士教育的数量和规模并不强调,但决不因为其属于专业学位教育而在质量要求上有所放松。

---

① 袁锐锷.中英教育硕士专业学位教育的比较研究[J].比较教育研究,2000(5):26-29.
② 周世厚.英国教育硕士专业学位教育:现状、特色与经验[J].学位与研究生教育,2009(9):63-68.

(二)具有完整的学位体系和培养机制

经过多年的发展,英国的教育硕士专业学位教育形成了比较完善的学位体系和培养机制,具体体现在以下两个方面:

1.定位明确

从横向上说,在英国,教育硕士专业学位教育主要是培养教育领域的应用型人才,提高在职教育工作者的实践能力。这种明确的定位使它与研究硕士区分开来,也与教育领域中的 M.A.、M.Sc.等偏重研究的学位区分开来。从纵向上说,教育硕士学位下有研究生证书和研究生文凭两个层级,上通博士学位。这种上下衔接的体系,一方面为那些不能直接攻读教育硕士学位的教育从业人员提供了过渡阶段,另一方面也为部分教师提供了进一步深造与学习的机会。

2. 机制完整

英国教育硕士的招生对象是在职的教育工作者。在入学资格审核时,工作经历和学习经历是重点审核的内容并具有严格的要求,这无疑保证了攻读教育硕士研究生所需的基本素质和发展潜力。英国教育硕士的专业设置不一而足,为攻读者提供了广泛的选择空间。课程设置以培养实践能力、科研能力为指向,由必修课和选修课构成的课程结构有利于为学生保留必要的自主性。教育硕士的毕业论文在选题上要求联系攻读者的工作实践,力求解决实践问题。个别学校还将毕业论文与课程结合起来,既保证了教育硕士毕业论文的质量,也有利于学生科研能力的培养。①

(三)在培养中追求多样性,避免趋同

多样性是教育硕士培养的一个基本要求,亦是英国教育硕士专业学位教育的一个重要特征。在英国,尽管不是所有的高校都具有教育硕士学位的授予权,但教育硕士培养机构的数量仍然可观。加之英国分权制的教育行政体制赋予高校相当大的自主权,这为教育硕士培养走向多样提供了前提条件。在英国,不但设有教育硕士培养项目的学校多,而且教育硕士培养项目的种类也很繁多。英国教育硕士的专业方向多种多样,没有统一的模式,既有教学、管理方面的专业方向以满足一般需求,也有针对特殊需求而设置的艺术、教育咨询、教育技术、特殊教育等相关专业。在教育硕士的培养目标上,各高校

---

① 周世厚.英国教育硕士专业学位教育:现状、特色与经验[J].学位与研究生教育,2009(9):63-68.

从当地的需求和自身的优势出发,各具特色。剑桥大学重视提高教育硕士研究生的科研能力;格拉斯哥大学明确提出要培养在职教师的"反思能力",具有明显的实践性;纽卡斯尔大学强调提高学生以专业素质为核心的综合素质,如专业能力、学习能力甚至人际沟通的能力。

尽管英国的教育硕士专业学位教育具有明显的特色和可供借鉴的经验,但也存在着一些不可忽视的问题。在教育硕士培养中,理想的师资配置应该是理论研究者与教育实践领域的专家相结合。在英国,无论是课程环节还是论文环节,教育硕士学位攻读者的培养完全由高等院校教育学院的教师负责,忽视了实践领域专家的参与。在此情况下,即便教育硕士的培养强调提高学习者的实践能力,其效果必然会受到影响。其次,学生在指导教师的选择上缺少自主性。在剑桥大学、格拉斯哥大学等高校中,教育硕士的指导教师由学院的管理人员负责指派,忽视了学生与导师之间的双向选择,这对于学生获得有效的指导是不利的。[1]

综上所述,英国各高校教育硕士的培养和管理具有统一的招生标准、明确的培养目标、各具特色的课程设置和严格的评价体系。并且,其建立在严格、规范的初任教师教育及其管理基础之上,培训工作起点一致、准则确凿。与之相比较,我国则尚未建立高师毕业生及其培养过程的评估标准,各师范院校的教育水平参差不齐,学生从师范院校毕业后便走上教师岗位。而在入职之后的教育硕士培养阶段,伴随着试点单位和入学人数的增多,相关视导和评估制度却未能有效设立。因此,英国大学的整个教育类课程硕士教育体系颇具可资借鉴之处。

---

[1] 周世厚.英国教育硕士专业学位教育:现状、特色与经验[J].学位与研究生教育,2009(9):63—68.

第二节　美国教育硕士的办理经验

一、美国教育硕士发展的历史考察

美国的硕士研究生教育始于 19 世纪 20 年代,从最初的借鉴和移植欧洲模式,特别是德国学徒式研究生培养模式的基础上,到将早期的学院制与引进的德国大学研究所制相结合,形成了建立在学院制基础上的研究生院制—专业式研究生培养模式,进而发展为协作式研究生培养模式。至今,美国的教育硕士培养体系日趋完善,已形成了一整套全面、系统的学位制度和完善的理论、教学、培养与管理体系,取得了一系列成功经验,成为世界各国竞相效仿的典范。

(一) 孕育阶段

现代教育意义上的硕士和博士学位可追溯到中世纪大学,最初硕士学位是作为一种任教资格而出现的。在中世纪大学,学生经过一定年限的学习后需进行学术和操行的考核以及智力和心理状态的测验。通过测试后,学生经基督教会批准认可后被授予硕士学位,从而具备任教的资格和权利。换言之,当时的硕士学位即教师的代名词。随后,学位由硕士扩展至博士,但两者的区别甚微。

实际上,真正现代意义上的学位授予制度起源于 19 世纪,当时德国的教育部长洪堡发起了一场彻底的教育改革,号召广泛实施提升学生智力的教育,反对过分强调教育中职业技术训练的方面,并且提出学术自由、教学与科研相一致的原则,要求学生独立进行学术研究,教师仅在学生的研究过程中提供指导意见。洪堡的教育改革使学位授予具有了鲜明的学术性倾向,对世界各国的研究生教育产生了重大影响。随后,洪堡的教育改革思想流传到美国,在很大程度上影响了美国包括教育硕士在内的高等教育。

(二) 确立阶段

19 世纪以来,随着科学的发展和学科的分化,以及社会对应用型高级专门人才的需求,各种门类的学科不断出现。与此同时,师范院校培养的中小学师资已经不能适应教育发展的需要,美国各州纷纷提高了取得教师资格证书的最低学历要求,以保证教师质量。以此观之,美国社会对于教育硕士的培养要求的呈现愈加强烈的趋势。

美国教育硕士专业的雏形最早出现在哈佛大学。19世纪末,哈佛大学在教育专业开设了"攻读学位硕士"的课程。1922年,哈佛大学率先开设了教育博士学位课程,并授予了第一个教育博士学位(Ed.D),从而出现了专业性学位和学术性教育学位并存的局面。1936年,在美国哈佛大学校长科南特(Conant J.B)的倡议下,设立了一种跨学科的新学位——教育艺术硕士学位(the Master of Arts in teaching),以此来提高中小学教师的学术能力及整体素质,这是第一个现代意义上的教育硕士专业学位。教育硕士专业学位一经设置之后,便获得了迅猛的发展,此后逐渐成为美国教师终身教育制度中一个不可或缺的组成部分。

(三)发展阶段

"二战"以后,美国高等教育呈现高速发展的势头,高校入学人数亦急剧增加。然而,其培养质量较差,引起了美国公众和教育学界对教师教育培养质量以及培养标准的批判。美国大学协会(AAU)也针对硕士研究生培养标准的杂乱性提出批评,并于1945年对不同类型的学位明确提出了不同的培养目标和要求,将硕士学位分为文科硕士(M.A)、理科硕士(M.S)、教学硕士(M.A.T)和教育硕士(M.Ed),其中前两种属于学术型学位,后两者属于专业型学位。AAU制定的关于教育硕士培养标准在一定程度上规范了当时和后世的教育硕士培养,为提高日后的教育硕士培养质量奠定了基础。在此之后,美国的教育硕士专业学位的发展进入了相对规范的时期,规模不断扩大,专业设置和教学形式也进一步呈现出多样化的特点。

(四)成熟阶段

20世纪60年代起,美国硕士研究生招生规模急剧扩大,其中最为显著的特征即专业硕士生教育在硕士教育中占主导地位。自20世纪70年代中期以来,在美国所有的硕士学位中,各种专业性硕士学位占85%,其中教育硕士专业学位的获得数量占专业硕士学位总数的31.07%,居专业学位之冠。[1] 1981年,美国中小学教师中持有硕士学位的比例达50%以上。[2] 专业硕士学位教育的发展规模早已超过了传统的学术型硕士学位教育。目前,美国有46种项目可授予教育硕士,每个项目又下分多个研究方向,项目之间还有重复和交叉,可以说专业设置已经非常成熟、完善。

---

[1] [美]伯顿·克拉克.研究生教育的科学研究基础[M].王承绪译.杭州:浙江教育出版社,2002:276.
[2] 周洪宇.学位与研究生教育史[M].北京:高等教育出版社,2004:135.

二、美国教育硕士培养模式的要素分析

(一)教育硕士的培养机构

美国教育硕士的培养机构多种多样,最初主要集中在各级各类师范院校之中,美国的师范学院(Normal College 或 Teachers College)通常是由先前的学校升格重组而来,师范学院的教师教育专业性较强,更注重强调学生的教师专业技能的培养和训练。

随着美国高等教育的迅猛发展,各大学的教育系(Department of Education)也纷纷开设教育硕士专业学位教育课程。不同于师范学院,这类大学的教育系不仅仅局限于对教师职业技能的培养,而具备了更高层次的学术科研色彩。如今,美国综合性大学的教育学院或教育系已经成为了培养教育硕士的主体机构。为了大力发展专业学位教育,美国各大学纷纷设立了专业研究生院,尤其是教育研究生院,更是遍地开花,如哈佛大学、宾夕法尼亚州立大学以及加州大学伯克利分校的教育研究生院便办得有声有色。

"二战"以来,美国的综合性大学出现了一种"大学+师范"的 4+1 模式,其中"大学"的部分指 4 年本科阶段的学习,"师范"部分则指 1 年的教育专业培训。在完成这种模式的学习后,将授予学生教学文科硕士学位(Master of Arts in Teaching,简称 MAT,属教育硕士的一种)。除了 4+1 模式的广泛推广,有些大学所设立的综合性学院中也渗透了教育硕士学位教育的因素,如西北大学的教育与社会政策学院(School of Education and Social Policy)以及俄亥俄州立大学的教育与人类生态学学院(College of Education & Human Ecology)等综合性学院都开展了教育硕士培养计划。这不仅促使美国教育硕士培养机构变得更加多元,而且也从某种程度上实现了跨学科、跨专业人才的培养。

(二)教育硕士的专业设置

在美国,整个教育领域可划分为十个专业领域:教育管理(Administration/Supervision),咨询服务(Counseling/Personnel Services),课程与教学(Curriculum/Instruction),教育心理学(Educational Psychology),教育政策(Education Policy),初等教育(Elementary Education),高等教育管理(Higher Education Administration),中等教育(Secondary Education),特殊教育(Special Education),职业技术教育(Vocational/Technical Education)[①]。而各个院校根据社会和市场的需要,又在不同的专业领域里设置了不同的专业方向(参见表 3—4)。

---

① 周洪宇.学位与研究生教育史[M].北京:高等教育出版社,2004:135.

表 3—4 美国教育硕士学位的专业方向设置①

序号	专业方向	序号	专业方向
1	成人教育	26	农业教育
2	蒙台梭利教育	27	读写教育
3	双语和多元文化教育	28	企业教育和培训
4	户外教育	29	体育
5	聋人教育	30	中学后教育
6	课程与教学	31	音乐教育
7	早期儿童教育	32	宗教教育
8	教育管理	33	学校心理学
9	教育咨询	34	教育领导力
10	中等教育(8/9—12 年级)	35	特殊教育
11	教育政策	36	教育心理学
12	学生事务	37	艺术教学
13	教育研究	38	商业教学
14	环境教育	39	地球科学教学
15	初等教育(K—7/8)	40	英语教学
16	高等教育	41	历史教学
17	普通教育	42	语言教学
18	天才教育	43	数学教学
19	健康教育	44	音乐教学
20	教育基础	45	其他学科教学
21	教学设计	46	科学教学
22	教学媒体/教育技术	47	教育技术
23	培训、职业和企业教育	48	对外英语教学
24	运动学	49	国际教育
25	测量、统计与评估	50	职业和工业教育

从表中我们可以看出美国教育硕士专业方向涉及的范围相当广泛，从初等教育到高等教育，从普通教育到特殊教育，从不同学科教学到教育管理，涵盖了教育领域的各个方面。总体而言，美国教育硕士学位教育专业设置较为完善，且突出体现了教育硕士学位

---

① 李尧.美国教育硕士培养模式研究[D].沈阳师范大学,2013.

实践性强的特点。这种专业设置集学术性、专业性于一体,有针对性地去培养某一专业领域的人才,这不仅可保证培养出的教育硕士具备扎实的学术知识和专业技能,亦可在未来的岗位上更好地胜任相关工作。

(三)教育硕士的招生方式及学制

美国实行教育地方自治,因此全国各大学的教育硕士招生的入学选拔程序和制度等均由各招生院校自主制定,具有较强的灵活性。没有全国统一的入学考试,招生专业和招生人数主要取决于各州的现状,或者说是取决于市场需要,各院校可根据自身实际情况来确定招生规模以及录取标准,甚至同一所学校不同专业的教育硕士招生条件都存在着一定的差异。美国教育硕士的招生录取过程一般包括以下程序:

首先,学生需提交个人入学申请材料,一般包括申请人的背景经历、国家承认的学士或硕士学位证明、入学标准考试的成绩(即 GRE 成绩)、2~3 名教授的推荐信等内容。递交申请后,各院校将对申请人的材料进行审查分析,进而对申请人进行面试,有时候也可能是一个电话口试来确定申请人是否被录取。一般而言,最重要的是面试成绩。其次是考生的推荐信,并且还会参照申请人的平时成绩以及个人申请材料,而入学标准考试成绩(GRE)仅仅是作为校方的一个参考。同时,与学术型硕士相比,教育硕士作为专业型学位教育的代表,更为强调申请者实践方面的经验。总而言之,美国教育硕士教育在招生方面体现出了招生范围广、招生条件灵活与注重实践能力等特点。

学制方面,美国教育硕士的学制安排较为灵活,具有弹性,根据专业的不同一般为 1~2 年(3~6 个季度),采取的培养方式根据所学专业而有所不同。例如,加州大学洛杉矶分校的学生事务顾问专业要求全脱产 1 年完成,而教师教育专业则需 2 年完成,可以脱产也可以利用业余时间。虽然各大学对于修业年限一般不做具体规定,但也不能无限期拖延下去。以美国佛罗里达州立大学的教育学院为例,其规定如果教育硕士研究生经过了 7 年的学习还未毕业,则不授予其硕士学位。

(四)教育硕士的培养目标

教育硕士属于专业硕士,是以培养实务型高级教育专门人才为目标,是培养高层次教师及管理人员的重要途径。纵观教育硕士的发展历史,其培养目标定位经历了任教资格认定——学术水平认可——基础教育需求满足三个变迁过程。今日的教育硕士专业学位已经是具有特定教育职业背景的专业性学位,主要培养面向基础教育教学和管理工作需要的高级人才。美国诸多大学,如哈佛大学、加州大学洛杉矶分校等学校的教育硕士招生目录中均明确表明,教育硕士的总体培养目标即提供给申请者将来能成为本专业领域的领导者的一系列经历。

此外,在各大学关于教育硕士培养目标的描述上,研究(research)、反思性(reflection)、创造(creation)、专家(expert)、领导者(leader)等词语出现频率非常高,有人将其称为培养"研究型"和"反思型"教师。例如密歇根州立大学在其课程与教学专业硕士的培养方案中强调教师的批判性探究能力,此外还要求教师能够在教育领域开展行动研究,并能对其他系统也进行独立的研究;[①]华盛顿大学在其教学领导力(Master of Education in Instructional Leadership)方向的教育硕士培养目标中强调此专业旨在使各级各类教师及专业领导者加深对学校课程内容的理解,提高教学管理和指导监督的能力,是加强并更新教学实践提供的途径。[②] "研究型"和"反思型"教师要求未来教师能在了解教学的基础上,批判性地思考自己的工作,要求教师教育能够培养未来教师观察、分析、解释以及决策的反思能力。这种专业教师的培养,必然是一种人性化的培养,是对创造性和独立人格的培养。

(五)教育硕士的课程设置

美国自由与包容的教育氛围同样反映在教育硕士的课程设置上。美国教育硕士的课程设置比较灵活,不同的学校和专业课程结构形式不尽相同,最低学分要求也存在一定差异。但总体来讲,与教师教育本科阶段普通教育课程、学科专业课程和教育专业课程三部分组成的结构相比,大部分学校的教育硕士课程中少了普通教育这一部分,因为属于基础层次教育内容的一般教育课程已占到教师教育本科阶段总课程的40%左右,[③]因而在教育硕士阶段已没必要再重复学习。

具体而言,教育专业课程由三部分组成:一是教育科学的基本理论课程,涉及教育哲学、教育史、教育心理学、教育社会学、教学过程、人的成长和发展、职业道德与法律、教育行政与管理、教育技术等;二是教学法,包括教学方法与策略、课程的组织设计与评价以及教学计划、教育测量与评价等;三是教学实践,以见习、临床实习的方式进行,时间的长短各学校有所不同,但都把教学实践放在重要的位置上。学科专业课程与教育硕士将来从事的教学方向有关。准备从事中等教育的教育硕士要集中学习一个或两个科目,而准备从事初等教育的教育硕士则要学习多个初等教育学科的科目,因为初等教育实施的是不分科教学。

就不同类型的教育硕士而言,其课程内容存在较大差异。其中教育专业硕士

---

① Michigan State University. MACT Program Goals/Standards Reference Form\[EB/OL\].http://www.educ.msu.edu/te/MATC/documents/MATC_Prog_Goals_Standards.pdf.2010-12-05.
② ABOUT MIL\[EB/OL\].http://www.milead.washington.edu/mil/about.2015-9-8.
③ 吴文侃,杨汉青.比较教育学[M].北京:人民教育出版社,1999:349.

(master of education)一般需取得 30~39 个学分,课程分为主修和辅修两个部分,主修课程 20~26 个学分,包括所有硕士学位申请人必修的核心课程、教学方法方面的课程,以及中小学课堂教师感兴趣的、经选择的专业理论课程,辅修课程则集中于学生将来所任教的科目领域。① 如德克萨斯州立大学教育学院课程与教育系提供的小学教育、中等教育、阅读教育、特殊教育四个专业的教育硕士项目,要求学生获得 36~39 个学分,其中主修 21~27 个学分,辅修 9~15 学分。② 而对于主修和辅修这两大块内容,不同院校又有不同划分。有的学校分为核心课程、专业课程和综合实践探究课程三部分:9~12 学分的核心专业课程;21~27 学分的本专业研究课程;6~12 学分的综合实践研究课程(含学位论文)。有些学校分为专业核心课程、专业课程和选修课程。如美国密歇根州立大学课程与教育系提供的教育硕士学位方案包括专业发展和核心探究课程(9 学分)、专业方向课程(9 学分)和选修课程(12 学分)。其中专业发展和核心课程包括:专业发展和研究、课堂教学研究、专业发展和教学实践、社会课程、学校课程设计发展及完善以及教师导航六个领域。专业方向课程同样包括六个领域,其中每个领域又涵括具体的课程,教育技术(15 门)、教育心理学、K-12 教育管理(12 门)、读写和语言教学(11 门)、社会文化视野下的教学(6 门)以及科学和数学教育(5 门)。此外,在专业方向课程中还可以通过学习获得教育技术证书和英语作为第二语言(ESL)教学的证书。选修课程门类丰富,可供学生选择的课程有 45 门。③ 学位申请者可根据自己的兴趣,通过学习不同研究方向的系列课程模块为自己的职业定向,毕业后分别到中小学主讲不同的学科或从事相应的教育教学工作。

美国教育硕士教育的一大特色是非常突出实践环节,教育实践课程一般包括教育实习、模拟教学等,这些均为教育硕士开展知识反思和教学能力锻炼的主要途径。在课时安排上,英国教育硕士一般是有十五周的教学实践课程时间,而美国则长达半年,可以看出美国对于教育硕士实践课程的重视程度。我们以美国爱荷华州立大学教育学院教育管理专业教育硕士的课程方案为例:

---

① 教育部师范教育司组织.教师专业化的理论与实践[M].北京:人民教育出版社,2003:293.
② Graduate programs in Department of Curriculum and Instruction, Southwest Texas State University, College of Education [EB/OL]. http://www.education.swt.edu.2015-9-8.
③ Michigan State University. College of Education. http://www.educ.msu.edu/te/MATC/prospective Student/Program-Overview.2015-9-8.

表 3—5　爱荷华州立大学教育学院教育管理专业教育硕士课程一览表①

课程类型	课程名称	学分
核心课程	研究与写作	3
	学习理论	3
	应用教育统计学	3
专业课程	教育管理学	3
	校长培训教育	3
	教育法律教育	3
	利用信息数据改进学校领导	3
	课程指导	3
	教学监督	3
	校园交流与公共关系	3
实践课程	实习	6
	实践项目:教学案例研究	3
	论文	3
学分合计		42

从上表中可以看出,就单科课程而言,实习所占学分比例最大,而整个实践课程部分在全部课程的设置中所占比重也较大。另外,专业课程中的校长培训教育、课程指导以及教学监督等课程都是与实践相关的课程,而且不仅仅局限于课程内容方面,甚至在教学方式上也会采取情境模拟等形式。

长时间的实践训练给教育硕士生带来的一个突出好处即当他们毕业后,几乎不需要很多的适应时间就能成为一名可独立开展工作的人员。除此之外,教育实践课程的时间贯穿于整个学习阶段,穿插到各个时段进行。这更有助于学生及时根据自身理论知识的增长来更新实践内容,将理论与实践结合得更加紧密。

除此之外,强调实用性是美国教育硕士课程设置的另一大特征。受实用主义影响,美国教育硕士项目通常强调培养学生在快速变化和激烈竞争以及日益国际化的环境中的应对技巧、知识结构和未来领导能力。要达到上述培养目标,就必须以实用性的课程为基础。以美国莱斯利学院为例,其教育硕士专业设置有教育和特殊教育、行政管理、精神保健、延伸教育。课程涉及计算机在教育中应用(计算机模拟、计算机结构原理与操作、计算机与特殊需要的学生等)、咨询(个人智力测验、东西方心理治疗艺术、心理与精

---

① 秦春生,戴继天,孙平.中美教育硕士教育比较研究[J].学位与研究生教育,2002(11):35—38.

神治疗原理、心理诊断原理、单亲家庭咨询等)、行政管理(中小学行政管理、人事管理与监督、机构组织的理论分析、教育机构的会计制度、行政人员评价、筹集资金与捐款管理、教职员素质的提高等)、各学科的专业课程。根据上述课程设置,我们可看出其课程具有强调实用性的明确指向。

(六)教育硕士的教学方式

与课程设置一脉相承,美国教育硕士的教学方式同样多种多样。根据课程本身的特点以及不同学生的不同情况,采取理论讲授、指定阅读、专题讲座、演讲、案例研究、课堂实录分析、小组讨论、实践考察等多种教学方式,使学生在掌握基础理论知识的同时获得对教学实践中存在的某些问题的解决策略与技能,从而提高其实际教学和管理能力。综上所述,美国教育硕士教学方式有以下几个特征:

一是善用研讨教学法,教师在课堂上一般很少采用单调的讲授,而是在融洽、活跃的气氛中采取多种多样的研讨形式进行教学,大家各抒己见,交流对某一课题的观点和看法,从而产生思想的碰撞,形成新的见解。教师在旁对讨论的过程做出指导,对讨论的结果给出评价。学生在课堂中可以随时向教师提出问题,而教师往往提出更深入的问题引发学生进行思考。以哈佛大学教育研究生院教育政策与管理专业的典型课程——领导与教育政策(Leadership and Education Policy)为例,该课程重点关注从学前到12年级这一阶段的教育过程中所涉及的教育领导和教育政策等方面的问题,旨在达到以下五个目标:(1)学生应学会积极思考社会发展以及科技进步对于学校发展有哪些影响;(2)学生要了解联邦、州以及地区——尤其是其所在地区——的教育领导及政策是如何在学校中得以实施的;(3)发展学生政策分析方面的专业知识与技能;(4)对教育研究与教育政策之间的关系要有自己的理解;(5)培养学生未来在学校中能够胜任领导角色的能力。[①] 由此可见,五个目标的核心就是要学生从多种角度全面看待教育政策并做出分析,教师在讲授这门课程的过程中往往会采用案例分析研究、小组演讲、课堂讨论或网上讨论等形式来进行教学,为学生提供宽松的研讨学习气氛,鼓励学生从不同角度提出各自看法,从而促进学生之间的学术思想交流。

随着科技的发展,美国教育硕士师生之间、生生之间的交流更多是通过电子邮件、网络讨论组等互联网现代化教学手段来进行。一方面,这种教学方式可以增强学生与教师之间以及学生彼此之间的互动,激发学生思考专业领域的理论知识、现实发展状况等;另一方面,对学生而言,学术经验甚至人生体验等方面的交流可谓非常有益的过程。

---

① http://my.gse.havard.edu/icb/icb.do/course=gse-t505.2015-3-8.

在教学中突出学生的主体地位是美国教育硕士教学方式的另一大特征。注重个性发展向来是美国教育的一大特色,这同样体现在美国教育硕士的教学方式上。教师在课堂教学中会充分调动和发掘学生的内在潜能,使其自觉主动地利用和开发自己的天资,形成主动实现培养目标要求的强烈愿望,并在其日后的学习研究中为之刻苦钻研。以哈佛大学教育硕士研究院为例,它所开设的全部教育硕士培养计划中都有说明:该项目为善于自我设计(self-design)的学生而准备。负责培养教育硕士的教师们会在招生录取以及开学之初就根据学生所提供的材料全面了解每名学生的个人经历、学术风格,并尽快根据所了解到的信息为学生定制符合其实际情况的学习计划,该计划由教师和学生商讨后共同制定而成,带有极强的个人特色。这种培养模式注重学生的个性发展,有利于在给学生传授系统知识的同时培养学生对于科学的热爱和兴趣。

(七)教育硕士的学位获得

与我国教育硕士在修满全部学分的前提下通过毕业论文答辩以获取学位的制度相比,美国高校并不强调以教育硕士的毕业论文作为衡量是否授予其相应学位的标准。只有约四分之一的高校要求学位获得者撰写学位论文,即使在这部分高校中,不同学校对于学位论文的具体要求也不同,但一些对于学位论文的撰写起着指导性作用的评估标准仍有许多相似之处。首先,学位论文选题必须具备一定的理论意义和现实意义;其次,硕士生的学位论文必须由研究生本人经过独立的思考、研究写成;最后,学位论文的叙述要求逻辑严谨、思路清晰、论据合理、论证充分且在本研究方向及领域内有所创新。

与此相对应,综合水平测试的成绩是大多数美国高校教育硕士学位授予的重要依据,大部分美国的教育硕士需要在修完全部课程之后参加这项测试。测试分为笔试和能力测试两部分,其中笔试主要考查学位申请者学习期间对所学专业的基础理论知识的掌握程度,能力测试偏重于考查学位申请者的实践能力,申请者需要分析与专业相关的实际问题,并提出解决方案。测试完毕后由专业的教学指导委员会做出评议,如果有未通过者,那么教学指导委员会的全体委员将与申请者的导师进行协商,若经过2/3以上的教学指导委员会成员同意,该申请者将被允许进行一次补考。

通过综合水平测试并不代表申请者可以参加毕业答辩,美国高校还设置了一些必须达到的标准,例如申请者必须向学校提供学位申请材料,包括学位申请书和导师推荐信,以及在学期间的学位课程成绩、综合水平测试成绩等,有些学校也要求提供学位论文。随后由申请者所在院系的教学指导委员会成员构成的审查机构对材料进行审查,申请者的材料一经审查通过,即可获得毕业答辩资格。

毕业答辩是获取学位的最后一个环节,一般由五至七名具有副教授以上职称的教师或专家组成答辩委员会来主持相关事宜。答辩内容除对专业知识、毕业论文等方面内容进行考核外,通常还会针对申请者的实践方面提出问题,以此来全方位衡量其综合能力,确定其是否具备获取学位的资格,未通过毕业答辩者可在半年之后重新申请答辩。

(八)教育硕士培养模式的评价体系

一套完整的、适当的教育评价体系对于保障教育硕士培养体系的实施具有重大意义。教育硕士的评价标准不能等同于教育学硕士的评价标准,教育硕士的评价标准中最根本的一点即应该看它是否真正提升了教育硕士专业人员在日常实践中的教学能力和对于各种教学相关问题的解决能力。由于美国高校的市场化程度很高,各高校都在争取来自政府、企业以及私人的财政支持和捐助,因此,美国高校的评价标准是双重的,既有严格的内部质量评价体系,也有来自外部政府和专业团体的评价标准。

内部的质量评价体系通常包括学生评价和教师评价。其中对于学生的评价主要包括档案袋评价法、课堂评估、实践技能评价、毕业生追踪调查法等;而教师评价通常包括学生评价、同行评价与教师自我评价等形式。

而外部评价机制主要由联邦政府、州和地方政府以及民间专业组织构成,三个部门各司其职,保障了美国教育硕士培养项目的有效运行。美国联邦政府通常只是以经费资助和对认证机构的认可来参与或者间接参与教育硕士教育的质量评价;而州政府和地方政府承担着更多也更具体的职责。其主要负责对开展教育硕士学位教育计划的院校进行质量评价,根据评估对象的不同,分为许可证评估和绩效评估两种形式,其中前者主要是针对私立学校而言,而后者的评估对象主要是公立学校;民间组织同样在教育硕士评价机制中发挥着重要作用,相关民间组织有全国教师教育院校协会、全国教学专业标准委员会等。这些组织具体规定了各项领域优秀教师的评定标准,并据此对参与教育硕士学位教育的学生提出专业要求,从而对教育硕士学位教育做出层次分明、细致入微的评价,这种评价方式具体且有效,在美国教育硕士学位教育的整个外部评价体系中起着重要作用。

第三节 日本教育硕士的办理经验

相对于英美诸国,日本的教育硕士(Master of Education,简称 M.Ed.)专业学位教育起步较晚,其指导方针、实施效果等均处于发展中状态。[①] 但由于其准备充分,在制度设计、课程设置以及制度保障方面颇具特色,亦值得我们进行比较和借鉴。

一、日本教育硕士的设立背景

1945 年 8 月,日本在第二次世界大战中战败。日本的许多城市成为一片废墟,大多数国民陷入为每天的吃饭问题而发愁的悲惨境地。战后的 60 多年中,日本人民一直在努力建设新的日本。在此过程中,战争结束前的一些丑陋方面被新生事物所取代。但遗憾的是,战争结束前日本所拥有的一些美好的事物也被抛弃了。典型的一个例子就是自古以来所形成的社会大众对学校教师的尊敬与信赖感消失了。[②]

自 20 世纪 90 年代以来,随着社会的急剧变化,在日本学校教育中的欺负行为、校园暴力、班级崩溃、学生逃学等不良现象开始在全国蔓延,这使得教师的能力问题再次受到社会的关注和质疑。教师对孩子理解不够,缺乏教育指导能力,难以应付教育现场中出现的各种问题等等,已经成为社会对教师素质的基本判断;现行的教师培养和研修制度受到批判,人们认为现行的教师培养和研修"缺乏明确的理念和目的意识","成体系的课程的编制和实施不足","以理论和讲义为中心,缺乏演习和实习","过度重视某个领域的学术知识与能力,而忽视了培养在学校现场中的实践能力、应用能力等作为教师职业的高度的专业性"等,不能提高教师实际指导和处理问题的能力。另一方面,在知识社会与信息化时代,社会的多样化需求也越来越需要具有高度的专业性、丰富的人性和社会性的高素质教师。在这种情况下,以提高教师实践指导能力为核心进行教师培养制度的改革就成了迫切要求。[③]

为了提高教师的素质以及推动教育改革的顺利进行,2005 年 6 月,日本中央教育审议会提出创建"教师专业研究生院"的基本构想后,兵库教育大学即着手准备高级教育实

[①] 李永春.中日教育硕士制度比较研究[J].科技信息,2008:26-27.
[②] 梶田叡一,李永春.日本教育硕士设立的背景——提升实力、成为社会所信赖的教师[J].浙江师范大学学报(社会科学版),2008,06:66-68.
[③] 高亚杰,饶从满.日本教育硕士专业学位教育的现状与特色[J].学位与研究生教育,2010,06:61-65.

践专业的设置工作(原来的教师硕士课程称教育实践专业),2006年7月,中央教育审议会正式颁布"教师专业研究生院"创建方案后,兵库教育大学立即推出了具体实施计划,并于2006年下半年开始招生。为了适应专业化社会的需要,2003年,日本建立了专业硕士学位制度,培养法律、商务、会计、公共政策等领域的高级人才。2006年7月,日本文部省的智囊机构中央教育审议会提出报告,要求把专业硕士学位制度运用于中小学教师的培养,这种制度称为"教职大学院制度"。2008年11月,文部省通过了在教育类大学(学部)设立教职大学院的决定,2008年4月,作为第一批试点的兵库教育大学、东京学艺大学等19所大学的教职大学院项目正式开始启动。[①] 而所谓的教职院大学项目,在一定程度上与我国的教育硕士项目具有异曲同工之处。

二、教育硕士专业学位教育的现状

(一)培养目标

中教审2006年咨询报告对日本教育硕士培养目标有着明确的表述,"作为教育研究生院,目前应以如下两点为目标与功能:在掌握本科水平的素质能力者中培养更具实践性指导能力与拓展能力、能成为创建新型学校的有力成员的新教师;以在职教师为对象,培养在地区及学校工作中能发挥指导性作用、具备扎实指导理论与出色实践能力和应用能力的学校领导者(school leader)。"[②]《专业研究生院设置基准》修订案中也规定:以培养具有高度专业能力和优秀素质能力的中小学等教师为目的,创建教育研究生院。无疑,这明确确立了各大学设定本校教育硕士培养目标的基准。因此,很多大学直接借用了中教审2006年咨询报告中的表述来阐明自己的教育硕士培养目标,如上越教育大学、兵库教育大学等。另外一些大学则在上述基准之下确定了能凸显本校特色的培养目标,如爱知教育大学突出了培养教师对教育的理论与实践的融合能力;东京学艺大学强调应对时代的变化与需求,把培养教师合作能力作为重点;岐阜大学注重培养教师改善、开发当前学校现场的实践课题的能力。[③]

综上可知,日本教育硕士的培养目标以提高教师的资质能力为核心,希望通过研究生水平的学习,提高参与学习人员的研究水平与教师专业能力,旨在为教育实践领域造就高层次的、具有实践指导能力与应用能力的、能在学校工作与建设中发挥核心作用的"专业型"教育实践者(即核心的骨干教师)。显然,这种培养目标与教育学硕士不同,它

---

① 徐令雅.日本"教师专业研究生院"制度研究—以兵库教育大学为例[J].比较教育研究,2007(6):41—46.
② 高亚杰,饶从满.日本教育硕士专业学位教育的现状与特色[J].学位与研究生教育,2010,06:61-65.
③ 岐阜大学研究生院教育学研究系教师专业实践开发专业(教育研究生院)[EB/OL].[2008—07—01]. http://www.ed.gifu-u.ac.jp/~kyoiku/kyosho3ku/.2015—9—8.

谋求的不是具有高深学术造诣的研究型教师,也不注重教育领域内的学术研究及高深教育理论的探讨,而是以学校现场为依托,通过开发、探究、解决诸种有关学校教育的课题,以培养教师的专业能力,呈现出很强的实践性、职业性等特点。

(二)招生对象与入学要求

日本教育硕士的招生对象非常广泛,总体来说可分为三类,即有志于从事教育事业的应届本科毕业生、在职教育人员(约占50%)、大学毕业且具有一定社会经验并有志于从事教育事业的社会人员(绝大多数是拥有教师资格证书而未从事教育事业的人员)。日本教育硕士在入学标准上并没有统一的规格限制,但从其培养方案与招生简章来看,一般会涉及三个方面的要求:一是学历,各大学基本上都明确规定申请人须具有大学本科毕业文凭或同等以上学力;二是工作经验。对于在职的教师和相关教育人员(如教育行政机关人员等)及社会人员,一般都会要求其须有一定的工作经验。有的大学规定为3年以上,如兵库教育大学;有的大学规定为5年以上,如常叶学园大学;还有的大学规定为10年以上,如上越教育大学。三是教师资格证。这一要求主要适用于在职教育人员和大学应届毕业生,要求他们已经获取了或预计将获取某种教师资格。[1]

兵库教育大学高级教育实践专业各专业方向所规定的入学条件,是有3年以上工作经验的在职教师,或是已取得以及即将取得教师资格证者。其中学校领导职位专业可以招收不具备教师资格证或教学经验的人员,但须有3年以上的工作经验;小学教师培养特别专业也可以招收未取得小学教师资格证的大学毕业生(包括应届毕业生)和社会人员。各专业方向的入学考试方法一般是:如考生为在职教师,要进行口试(学校领导职位方向还要交本人关于理想的学校领导职位描述的小论文);如考生为非在职教师,除了口试、交小论文外还要参加相应的笔试。[2] 而教硕院除了招收本科应届毕业生以外,还以在职教师为主。对于在教硕院应届毕业的学生,由于具备在学校长期的"相当于新任教师培训的内容和质量"的实习,可免除现行的新任教师培训。[3]

(三)培养方式

针对不同的培养对象,日本教育硕士在培养方式上采取了灵活多样的策略。一般而言,主要包括适用于招收应届毕业生的全日制及有利于在职人员再教育的部分时间制两种模式。标准修业年限为2年。但在具体的实行过程中,多数大学都采用了弹性学制,设定了方便在职人员学习的1年短期学习制度和长期在学制度(如东京学艺大学、兵库

---

[1] 高亚杰,饶从满.日本教育硕士专业学位教育的现状与特色[J].学位与研究生教育,2010(06):61-65.
[2] 徐今雅.日本"教师专业研究生院"制度研究——以兵库教育大学为例[J].比较教育研究,2007,06:41-46.
[3] 大塚丰.日本"教育硕士研究生院"的成立和前瞻[J].日本研究,2008,02:15-20.

教育大学）。1年短期学习制度多指经过1年在校学习的在职教师经所在教育研究生院同意，可在自己的学校完成现场实践；长期在学制度多指参加部分时间制学习的在职教师，申请延长学习时间来完成研究生学习，修业年限多为3～4年，全日制学习2年，1年在大学进行课程学习，1年在实习学校进行实习（在职教师可申请在其现职学校完成实习任务）；部分时间制学习基本为3～4年，通过采用昼夜开讲制、夜间研究生院、长期休业期间的集中教学、周末集中教学、利用卫星教室、科目学习制度等弹性学习方式，完成研究生课程学习。此外，对于未取得教师资格证的学员，还开设相应的本科教职科目的长期在学类课程，以弥补其在教育专业上的不足。

（四）专业方向

日本文部省并未对教育硕士的专业方向设置做出统一规定，但从各个教育硕士培养方案来看，日本教育硕士一般设置2～4个专业方向，而且主要集中在学校（与班级）经营、教育教学实践等方面。如兵库教育大学设置了学校经营、心灵教育实践指导、教学实践指导与实践型小学教师培养4个专业；常叶学园大学设置了学校组织运营、教学与教材开发与地区教育3个专业；上越教育大学设置了教育实践指导和学校经营指导2个专业。这些专业方向从地区与学校的教育实际需求出发，注重提高学习者的专业能力，为应届大学生提供就职所需的教育实践及必要的知识和技能，为在职人员创造机会，提高他们的研究水平和应用指导能力，具有很强的实用性、职业性。

（五）课程设置

日本教育硕士的课程由三个基本模块——"公共基础科目""专业学科选修科目"和"实习科目"构成。教育硕士的每一个专业方向都依据这三个基本模块来设置相应的课程体系，每一个基本模块之下又根据学科性质与专业要求分设不同的学习领域，学习领域之下再设若干课程，为学习者提供广泛的选择。这样，就构成了内容充实、阵容庞大的教育硕士课程体系。

首先，"共通学科（基础学科）部分"要18个学分以上，但课程设想是以"共计20个学分左右"为基准，并举例说明了共通学科（基础学科）由以下5个领域构成。而且，要求所有学科的授课形式都要以通过实地考察等现场工作或各自带来的具体事例召开研究会共同讨论等为中心。其次，"分专业（领域）选修学科部分"目的是"树立每个学生擅长的领域"，作为专门人才培养他们在各个领域里解决实际问题的能力等。学分为"15个以上作为目标"，并列举专业的主要内容，如成为授课和教材开发专家的"教科教育系领域"，成为学生指导专家的"学生指导系领域"，成为班级经营领域专家的"班级经营系领域"等。最后，"学校实习（教职专门实习）"安排"10个学分以上"，和现行本科阶段的教育实习相比,一个重要特征是要有相当长的时间在学校实习。与本科阶段以授课观察等为主的教育实习不同,教职专门实习的定位是"高度而专门的实际业务实习","主动地参与学校管理和班级指导工作,成为实习学校的负有责任的当事人之一"。[①]考虑到由于各研究生院的课程、地区条件、学生的学习计划多种多样,教职专门实习的学年不加限定。实习的实施期间主要包括三个类型:全年型,每星期一天(8个小时),约实施38周到57周;半年型,每星期两天(16个小时),约实施20周到29周;期间限定集中型,每星期5天(40个小时),约实施8周到12周。[②]

根据上述三个层次的培养目标,教育硕士的课程分为四个方向:学校经营课程:培养未来的校长、教务长或教育行政管理部门的官员;教学实践领导课程:教学和教学实践研究骨干;道德教育实践课程:课外活动开发、道德教育、学生指导方面的骨干教师;小学教师特别培养课程:适应新型学校教育的新任教师。以上课程的设置超越了各个学科领域局限,专注于教育实践方面的内容。[③]

(六)教师指导体制

按照中教审2006年咨询报告的提议和《专业研究生院设置基准》修订案的规定,日本教育硕士培养设有专任教师,人数最少为11人,其中实务型教师须占4成以上。各大学以此为基准,根据本校教育硕士的专业设置情况确定相应的专任教师。在人员构成方面,专任教师基本上都由两种类型组成:研究型教师与实务型教师。研究型教师一般来说是大学里的资深教师,如大学教授或副教授,在教育专业领域里具有高度教育指导能力。实务型教师主要是学校教育相关人员,如中小教师、教育委员会成员等,同时也囊括医疗机构、家庭审判庭或福利设施等与教育相近领域的相关人员或者具有管理才能、领导才能的民营企业人员。研究型教师主要承担研究指导的任务,实务型教师主要担任实务指导的任务。他们与实习单位的教师合作,与学习人员互动,在学校现场中就学校与班级经营、教学与课程开发、教育协商、学生指导及相关的专业领域等,进行实践研究。因此,研究型教师不仅仅应具备一定科学研究能力,同时还要具备相应的在中小学的实地经验;同样,实务型教师也不仅具有中小学的教育经验,还要在科学研究上拥有一定成绩。[④]

教育硕士每个班的规模以"10~15人左右"为标准,把传统的上课方法即讲授及专题讨论形式减少到最低程度,加强实践环节。采取在中小学现场进行调查的"现场作业";通过在学校的实习提交"学校实践经验的报告及考察";学生就先订好的题目各自带

---

① 大塚丰.日本"教育硕士研究生院"的成立和前瞻[J].日本研究,2008,02:15—20.
② 大塚丰.日本"教育硕士研究生院"的成立和前瞻[J].日本研究,2008,02:15—20.
③ 李永春.中日教育硕士制度比较研究[J].科技信息,2009,14:26—27.
④ 高亚杰,饶从满.日本教育硕士专业学位教育的现状与特色[J].学位与研究生教育,2010,06:61—65.

来具体事例,在"研究会"上进行发表;探讨授课示范的"模拟实验";在事先规定好角色的基础上进行事例探讨的"角色表演"等各种手法适当地相结合。①

(七)毕业要求

在毕业要求上,日本教育硕士没有论文或相关研究方面的规定,只要学习者具有一定期限的在学时间并修完所规定的学分。一般来说,学习者需要在籍两年以上,取得45个学分。其中10个以上的学分是"以培养实践能力为目的,在小学等其他有关单位实习"。小学等教师具有实际工作经验者,在不超过10个学分范围内可免除这些学分的全部或一部分。② 表面上看,上述条件似乎比较容易达到,但事实上日本对教育硕士的毕业要求绝不可等闲视之。鉴于教育硕士培养的不是研究者,而是具有高度的专业性的实践人员,其更强调的是课程学习和实践,更倾向于把课程学习与教育实践紧密地联系在一起,尤其重视学校实习环节,有的学校还规定在实习过程中需解决一定的研究课题或形成相应的研究报告。③

三、日本教育硕士专业学位教育的特色

日本的教育硕士专业学位教育才刚刚起步,其成效如何,是否能起到创设这一项目的初衷,培养过程中将会出现何种问题,培养方案的可行性如何,其在现实操作中能否真正实现等等,现在仍无确切答案。而且,对"教育研究生院"制度的创设,也存在着一些争议,有些人认为应该慎重考虑设立此制度。诚然,教育硕士专业学位教育在日本教育界尚属新鲜事物,人们对它存在诸多疑问也在情理之中,毋庸置疑,日本的教育硕士培养远未完善,还在逐步推进和调整之中。答尽管如此,我们仍然可以从其现有实践方案中发现一些颇具价值的地方。

(一)招生对象的广泛性

日本教育硕士的招生对象非常广泛,不仅面向在职教师,相关的教育工作人员(如教育行政人员)、应届本科毕业生甚至具有大学文凭或同等以上学力的社会人员,都可以提出申请,经资格审查合格后,通过相应的选拔考试,即可攻读教育硕士专业学位。这就为有志于从事教师职业的各种人士提供了入职教师的机会,为教师队伍的充实提供了庞大的优质人力资源,使更多的有才能的人能够参与到教育事业中来,为教育事业的发展贡

---

① 大塚丰.日本"教育硕士研究生院"的成立和前瞻[J].日本研究,2008,02:15—20.
② 大塚丰.日本"教育硕士研究生院"的成立和前瞻[J].日本研究,2008,02:15—20.
③ 葛上秀文.关于谋求教师专业性提高的教师教育的考察——从教育研究生院的课程构建透视[J].鸣门教育大学研究学报,2006(21):68.

献自己的热情与力量;同时,不同领域、不同行业的人员介入教师职业,可以从不同的视角审视、研究学校教育的诸种问题,有利于促进教育事业的发展。

(二)教师指导体制的综合型

日本的教育硕士培养实行研究型教师与实务型教师联合教学的教师指导制,形成以研究的课题为中心,教育硕士专任教师与学校现场的教师及学习人员等多方合作、多向互动的学习网络。这种体制在教育硕士培养过程中如果能够真正发挥作用,一方面可以避免教育硕士培养中容易出现的学术化倾向,并满足相应的理论需要与指导;另一方面也可以实现以实践性为核心的教学指导,改变死读书本知识或从理论到理论的学习方式。毋庸置疑,这为提高教师质量、确保教师素养提供了保障。

(三)课业要求的实践性

在日本教育硕士的学习过程和毕业要求中,非常重视课程的学习过程与实习环节,基本没有完成相关研究的具体要求或撰写学位论文的明确规定。整体而言,教育硕士的学习课业更强调把学校现场的实际操作与课题研究相结合,要求学习者在课题学习、研修过程中撰写出相关的有质量的实习报告或课题设计。① 这实际上是把对毕业生的研究要求贯穿整个培养过程,以阶段性成绩来替代最终研究成果。这种重视实践性的毕业要求,对于造就专业型教师能够起到重要作用。

三、日本教育硕士研究生院的评价制度

为保证与提高专业硕士研究生院的人才培养水平和质量,日本政府制定了专业硕士研究生院5年一轮的认证评价制度。作为大学的一种义务,其评价结果必须向社会公开。在国家、地方教育行政部门、大学以及相关学校的共同努力下,创建了专门性认证评价组织,即"教员养成评价机构",并建立了一套相应的评价标准。②

(一)评价机构

"教员养成评价机构"设立在国立大学法人东京学艺大学内,主要围绕教育硕士研究生院的教育内容与方法、指导体制等整体情况实施第三方认证、评价。该组织成员主要由役员和职员构成。在役员中有6名理事(其中包括1名会长、1名副会长和1名事务局

---

① 为了培养优秀教师而开设"新"研究生院—上越教育大学教育研究生院培养方案[EB/OL]. [2008-07-01]. http://www.juen.ac.jp/contents/gsoe/exam/pdf/h21annai_kyosyoku.pdf.
② 闫飞龙. 日本教育硕士研究生院的评价制度及其标准[J]. 学位与研究生教育,2012,03:73-77.

长)和 2 名监事,理事与监事由与教育相关的有识之士、学校组织等推荐并在理事会上选举产生。会长由理事们相互选举产生,代表评价机构;副会长和事务局长由会长提名并经理事会认可选任产生,副会长协助会长开展工作,事务局长负责事务局工作;役员任期 3 年,可以连任。监事不能兼任理事,主要负责监督机构的财务和理事的业务执行状况;职员是事务局的工作人员,由会长任免。"教员养成评价机构"的主要任务包括:教育硕士研究生院和学校教育系教育硕士研究生院的认证评价、制定评价标准、培训评价人员、向教育硕士研究生院提出整改意见、进行相关的信息交流以及其他相关的必要事项。

(二)评价程序

"教员养成评价机构"根据《学校教育法》第 109 条第 3 项规定,对教育硕士研究生院实施认证评价,判定被评价研究生院的教育活动等状况是否符合本机构所制定的评价标准,也称"合格认证"。规定该类研究生院在建院第 2 年后的 5 年内接受第一次认证评价,第二次评价是从第一次评价起的第 3 年后的 5 年内实施,除有正当理由外,研究生院不得推迟接受认证评价。作为评价方法,认证评价在自我评价的基础上,对研究生院所提交的自我评价报告、基础数据以及相关资料进行分析,同时实施访问调查。参考"教员养成评价机构"2010 年 3 月 25 日的会议资料《规程》,具体评价程序如下:(1)申请:设置教育硕士研究生院的大学必须在评价机构指定日期内向机构提出认证评价申请书,原则上,提出申请的大学不能撤销申请书;(2)自我评价:接受评价的研究生院根据"自我评价实施要项"实施自我评价,并撰写自我评价报告书,必须在规定日期内将自我评价报告书提交给"教员养成评价机构";(3)书面审查:评价专门部会研究生院提交的自我评价报告书以及收集的其他相关资料进行分析、讨论,实施书面审查;(4)访问调查:评价专门部会进入该研究生院,采用面谈、视察设施和教学、阅览相关资料等手段,实施访问调查;(5)评价结果报告书:评价专门部会根据书面审查及访问调查情况,做成评价结果初步报告,并提交给评价委员会。评价委员会就评价专门部会提出的初步评价结果报告进行审议,形成评价结果报告书;(6)意见申诉:评价机构在确定评价结果之前,必须向申请评价的大学出示评价结果报告书。大学在规定时间内,如果认为评价结果报告书中有误评等问题可以提出意见申诉。评价机构在接到意见申诉时,根据相关规定召开意见申诉审查会议;评价委员会在意见申诉审查会报告的基础上,审议意见申诉成立与否,必要时对评价结果报告书进行相应的修正;(7)评价结果的公开:评价机构就评价结果做成评价报告书,在通知被评价大学的同时,向文部科学省大臣报告,并把该研究生院的自我评价报告书和最终评价结果在评价机构的网页上公开;(8)追加评价:没有通过认证的研究生院,可在实施评价起 3 年内,根据上述评价程序,就没有达到标准的部分事项接受追加评价,并把追加评价结果与先前的评价结果一起上报公开。①

(三)日本教育硕士研究生院的评价标准及其特点

1. 评价标准

这个评价标准是由 10 个"标准领域"和每一个标准领域下设的若干个具体的标准、标准层级和特色组成。其中,标准层级分为 A、B 两级,A 级标准是各教育职业研究生院必须达到的标准,B 级标准是被期待的相关事项,不直接与评价结果挂钩,只表示该研究生院的充实程度。

2. 评价标准的特点

日本教育硕士研究生院评价标准的 10 个领域,从入口、过程到出口,基本涵盖了人才培养的整个过程。从整体上看,体现了评价标准的覆盖面广、内容详细等特征。从 25 项标准的具体内容上看,主要表现为以下几个特点:(1)评价标准突出人才培养的实践性;(2)评价标准注重评价行为的可操作性;(3)评价标准强调共性与个性的统一;(4)评价标准重视教育成果与效果。②

总而言之,通过对英国、美国以及日本教育硕士发展状况的深入分析,我们发现国外教育硕士专业学位教育不仅形成了一套系统、完善的体系,而且各具鲜明的特色,具有榜样范式的引领作用。对照国外的成功经验,不难看出我国教育硕士专业学位教育的缺陷,仍需进一步完善。因此,应主动借鉴国外教育硕士的培养模式,不断完善我国的专业学位教育制度。与此同时,还应清醒地意识到我国与他国的差异,应在借鉴的基础上采取自主创新的思路与原则,致力于探索具有中国特色的教育硕士培养模式。

---

① 范牡丹.关于教育硕士专业学位研究生培养现存问题的分析与思考[J].教育与职业,2009(11):183—184.
② 邝丽湛.教育实践:教育硕士培养中的价值与策略[J].学位与研究生教育,2008(3):22—25.

第四章 教育硕士专业的质量目标体系

第一节 教育硕士专业质量目标体系的内涵

一、教育硕士专业质量目标体系的内涵

严格的概念界定是科学研究的基础。探讨教育硕士专业质量目标体系这一复合概念,首要的问题就是要界定与教育硕士专业质量目标相关的一系列概念。

(一)"质量"的内涵

由于质量评价标准的多样性,带来了对"质量"一词本身的多种理解,因此,学术界对"质量"这一概念的理解各有不同。在《ISO9000:2000 质量管理体系基础和术语》中,"质量"被定义为"一组固有特性满足要求的程度"。在《辞海》和《现代汉语词典》中,"质量"词条下的释义有两个:一是量度物体惯性大小的物理量;二是产品或工作的优劣程度。在英语文化中,质量"quality"一词源自拉丁语"qualitas",指的是在产品评价技术中,产品或服务满足规定需求或隐含需求的特征和特性的总和。综合各方面的因素考虑,我们认为质量(Quality)就是某一事物隐含需求的其内在规定性。

(二)"质量目标"的内涵

质量目标是质量管理体系十分重要的部分。一方面,质量目标是质量方针的具体体现;另一方面,为了保证质量而采取的各种控制活动是否有效,最终还要根据质量目标的实现情况来判断。但实际状况是,在制定、考核、管理和审核质量目标时往往考虑的都是一个"有无"问题而没有触及充分性、有效性、适宜性问题,没有从质量目标对整个质量管理体系控制的导向、调节作用来判断其有效性,本应作为质量管理体系核心的质量目标体系成为一种可有可无的摆设。除了组织贯标目的不正确、对质量目标的重要作用认识不足等原因外,造成这种现象的根本原因还在于 ISO9000 系列标准关于质量目标制定、考核、管理以及审核缺乏明确的、可操作的、公认的程序和方法。

教育质量目标是教育目的在质量追求上的反映和体现,并在一定教育目的的指导下实现。由于教育类型、教育性质和教育层次的不同,各级各类学校具有不同的教育目的(即人才培养目标),因此它们对教育质量目标的追求也是有差异的。本科院校的质量目

标不同于专科院校的质量目标,教育硕士专业学位的质量目标也不同于学术型硕士的质量目标,这种差别是由它们的培养目标所导致的。

(三)教育硕士专业质量目标体系的内涵

在《ISO9000:2000质量管理体系基础和术语》中,"质量目标"被定义为:在质量方面所追求的目的。基于此,教育硕士专业的质量目标是指教育硕士专业在质量方面所追求的目的。换言之,即是教育硕士专业在"应然"状态所要达成的目标在质量层面的体现,也是其在"实然"状态的目的追求。而目标与目的不同,目标更加倾向于多样性、多维度以及多元化,譬如,布卢姆把教学目标归为认知、情感和动作技能三大领域。因而,教育硕士专业在质量方面所追求的理应是目标网络,即根据不同维度、视角等因素划分多种目标群,以借助其自身具体可操作的优势,利用目标的达成和评价等,而形成有规律的目标联系。实际上,教育硕士专业学位作为具有特定教育职业背景的专业学位,通过对基础教育教学和管理人员实施正规、系统、高水平的学位教育,主要培养面向基础教育教学和管理工作需要的高层次人才。这也是教育硕士专业学位的基本性质定位。可见,教育硕士专业学位教学必须以培养基础教育所需要的人才为中心。教育硕士专业学位的设置,打破了教育领域纯学术型的研究生培养模式,直接面向基础教育发展的实际需要培养应用型人才。因此,教育硕士研究生质量目标体系应包含以下两方面:(1)科研型和实用型结合。教育硕士应在学习过程中,将教育基本理论、学科教学和教育管理的基本理论与自身的教育教学和管理实际结合起来,对以往工作中的问题进行分析,找出解决办法;对规律性的东西进行总结和提炼,丰富教育教学或管理理论;对好的实际经验加以总结推广,扩大经验成果的覆盖面。(2)复合型。教育硕士专业学位,其所学的课程既是"教育"的,又是某一"专业"的,这类研究生的培养是跨学科的、多学科的,其本身就体现了跨学科、多学科的交融与渗透的发展趋势。

二、教育硕士专业质量目标体系的现行框架

全日制教育硕士隶属于应用型硕士,应用型硕士的人才培养体系包括目标体系、执行系统和保障系统。① 通过这三大系统的协同运作,实现全日制教育硕士培养机制的良性运转,为我国教育事业尤其是中小学教育输送更多的专业人才。目标体系明晰了培养的方向和原动力,全日制教育硕士的培养以"应用"为取向,必须面向实践;执行系统是将目标具体化的过程。执行系统决定怎样培养人,在全日制教育硕士的教学过程中要灵活

---

① 刘猷洁.普通高校全日制教育硕士培养调查研究[D].长沙:湖南师范大学硕士学位论文,2014:32.

运用多种教学模式,侧重学生实践能力的培养,帮助学生实现理论和实践之间的有效衔接;保障系统关乎培养学生的质量。通过从教学管理规范、教学运行质量及教学建设水平方面对人才培养质量进行评测,并及时有效地反馈给目标系统和执行系统,从而形成整个培养体系的完整机制。

我们认为,根据目前我国经济的发展状况和教育硕士专业的自身特点,教育硕士的质量目标至少应包括以下三个方面的内容:其一,教育硕士专业培养什么样的人,即教育硕士专业的培养目标是什么?其二,教育硕士专业如何培养人,即教育硕士专业的教学模式是否有自己的特点?其三,教育硕士专业培养的人怎么样,即社会对教育硕士专业的整体满意度如何?概言之,可表现为培养质量目标、管理及教学质量目标和社会服务质量目标。

在培养质量目标方面,何英惠认为:"教育硕士的培养目标应定位于塑造名师,对名师的定义是要具有深厚的专业知识、丰富的知识底蕴、高超的教学艺术,在某一学科的教学和教研中独有造诣,在学校和学生中颇有知名度的优秀教师或教育专家。"[1]卫嵘和陈水平认为,基础教育的现状与教育硕士生个人的发展均离不开研究意识、掌握研究方法、拥有研究精神的人,因而我们把教育硕士专业学位研究生的培养目标定位为研究型的教育者。[2] 参照《全日制教育硕士专业学位研究生指导性培养方案》的"培养目标"规定,可以将培养目标细化为专业精神、教育理念、专业知识、专业能力、专业智慧领域五大方面。在管理目标方面,主要包括两个方面的内容。一是通过引进先进的管理模式规范内部管理。譬如,国内外一些教育单位贯彻ISO9000族质量管理体系标准的实践表明,将优秀的企业管理模式(如全面质量管理模式、ISO9000族质量管理体系标准等),引入教育领域(尤其是职业技术教育领域),建立和完善内部管理机制,实施优质高效工程是确保职业技术教育目的实现的有效途径。[3] 二是通过规范管理提高教育教学质量。实践证明,大学作为一个社会组织,与企业等组织一样,同样须经由各个过程的控制才能达到自身的目标,完全可以运用企业管理模式中关于通过过程控制、过程管理来提高产品质量的基本思想和方法。在教学质量目标方面,一般而言,教学质量目标突出地体现在以下三个方面:其一,学生掌握知识的程度;其二,学生综合素质提高的程度;其三,学生能力提高的程度。在社会服务质量目标方面,主要有:第一,所培养学生受社会欢迎的程度,即就业率情况;第二,毕业生工作以后对学校的评价;第三,该专业本身对社会创造的价值等。

---

[1] 何英惠.教育硕士专业学位研究生培养目标的定位思考[J].中国高教研究,2003(11):62—64.
[2] 卫嵘,陈水平.教育硕士专业学位研究生培养目标的新思考[J].中国高教研究,2007(12):38—40.
[3] 彭振宇.试论职业技术教育质量目标体系的构建[J].职教论坛,2004(12):4—9.

三、现行的教育硕士专业质量目标体系存在的问题

(一)定位模糊,在实践中的指导力薄弱

培养目标是人才培养的出发点和归宿,是"对受教育者的未来行为取向及可能的发展所做的一种价值限定"。① 培养目标一旦确定,受教育者就会在培养目标的框架内产生既定的行为,没有适当的培养目标是无法培养出高质量的教育硕士的。全国教育专业学位教育指导委员会在 2010 年发布的全日制和在职《教育硕士专业学位指导性培养方案》中,概括描述了教育硕士的培养目标:培养掌握现代教育理论、具有较强的教育教学实践和研究能力的中小学教师和基础教育管理人员。按理说,培养目标是开展教育教学工作的指导性原则,它应该是清晰、具体的,可反观我们的教育硕士培养目标,仅仅给出了模糊化、概念化的寥寥数十字便戛然而止,缺少一个完整全面的体系,在之后给出的五条"具体"要求中,有例如拥护中国共产党领导、热爱教育事业、熟练使用现代教育技术、开展创造性的教育教学工作等,这些要求提出得有些泛泛,又不全面。

其中,综合性大学此类问题最为突出。诸如山西大学的教育硕士培养目标:培养对我国教育,尤其是基础教育有较强事业心和责任感,熟悉教育实践,了解我国教育尤其是基础教育的特点,具有较为宽厚的教育理论基础和教育管理理论基础,较强的学校管理能力和教育科研能力以及一定创新精神的、高水平的教育管理高级专门人才。浙江大学教育硕士专业的培养目标:培养具有现代教育观念、较高理论素养和实践能力的教育工作者。河南大学的培养目标:培养具有现代教育观念、能从事较高水平中小学教学和行政管理工作的高层次人才。

综上,以上几所大学教育硕士的培养目标具有很强的一致性,即"具有新观念、有理论基础、有能力的高层次人才"。我们再来分析这几点,"具有新观念"意味着要改变现有的陈旧的教育理念、教育观念和教育行为;"具有理论基础"意味着要学习一定的专业理论知识及教育理论知识;"有能力"这是一个更宽泛的词汇,不仅教育硕士要强调有能力,其他各类各层次的受教育者都强调有能力;"高层次人才"只是说明了教育硕士的层次而已。这些词语传达给人的信息是抽象的、模糊的、不确定的,像"具有新观念、具有理论基础、有能力",不仅是教育硕士需要如此,其他各类受教育者都应如此。我们知道,教育硕士与教育学硕士具有不同的特点,规格不同,培养目标自然不能相同,但从上可知,把教

---

① 苏君阳.研究生培养目标的四维度分析[J].学位与研究生教育,2006(11):22—25.

育硕士的这种培养目标用在教育学硕士身上也是可以的。这种培养目标与其他类型的培养目标可谓表面文字相异而实质相同，因而可以说这些培养目标并未体现教育硕士的特色，在实践中缺乏指导性，起不到真正引导教育硕士发展的作用。

（二）过于重视应用取向，研究能力受到忽视

社会对人才的需求主要分为两类：一类是发现和研究客观规律的理论研究人才；另一类是将客观规律的原理应用于实践的应用型人才。专业学位研究生教育是培养复合型、应用型高层次人才的有效途径。国务院学位委员会"学位办〔1996〕25号"文件《关于开展教育硕士专业学位试点工作的通知》规定：在结合现有教育学科研究生教育经验的基础上，根据基础教育教学、管理岗位的需要确定培养目标，注意改变现行教育学科研究生教育尚存在的偏重学术研究、培养规格单一的状况，加强能力培养，探索一个适合国情的、规范的、能成批培养合格的应用型高层次教育基础人才的新型教育学研究生教育模式。显而易见，教育硕士具有应用型的特点。但是在其培养目标的价值取向上，在强调教育硕士与教育学硕士不同的基础上，对教育硕士的应用型特点存在片面的、机械的、线性的理解。我们应该理性地认识应用型的含义，应用型是个相对的概念，其相对性可以从两个方面来理解：首先，应用型是相对于理论型而言的；其次，应用型的相对性在不同的历史时期，针对不同类型不同层次的教育，其内涵有所不同。

专科教育、本科教育都在强调培养应用型人才，但是应用型人才的概念应该放在确定的培养层次与科类来理解，既不应做笼统理解，也不应做片面解释。对于教育硕士的应用型，不应也不能与高等专科教育、高等职业教育、本科教育中的应用型人才同等看待，其有自身的层次与特点。[①]

教育硕士首先是研究生层次上的应用型，其特点是深入教育实践或者与教育实践融为一体。但是我们在实践中总有一种趋向，似乎总在犯一种非此即彼的，把复杂问题简单化、线性化的毛病，把教育硕士具有面向教育实践的应用型特点机械化、简单化，教育硕士的应用型似乎就隐含着应放松其研究能力的提升，或者说研究能力对于教育硕士的重要性完全可以忽视，而过分地去强调应用能力与解决实际问题的能力，而不考虑真正的应用型人才需要什么来作支撑，忽视其研究能力的培养，最后培养出的教育硕士只能无奈地落入了低层次而非应有的高层次范畴。

---

① 叶引姣.我国教育硕士专业学位教育研究[D].金华：浙江师范大学硕士学位论文，2006：42.

(三)缺乏深入探索,似有"千篇一律"之嫌

十年来,全国教育硕士专业学位教育指导委员会与各培养院校广泛借鉴国外先进经验,深入分析我国教育发展的宏观趋势,积极探索教育硕士专业学位教育研究生的培养目标,逐渐形成了不同于现行教育硕士的培养目标,即为我国基础教育学校培养高层次、高素质的教师和教育管理人才,从而开辟了与学术型人才培养渠道相平行的职业型人才培养的新途径,不仅进一步丰富了我国学位与研究生教育的类型,而且为基础教育界输送了大批高学历、高素质的教育教学和教育管理人才,为提升中小学教师队伍的整体素质,加快教师专业化进程发挥了积极的作用。但是,在这个国家统一的宏观培养目标的背后,还存在着一些不利于教育硕士发展的问题。有学者指出,在我国教育硕士起步阶段中提出的主要"培养面向基础教育教学和管理工作需要的高层次人才"的培养目标是合理的,但随着教育硕士的规模不断扩大,是否还要坚持按这样的标准培养教育硕士很值得商榷。这说明了培养目标需要进行动态的研究,需要关注不同学校的特点及教育硕士的发展需求,而不能一成不变。国家提出的培养目标有充分的论证和合理的标准,但只是作为指导性的标准而并不要求机械遵照。

可是十年来,教育硕士专业在培养目标的定位上缺乏深入的探索与发展,千人一面,既不具体也不具备个性与指导性。[①] 有研究者列举了南京师范大学与东北师范大学教育管理方向的教育硕士培养目标和培养规格,从中可以明显看出,这两所院校教育硕士的培养目标非常一致,培养规格如出一辙,其他大学教育硕士的培养目标也与此类似,没有个性的培养目标只会培养出缺乏特色的教育硕士,从长远来看这种状况不利于教育硕士的发展。

(四)目标整体缺失,且细节上匮乏

做任何事都需要目标,哈佛的一项实验已经证明了具有长期目标的人是最具有发展前途的,因为目标有巨大的导向作用,同样,国家也会制定详细的五年发展规划,向崛起的目标前进。培养目标的缺失会影响国家的整体教育质量,尤其对于教育硕士这种刚刚成长起来的学位教育来说,更需要清晰的目标来规划其成长的道路。培养目标是学校教育行为的出发点,也是人才培养应达到的指标,确保培养出来的人的质量和规格与时代发展相符。培养方案是由全国教育专业学位教育指导委员会(教指委)制定的,教指委对教育专业学位研究生教育质量起着监控和保障的作用。近年来,教指委专注于专业学位研究生教育改革和培养方式改革,在多所学校中设立了综合改革试点,并计划组织教材

---

① 叶引姣.我国教育硕士专业学位教育研究[D].金华:浙江师范大学硕士学位论文,2006:29.

的修订与编写,唯独忽略了教育硕士的培养目标。再宏伟的改革计划,也要在目标明晰的基础上进行,缺失了培养目标,如同缺失手中唯一的稻草,任何改革都摸不清楚章法。

另外,一味地强调理论知识,强调政治素养,而忽略了学生的历史观、文化观、生活观等等。的确,身为人民教师,知识和能力是必不可少的两大技能,但这不是教师的全部,作为社会公民,了解自己国家的历史文化是很有必要的,文化观决定一个人的道德水准和处世态度,历史观让人学会反思与总结,生活观指引人生前进的方向和轨迹,哪一样拎起来都是重中之重,但我们的培养目标中却遗忘了这一块。各级各类学校下发教学任务都是以培养目标为准则,根据自身学校的办学历史和特色加以设置的,培养目标的不完整会造成学校人才培养的偏颇,教出来的学生只懂学习而不懂生活,只明事理而不明人性。

第二节 教育硕士专业质量目标制定的依据

一、国家人才培养战略的需要

高等教育是培养社会各领域的高级专门人才、技术人才、复合人才、拔尖人才的教育,是国力强大、民族昌盛、社会文明的重要推动力量,是国际竞争力的一大支柱,在国家发展中具有十分重要的地位和作用。自新中国成立以来,特别是改革开放以来,我国高等教育取得了长足的进步,初步形成了中国特色社会主义高等教育体系,为我国经济和社会发展提供了强有力的智力支撑与人才保障。我国目前高等教育在学总规模居世界第一,具有高等教育学历的从业人员总数居世界第二,已经成为高等教育大国。① 然而,目前为止我们并不是高等教育强国。成为高等教育强国的关键在于提高高等教育的质量。

2010 年 7 月正式颁布的《国家中长期教育改革和发展规划纲要(2010—2020 年)》明确指出"提高质量是高等教育发展的核心任务,是建设高等教育强国的基本要求"。而研究生教育是高等教育的最高层次,肩负着培养高水平人才的重任,为国家的经济发展、社会建设等各方面提供和储备高素质人才。研究生教育的质量是衡量高等教育质量的重要标准。

近些年来,我国研究生教育发展迅速,为国家现代化建设做出了重要贡献。随着科技的进步、经济的发展、社会的变革,国家和社会对人才的需求发生了变化,研究生的培养模式也相应发生了变化,专业硕士学位研究生应运而生。在教育领域,我国设置了教育硕士专业学位,教育硕士专业学位是具有特定教育职业背景的专业学位,通过对基础教育教学和管理人员实施正规、系统、高水平的学位教育,为基础教育教学和管理工作培养其需要的高层次人才。十几年来,通过招收和培养教育硕士研究生,为基础教育领域输送了一大批高素质的中小学教师和教育管理干部,促进了基础教育的发展。

然而,由于教育硕士专业学位设置时间不长,教育实践中缺少一套成熟的理论做指导,培养与管理工作仍处于探索阶段,导致培养质量出现下滑。② 而质量是教育硕士专业学位的生命线。正如刘延东副总理在全国研究生教育质量工作会议上的讲话中所指出

---

① 中华人民共和国教育部.高等教育专题规划[EB/OL].http://www.law-lib.com/law/law_view.asp?id=382014.
② 时花玲.教育硕士专业学位研究生教学质量保证体系研究[D].上海:华东师范大学博士学位论文,2008:112.

的那样,"追求质量、内涵发展是研究生教育最核心、最本质的要求"。加强教育硕士专业质量保障建设,制定和完善教育硕士专业质量目标体系,是高等教育工作者需要认真研究和解决的问题。

二、国际教育大背景下人才培养模式的创新

随着全球经济的不断发展,科学技术的不断进步,国际竞争的日趋激烈,人才资源越来越成为提高综合国力和国际竞争力的关键性因素,高等教育的质量越来越受到关注。研究生教育作为高等教育的重要组成部分,其质量决定着国家的创新能力和发展潜力。

从国际上看,发达国家高度重视研究生教育。德国在1810年开创了现代研究生教育的先河,把人才培养同科学研究紧密结合,从而成了世界科学技术中心。美国借鉴德国经验,建立现代研究生院制度,加强应用科学研究,到20世纪中叶超越欧洲成为世界科技和经济的中心。日本"二战"后提出"科技立国"战略,把研究生教育作为发展重点,使大学成为日本高科技产业的策源地。当今时代,全球范围内科技创新呈现出前所未有的发展态势,新一轮科技革命和产业变革呈现出历史性交汇。在美国,近年来也发布了一系列提升研究生教育创新力和竞争力的法案和报告,一个重要目的就是保持研究生教育的领先地位,吸引大量海外优秀学生和顶尖学者。欧盟自1999年启动博洛尼亚进程以来,千方百计增强欧洲研究生教育的竞争力,吸引各国优秀学生攻读其博士学位[1]。具体到教育硕士专业领域,据统计,在日本,1986年具有学士学位或硕士学位的小学教师就达58.4%,初中教师达到75.6%。近年来日本的中小学、幼儿园教师,基本都是硕士。[2] 正是日本高度发达的研究生教育,为其提供了强有力的智力支撑,使其在国际竞争中处于优势地位。

高水平的研究生教育是建设创新型国家的有力保障。我们必须充分认识研究生教育的重要性,在经济全球化的今天,切实提高研究生教育的质量。在发展学术型研究生教育的同时,根据时代对人才的要求,发展好专业学位研究生教育。在教育领域,世界各国都十分重视教师教育的发展,社会对教师的要求越来越高。制定和完善教育硕士专业质量目标体系,提高教师的专业化水平,优化教师资源,是基础教育改革的需要,更是增强我国研究生教育竞争力、培养人才多样化的需要。

---

[1] 刘延东.在全国研究生教育质量工作会议暨国务院学位委员会第三十一次会议上的讲话[EB/OL].http://www.jyb.cn/high/gdjyxw/201501/t20150105_609313.html.

[2] 时花玲.教育硕士专业学位研究生教学质量保证体系研究[D].上海:华东师范大学博士学位论文,2008:2.

三、教育系统论视野下的人才培养体系

系统论的出现为我们研究教育提供了一个新的视角。把整个教育体系可以看作一个宏大的系统,即宏观系统。在教育系统内部,从纵向上看,我们可以把教育系统划分为初等教育、中等教育、高等教育等多个中观系统。各个中观系统作为宏观系统的要素,既有着各自的独立性,又有着不可分割的密切联系。

从宏观系统看,高等教育位于整个教育系统的最顶层,其重要性不言而喻。高等教育系统是由教育者和受教育者以及一些基本物质条件等要素构成的整体,是具有特定功能的整体。[①] 高等教育具有教育系统的基本特征,是培育人的教育;同时,高等教育又有自身的特征,是培育高端人才的教育。高等教育的质量影响着整个教育系统的质量。在宏观系统各要素之间,高等教育为初等教育、中等教育输送人才的同时,又受初等教育和中等教育的制约。

从中观系统看,高等教育系统各要素之间存在着一定的有机联系,并在高等教育系统的内部形成一定的秩序和结构。[②] 研究生教育作为高等教育的有机组成部分,是高等教育系统的组成要素之一,处于高等教育的最顶层。研究生教育培养人才的数量和质量直接决定着高等教育的发展水平。我国在由高等教育大国向高等教育强国迈进的路上,提高研究生教育质量,建立和完善研究生质量保障体系有重要意义。

研究生教育系统内部同样可以划分出专业学位与学术学位等研究生教育作为要素。专业学位研究生教育属于应用型学位研究生教育,其特征侧重于职业性、综合性和应用性,培养中小学教师和管理人才,是教育硕士专业学位的出发点和归宿,也是评价其质量高低的重要标准。其在整个学位与研究生教育体系中居于独特的地位并起着特殊的作用,与学术型研究生教育在结构上既相互补充、相互配合又有机统一,即相辅相成。[③]

教育硕士专业质量目标体系作为研究生教育质量目标体系的一个要素,是高等教育质量目标体系的一个要素,同时也是整个教育系统的一个要素。系统具有开放性,要素与要素之间、系统与系统之间相互影响、相互制衡、相互依赖,其不断与外界进行物质、信息和能量的交换,使自身不断完善和发展。教育硕士研究生质量目标体系同其他系统一样,必须不断地与其他目标体系进行物质、信息和能量的交换,在不断完善自身的同时,也在影响着其他目标体系的制定与完善。正是如此,才能保证整个教育系统的不断发展。

---

① 王宪平.唐玉光.系统论视野下的高等教育管理[J].高等理科教育,2005(3):11—13.
② 王宪平.唐玉光.系统论视野下的高等教育管理[J].高等理科教育,2005(3):11—13.
③ 邓玲玲.专业学位研究生教育质量保证体系的构建[D].长沙:中南大学硕士学位论文,2006:21—22.

四、人的全面发展理论下的教育要求

"坚持育人为本、全面实施素质教育"是《国家中长期教育改革和发展规划纲要（2010—2020年）》的战略主题。素质教育是基础教育改革的重大战略决策。想要全面地实施素质教育，必须要有一支高素质的教师队伍作为培养中小学教师的重要机构，[1]教育硕士培养部门就要把素质教育观贯彻到培养过程中，关注人的全面发展。马克思在关于人的全面发展理论中指出，人的全面发展包含了人的需要的全面发展、人的能力和素质的全面发展、人的个性的全面发展及人的社会关系的全面发展。[2]

教育是一种培养人的活动，教育的最终目的是促进人的全面发展，教育的质量决定着人的全面发展的程度。教育硕士专业质量目标应该符合学生的愿望和需求。随着世界进入经济社会，衡量人才的标准已经发生变化，在教育领域，对教师的要求越来越高，讲究科研型和实用型相结合，要求将教育基本理论、学科教学和教育管理的基本理论与自身的教育教学和管理实际结合起来，对以往工作中的问题进行分析，找出解决办法；讲究能力复合型，要求既要掌握教育基本理论、学科教学或教育管理的理论和方法，又要掌握某门学科系统的专业知识和坚实的理论基础，能够运用所学理论与知识解决教学和管理中的实际问题。

---

[1] 郜爽.新时期我国教育硕士培养目标探究[D].沈阳：沈阳师范大学硕士学位论文，2014：2.
[2] 刘婷.人的全面发展理论视域下大学生就业能力培养研究[D].锦州：辽宁工业大学硕士学位论文，2014：8.

第三节　教育硕士专业的质量目标要求

《国家中长期教育改革和发展规划纲要(2010—2020年)》明确指出,"全面提高高等教育质量。高等教育承担着培养高级专门人才、发展科学技术文化、促进现代化建设的重大任务。提高质量是高等教育发展的核心任务,是建设高等教育强国的基本要求"[①]。高等教育具有人才培养、知识创新、社会服务和文化传承四大功能。高等教育质量指的就是以人才培养为核心的这四大功能的实现程度。教育硕士专业作为高等教育的有机组成部分,同样具备这四大功能,这是衡量教育硕士专业质量的四个维度。

根据已有相关研究,结合当下全日制教育硕士专业质量目标体系存在的问题以及现实社会发展对人才培养的质量要求,笔者在参考高等教育质量指标体系的基础上尝试以高等教育四大功能为基础维度,以可分解、可观测和可操作的二三级指标建立全日制教育硕士专业质量目标体系。

一、人才培养质量目标

从教育存在的根本价值和教育质量的根本内涵来看,人才培养是高等教育质量的根本内涵,是所有大学必须首先实现的功能和共同追求的目标。[②] 人才培养质量目标是教育硕士质量目标体系的核心组成部分。根据相关文献和现实需要,本节将教育硕士专业人才质量目标体系细化为学生全面发展、专业素养、创新能力、毕业与学位授予要求、就业情况、满意度(自评与他评)六个方面。

(一)全面发展质量目标

《国家中长期教育改革和发展规划纲要(2010—2020年)》在第一部分总体战略的第一章指导思想和工作方针中规定"坚持教育为社会主义现代化建设服务,为人民服务,与生产劳动和社会实践相结合,培养德智体美全面发展的社会主义建设者和接班人"[③]。据

[①] 中华人民共和国教育部.国家中长期教育改革和发展规划纲要(2010—2020年)[EB/OL].http://www.moe.gov.cn/srcsite/A01/s7048/201007/t20100729_171904.html.
[②] 赵伶俐.如何衡量高等教育质量与水平[J].理工高教研究,2009(4):2.
[③] 中华人民共和国教育部.国家中长期教育改革和发展规划纲要(2010—2020年)[EB/OL].http://www.moe.gov.cn/srcsite/A01/s7048/201007/t20100729_171904.html.

此,可将全面发展质量目标分为以下几个方面:

1. 社会主义核心价值观,良好的社会公德、职业道德和学术道德;
2. 对学术和技术研发感兴趣并能熟练应用现代化教育信息技术;
3. 身体素质好,有一套良好的健身方法并能坚持锻炼;
4. 有艺术审美的兴趣和能力并参加相关活动;
5. 积极参加所学专业和研究主题相关的活动,包括校内教研和校外考察等。

(二)专业素养目标

教育硕士专业学位研究生教育是一种高层次的教育,学位获得者要具有一定的学术能力,这是必然要求,也是本质要求。《学位条例》规定,硕士学位获得者需具有一定的学术水平,但很多情况下,硕士的专业素养都被等同于学术素养,甚至有时候被窄化为理论水平,这是对硕士专业素养狭隘的理解。而且教育硕士专业学位研究生教育服务于我国基础教育教学的改革与发展,更多的是直接从事一线的教学或管理,[1]其理论水平对提高实践工作效率和水平具有指导性作用,但不能不顾实际需要,按照传统的学术型研究生培养方案盲目要求其理论水平。对全日制教育硕士专业素养目标的制定应采用多元化的方式或维度,可以从下列几个方面进行设定:

1. 熟练掌握本专业,尤其是本研究方向的主要人物及其基本思想观点与理论;
2. 了解专业和方向的历史以及现当代本专业、本方向的主要热点与核心问题;
3. 明确研究方法运用原则并能按照规则使用方法进行研究;
4. 遵守基本学术规范;
5. 能够检索和阅读与专业相关的外文文献;
6. 积极参与并能主动将所学理论与方法应用于实践。

(三)创新能力目标

"创新"是一个历久弥新的话题。面对知识经济的挑战,科技的日新月异,国家间的激烈竞争,世界各国都在加强国家创新体系建设,社会各行各业也在探索创新之路。创新已成为 21 世纪的主旋律。党的十七大报告中曾提出"提高自主创新能力,建设创新型国家。这是国家发展战略的核心,是提高综合国力的关键",而建设创新型国家的关键又在于培养具有创新能力的人才。研究生教育作为国家教育体系中最高层次的教育,肩负着为国家培养高素质、创新型人才的重任,必将成为我国建设国家创新体系和未来夺取世界知识经济制高点的重要支撑力量。[2] 研究生作为未来知识经济时代的中坚力量,其

---

[1] 林杰,朴雪涛.我国教育硕士专业学位标准的宏观指标体系构建[J].中国高等教育评估,2012(1):29-30.
[2] 石倩.硕士研究生创新能力培养研究[D].济南:山东师范大学硕士学位论文,2009:1.

创新能力不仅直接影响到高等院校知识创新的水平,也关系到国家未来的整体创新能力。

对于全日制教育硕士的创新能力主要有以下要求:

1.能根据教育理论与实践,发现和提出有价值的问题;

2.能为问题的解决提出新的思路;

3.能够使用新的思路与方法尝试解决问题。

(四)毕业与学位授予要求

课程学习是实现教育教学目标的基本途径,对于专业学位研究生教育而言同样如此。虽然教育硕士的培养方向更多的是直接从事一线的教学或管理,但也不能忽略其理论素养的教育与培养,因此不仅要设置教育基本理论与教育法规之类的专业必修课程并要求学生达到一定学分,而且在学位基础课、专业选修课等方面也要有具体明确的要求,并对这些课程的比例和构成有一个科学而合理的设计。① 另外,对实践课的课时与要求也必须做出合理而明确的规定。除了课程以外,教育硕士培养的另外一个重要环节就是毕业论文,也必须明确进行要求。课程和毕业论文的具体要求为:

1.课程:应该包括理论课和实践课两个层面,完成课业学业,成绩合格毕业(将课程的学习成绩与学位直接挂钩,作为学位授予的重要参考因素);

2.毕业论文:按照规定时限完成毕业论文并通过答辩,授予学位。

(五)就业情况

就业是民生之本,是维系人们基本生活的保障,是关系经济发展和社会稳定的重要因素。很长时间以来,人们都把就业看作衡量高校人才培养质量的重要标准,毕业生的就业率是高校教育质量评估举足轻重的指标。近年来,全国高校硕士研究生招生规模不断扩大,人数不断增长,随着时间推移,硕士研究生在高校毕业生中的比例也不断扩大,已经与社会需求形成了一种非均衡增长的态势。将就业情况纳入全日制教育硕士专业的质量目标体系,不仅有利于保证高校的教育质量,提高人才培养水平,而且有利于毕业生个人价值的实现,对其家庭以及社会良好运行都有促进作用。

对全日制教育硕士专业培养质量的考量主要从下列三个方面进行:

1.首次就业时间;

2.专业对口情况;

3.在3年内是否有更换当前职业的打算。

---

① 林杰,朴雪涛.我国教育硕士专业学位标准的宏观指标体系构建[J].中国高等教育评估,2012(1):29.

(六)满意度质量目标

满意度是一种心理状态,是需求被满足以后的一种愉悦感,它表示的是人们对某件事物的满意程度。将满意度作为全日制教育硕士专业培养质量的考察目标,是希望通过学生的自我评价和社会评价两方面来了解学校的教育认可度与被接纳程度,获得有价值的反馈信息,及时发现教育过程中出现的问题,为学校教育质量的进一步提高与教育功能的进一步完善提供参考。然后据此不断调整和改进课程、教学、管理等,努力提高人才质量,来满足家庭、社会和国家的需要。

1.学生自我评价

自我评价是指全日制教育硕士的自我发展评价。教育硕士专业质量目标体系中,自评主要包括:

(1)对自我全面素质、专业基础、学术方法、创造性等发展的满意度,以及自我幸福感的评价;

(2)对现职的适应性,对工作能力的满意度;

(3)对专业和职业前景的信心。通过自评,能够发现学生某些方面的不足,而这些不足能够反映出教育硕士专业在某些方面存在的问题。

2.社会评价

全日制教育硕士专业教育质量的社会评价包括两方面的内容:

(1)家庭对投入和发展效益的满意度;

(2)用人单位对其工作态度、方法、思路、工作效率、人格人际的满意度。通过社会评价可以清楚地看出家庭对学生的期望以及社会的需求方向。[①]

二、知识创新目标

知识创新这个概念最早是由美国学者阿密顿提出的。他指出:"科学家和工程师进行跨学科、跨行业、跨国家合作,研究共同感兴趣的问题,其研究结果加速了新思想的创造、流动和应用,加速了这些新思想应用于产品和服务,以造福于社会,这就是知识创新。"[②]在知识经济时代,知识创新是经济的核心要素,亦是人类社会赖以生存和发展的根基。大学是知识创新的重要参与者,它从事的主要是发现、发明活动,它们生产的科学技

[①] 黄蓉生,赵伶俐,陈本友.质量与保障:坚守高等教育生命线[M].北京:教育科学出版社,2011.
[②] Amidon D.M.Innovation Strategy[J].the Common Language Journal of Technology Studies,1993:218.

术知识在知识创新过程中能够发挥重要作用和影响,是创新的重要知识源泉,[①]作为高等教育的重要组成部分,研究生应当成为知识创新的主体,研究生教育也必须突出知识创新的重要性,因此,在全日制教育硕士培养过程中,知识创新也是一项极为重要的指标,它主要包含以下几个方面。

(一)学术成果

项目课题、公开发表的论文以及学术著作是研究生学术能力和研究成果的重要体现,也是研究生生活的重要组成部分。对全日制教育硕士培养而言,应该达到以下要求:

1.参与导师或学校其他学者所主持之课题,在条件允许的情况下独立主持学校小型课题;
2.在国家公开发行的杂志、期刊或报纸上发表论文;
3.参与学术著作的编写。

(二)原创性知识

1.提出新概念、新思路、新方法、新技术;
2.成果查新率达85%以上。

(三)发展性知识

主要是对已有知识进行验证、综述、补充或丰富。

(四)获 奖

1.国家、省、市、区县等各级政府学术科技奖项;
2.国家、省、市、学校等各级优秀硕士论文。

具体就教育硕士而言,较为现实的是获得国家、省、市、学校等各级优秀学位论文奖。

三、社会服务目标

从历史上看,大学为社会服务的观念源自美国赠地学院创办的时代。随着高等教育与社会的联系日益密切,大学的社会服务功能也日益凸显。因此,全日制教育硕士专业的质量目标体系构建不能不考虑社会服务目标,可以从以下方面进行考量。

[①] 金桔红.论知识创新的动力机制.[D].长沙:中南大学硕士学位论文,2002:4—5.

（一）社会服务项目

1. 参与社会、社区、乡镇文化公益项目；
2. 服务区域、社会事业；
3. 成果应用于社会实践活动。

（二）产学研相结合

产学研结合即产业、学校、科研机构相互配合，发挥各自优势，形成强大的研究、开发、生产一体化的先进系统并在运行过程中体现出综合优势。作为推进高等院校和科研院所科技创新成果转化的有效途径，它在诞生之初就天然地将政府、企业和高校及科研院所紧密地联系在一起。在这一点上可以列出如下指标：

1. 参与校产研究；
2. 参与校产实习项目；
3. 学术成果应用于社会产业。

（三）社会评价

1. 人才使用单位对人才专业素养的满意度；
2. 合作单位对人才服务的满意度；
3. 合作单位对人才成果的满意度。

（四）社会效益

全日制教育硕士的理论贡献和具体实践工作为社会带来良好的效益和积极影响。

四、文化传承目标

文化传承是指文化在民族共同体内的社会成员中作接力棒似的纵向交接的过程，[①]文化传承最核心的问题就是文化的民族性。从本质上讲，文化传承是一种文化再生产，是民族群体的自我完善。[②] 教育对民族文化传承的促进作用表现在：第一，教育促进民族文化的心理传承；第二，教育促进民族文化的保存和积淀；第三，教育促进民族文化的选择。[③] 教育的文化传承功能使得我们在全日制教育硕士培养质量目标体系中增加文化传

---

① 赵世林.云南少数民族文化传承论纲[M].昆明：云南民族出版社，2002：17.
② 赵世林.论民族文化传承的本质[J].北京大学学报（哲学社会科学版），2002(5)：10-11.
③ 曹能秀，王凌.论民族文化传承与教育的关系[J].云南民族大学学报（哲学社会科学版），2009(9)：139-140.

承目标有了必要。可以从以下几个方面考虑。

（一）文化传承的内容目标

1. 对民族文化的语言传承；
2. 对民族文化的行为传承；
3. 对民族文化的器物传承；
4. 对民族文化的心理传承。

其中心理传承是最核心的民族文化传承，因为心理传承往往表现为民族意识的深层次积累，构成民族认同感的核心部分，其他各种文化要素的传承都受制于心理传承，都围绕着它进行。

（二）文化传承的方式目标

1. 文化传递

人类文化有一个极其重要的特征，那就是它只能学而知之，而不能通过遗传的方式获得。这就决定了人类文化从它产生的那天起就与人类教育有着不可分割的关系。在人类社会早期，与社会生产生活融合在一起的教育，通过口头和行为传授的形式，传递着原始的文化。随着人类社会的发展和生产力的不断进步，人类文化逐渐丰富，特别是文字出现以后，单纯靠口头和行为传播的形式已不能胜任文化传承，因此就有了专门传授文化的机构的需要。这时，学校教育便产生了。教育传递着文化，使得新生一代能较为迅速、经济、高效地占有人类创造的文化财富，使一个人从毫无文化内容的"自然人"变成一个具有摄取进而创造文化能力的"文化人"。如果人类文化不从上一代传递给下一代，那么，人类文化的保存、积累与发展就将成为不可能。只有先占有文化，然后才能创造文化。

2. 文化选择

教育是有目的、有计划、有系统地培养人的过程。这一过程离不开确定的教育内容。而确定教育内容的过程，实际上就是文化选择的过程。教育内容之所以需要"确定"，一是因为任何文化都包容着先进与落后、崇高与卑下、文雅与粗野的成分，教育需要撷取文化的精华，提供给受教育者适应社会生活发展变化需要的观念、态度、价值、行为方式以及知识与技能；二是因为作为教育对象的青少年其身心发展是有一定规律的，人们的认识能力、道德实践能力的发展都有一个过程，教育内容的确定必须考虑这一点；另外，人脑容量的有限性与人类文化知识的无限广阔性构成了一对矛盾，教育不可能把人类的全部文化知识在一定的时间内都传给受教育者，只能择优、择要而教，这也就需要确定教育内容。

3.文化创新

教育不仅仅是传递固有的文化,而且要随着时代发展和社会变迁,在人类已有的旧文化中力求更新与创造,使之适应新的社会环境。而人类正是通过教育,把已有的文化财富内化为受教育者个体的精神财富,培养、造就他们与文化发展相关的个性和创造力,从而使文化得以发展和更新。新的一代通过接受教育,可以迅捷而有效地分享、占有人类文化的精华,然后站在前人的肩膀上进行新的创造。因此,教育作为传递人类文化的手段,不仅具有保存文化的功能,同时也具有文化繁殖、更新文化的功能,也就是文化再生产功能。

(三)文化特色目标

1.文化类别特色;
2.文化地区特色。

(四)文化影响目标

1.参与文化网络建设;
2.参与文化宣传与文化创造。

另外,以人才培养质量为核心的教育硕士专业质量目标体系还应当包括人才培养的质量保障系统。在人们惯有的质量概念中,各种保障因素通常也被看成质量,如发展指标、教学质量、硬件条件、文化指标与管理指标等。

在发展指标中,除了学生发展(人才培养)为核心的质量指标外,还包括教师的发展。教师的全面素质、职业道德、专业知识、教学技能、学术水平等影响着人才培养的质量。

在教学质量方面,包括课程与教学两大主题。教育硕士是具有特定教育职业背景的专业性学位,是研究型与应用型相结合的复合人才,因此课程目标、课程结构布局、课程职业性、课程实践性、课程时代性、课程评价等是质量目标体系所关注的问题。在教学上,教学目标、教学方法、教学内容、教学评价则是重点。

在硬件条件方面,包括政府投入、生均条件(如师生比、生均图书、生均仪器等)。

在文化标准方面,包含办学理念、办学特色等。

在管理层面,包括管理制度、管理方法和评价机制。

总之,教育硕士质量目标体系是一个全面的系统,以人才培养为核心,兼顾知识创新、社会服务和文化传承三个功能以及其他各个保障因素。教育硕士质量目标体系的制定和完善,对于整个研究生教育的发展、高等教育的发展、基础教育的发展都有积极的作用。

第五章 教育硕士专业的培养模式创新

　　"模式"是指人们在一定领域内为完成特定目标而采用的理论规范和操作程序。"培养模式"是指在一定的教育思想、教育理论和特定需求指导下,为实现培养目标而形成的培养过程诸要素的构成标准与运行方式。据此,我们可以将"教育硕士培养模式"定义为:在一定教育思想指导下,为了培养合格的教育硕士,在培养过程中选用合适的课程设置、教学方式、管理方式等教育教学组织样式和操作程序。本章我们将在概述当前多样化的教育硕士培养体系基础上,介绍全日制教育硕士和在职教育硕士这两种教育硕士培养模式的实施现状与改进策略。

第一节　多样化教育硕士培养体系的形成

从 1996 年国务院学位委员会决定设置教育硕士专业学位以来,我国相继颁布了多项有关教育硕士培养的政策,教育硕士的培养院校、招收领域(方向)和学员规模不断扩大,教育硕士的培养模式或类型也逐渐趋于多样化。就当前而言,我国教育硕士专业学位主要有在职、"农村学校师资培养计划"、全日制和免费师范生四种类型。

(一)在职人员攻读教育硕士的培养模式

在职人员攻读教育硕士学位是我国教育硕士培养出现时间最早、规模最大的一种模式。1996 年 4 月,国务院学位委员会第十四次会议审议通过了《关于设置和试办教育硕士专业学位的报告》,1997 年又印发了《关于开展在职攻读教育硕士专业学位工作的通知》,这两份文件奠定了在职人员攻读教育硕士的政策框架。文件规定,教育硕士专业学位"主要培养面向基础教育及其管理工作需要的高层次人才",招生对象是本科毕业且具有 3 年以上一线教学经历的基础教育专任教师和管理人员,首批主要在普通中学招收,招收方式采取组织推荐、全国联考和招生单位自主命题相结合的形式,培养过程以半脱产和在职兼读为主,学习年限 2～4 年,但在校累计学习时间不得少于 1 年;对课程考试合格,取得规定学分和学位论文答辩通过者,授予教育硕士专业学位证书"单证"。

为适应招生对象范围扩大和专业领域设置细化的需求,全国教育专业学位指导委员会 2010 年修订了原有的《教育硕士专业学位参考性培养方案》,并制定出《在职攻读教育硕士专业学位研究生指导性培养方案》,对在职教育硕士专业学位人才培养目标进行了修正。经过十多年的发展,教育硕士专业学位从最开始的教育管理和学科教学两个专业,发展到现有的教育管理、学科教学、现代教育技术、小学教育、科学技术教育、心理健康教育、学前教育、特殊教育 8 个专业、19 个专业方向,初步建立了适应我国基础教育需要的教育硕士专业学位专业体系,基本形成了适合我国社会发展需要的专业设置框架。

(二)农村学校教育硕士培养模式

农村学校教育硕士培养模式是国家为提高农村教师队伍整体素质,解决农村高素质教师匮乏问题而提出的一种模式。2004 年 4 月,教育部启动实施"农村高中教育硕士师资培养计划",该计划提出:免试推荐一批应届本科毕业生,第一年到"国贫县"高中任教,第二年到培养学校脱产学习硕士课程,第三年在职学习部分课程并撰写论文,毕业后获毕业证书和学位证书"双证",第四、五年则返回原农村学校继续任教,即所谓的"1＋1＋

＋2"模式。2006年教育部对原政策做出调整,将服务范围从"国贫县"扩大到"省贫县"农村学校,以农村初中为主(2007年继续调整为以中学为主)。培养过程调整为:头三年到农村学校任教,第四年到大学脱产学习,第五年继续工作、学习和撰写论文,毕业后同样获"双证",即所谓的"3＋1＋1"模式。①

2009年,该政策再次调整,并与"农村义务教育阶段学校教师特设岗位计划"(简称"特岗计划")结合实施,符合相应条件的农村学校教育硕士生可聘任为特设岗位教师,同时作为正式教师在县镇及以下农村学校任教,聘任期间的工资按"特岗计划"要求,由中央财政与地方财政共同承担。调整后的培养模式为:头三年边工作、边利用网络进行远程学习,第四年到培养学校脱产集中学习,毕业时同样获"双证",从而将培养环节简化为"3＋1"模式。自"农村学校教育硕士师资培养计划"实施以来,参与面日益扩大,推荐与培养机制日趋合理,对充实和改善农村教育师资队伍、提高农村教育水平做出了积极贡献。

(三)全日制教育硕士培养模式

为适应知识经济时代对高层次人才的需求,2009年3月教育部发布《关于做好全日制硕士专业学位研究生培养工作的若干意见》,决定从当年起面向应届本科毕业生招收全日制专业学位硕士,标志着我国硕士研究生教育进入了历史转折期:逐渐从以培养教学研究型人才为主向以培养高层次应用型人才为主转变。根据相关政策,全日制教育硕士是教育硕士专业学位的一种攻读方式,培养对象多为应届毕业生,要求学生在校脱产学习2年,全日制培养,属于学历教育。全日制教育硕士在修完规定学分、达到相应标准后,可授予其相应专业学位的全日制教育硕士研究生毕业证书和硕士专业学位证书"双证"。除教育硕士的教育管理专业方向以外,凡经国务院学位委员会批准设置的教育硕士相关专业学位,均可招收全日制教育硕士专业学位研究生。

全日制教育硕士专业学位具有部分在职教育硕士专业学位和教育学硕士学位的内涵,同时又具有应用型培养定位、实践导向的培养模式等特点。短短几年,全日制教育硕士专业学位获得了飞速发展,从2009年占硕士研究生总招生比例不足10%上升到2012年的36.3%,在2015年的教育部计划中,全日制专业学位硕士研究生与学术学位硕士研究生的比例为1:1。根据规划,到2020年时专业学位与学术学位的比例将达到7:3,在研究生招考和培养中将居于主体地位。②

(四)免费师范生攻读教育硕士培养模式

2007年,国务院办公厅转发教育部等部门《关于教育部直属师范大学师范生免费教

---

① 冯涛,成爱武.高素质师资培养与新农村和谐教育环境的构建——"农村学校教育硕士师资培养计划"探析[J].黑龙江高教研究,2007(5):30—32.

② 施剑松.专业硕士渐成考研主角,2015年占招生总额50%[N].北京晨报,2012-03-29.

育实施办法(试行)》,启动实施了师范生免费教育。2010年5月,教育部又印发了《教育部直属师范大学免费师范毕业生在职攻读教育硕士专业学位实施办法(暂行)》,宣布从2012年起,六所部属师范大学从到中小学任教的免费师范毕业生中招收教育硕士专业学位研究生。新政策指出:通过教育硕士研究生的培养,使免费师范毕业生具备先进的教育理念、良好的职业道德和创新意识、扎实的专业知识基础、较强的教育教学实践反思能力,为将来成长为优秀教师和教育家奠定坚实基础。①

免费师范毕业生攻读教育硕士专业学位采取在职学习方式,学习年限一般为2～3年,实行学分制,采取集中面授与网络远程教学、自学与指导相结合的方式进行。采用"双导师制",由高校指定导师进行教育理论、方法的研究指导,任教学校选聘对教育教学有一定研究的高级教师协同指导。在规定学习年限内,修满规定学分且考核合格,完成学位论文并通过答辩,授予教育硕士专业学位并颁发研究生毕业证书"双证"。免费师范毕业生攻读教育硕士的热情很高。华中师范大学2007年首届招收免费师范生2200人,2012年共录取1706名毕业生攻读教育专业硕士。西南大学2007年首届招收免费师范毕业生2800人,2012年共有2020人回校攻读教育硕士。

四种教育硕士培养模式的主要特征见下表②:

表5-1 现有教育硕士培养模式比较

模式名称	招收对象	招收方式	学习方式与期限	证书
在职人员攻读教育硕士	本科毕业并具有3年以上工作经验的中小幼教师、教研员和教育管理人员	统一考试(全国联考＋单位自主命题);符合条件的在职"特岗教师"可推荐免试	2～4年在职学习	单证
农村学校教育硕士	应届本科毕业生	推荐免试	3年在职学习,1年脱产学习	双证
全日制教育硕士	应届本科毕业生、其他符合相应报考条件的社会人员	统一考试(全国统考＋单位自主命题)、推荐免试(教育管理方向除外)	2年脱产学习	双证
免费师范生攻读教育硕士	工作满一学期的部属师范大学免费师范毕业生	推荐免试	2～3年在职学习	双证

---

① 教育部.教育部直属师范大学免费师范毕业生在职攻读教育硕士专业学位实施办法(暂行)[EB/OL].http://www.edu.cn/jyzl_zhzl_8561/20100527/t20100527_479254.shtml.
② 刘建银.我国教育硕士培养模式多样化问题的政策思考[J].学位与研究生教育,2011(1):29—34.

第二节　全日制教育硕士培养模式的改进

2009年,为适应我国国家经济和社会发展对应用型人才的大量需求,改善专业学位教育的单一局面,扩大专业学位教育辐射的面积,教育部出台了《关于做好全日制硕士专业学位研究生培养工作的若干意见》,标志着我国教育硕士研究生培养制度的建设迈入了新的历史时期。

(一)全日制教育硕士培养的实施现状

1.全日制教育硕士培养目标

培养目标是指培养对象在知识、能力和素质结构上需要达到的规格标准和基本要求,包含培养方向、培养规格、培养规范及要求三个方面的具体内容。根据《全日制教育硕士专业学位研究生指导性培养方案》,教育硕士专业学位旨在根据基础教育职业领域的需要,培养掌握现代教育理论,具有较强的教育教学、管理实践和研究能力的高素质的中小学教师和管理人员及教育行政人员。[①] 全日制教育硕士教育是建立在研究层次上的职业教育,是将专业培养与职业技能相结合,培养掌握现代教育理论的,具有较强的教育教学、管理实践和研究能力的高素质的中小学教师和教育管理及行政人员。

各培养单位根据教育部《关于做好全日制硕士专业学位研究生培养工作的若干意见》和全国教育硕士专业学位教育指导委员会制定的培养方案,细化明确了各自的人才培养目标。沈阳师范大学在培养方案中指出:全日制教育硕士专业旨在培养具有现代教育理念和较全面的文化素养,具有扎实的专业知识和突出的教学或管理实践能力、学习发展能力和实践探究能力,能够从事优质学科教学或学校管理工作的复合型、应用型高层次人才。在西南大学,全日制教育硕士学科教学专业旨在"培养掌握现代教育理论、具有较强的教育教学实践和研究能力的高素质的中小学教师",教育管理专业培养目标为"培养掌握现代教育管理理论、具有较强的教育管理实践和研究能力的基础教育管理人员"。

2.全日制教育硕士课程体系

课程体系是指在一定教育价值观指导下,将课程的各个构成要素加以组合,并将各要素在动态过程中指向课程目标而实现的系统。《全日制教育硕士专业学位研究生指导

[①] 全国教育硕士专业学位教育指导委员会.全日制教育硕士专业学位研究生指导性培养方案[EB/OL].http://yz.chsi.com.cn/kyzx/zyss/200905/20090520/94572569.html.

性培养方案》规定:全日制教育硕士的课程内容设置要体现理论与实践相结合的原则,分为学位基础课程、专业必修课程、专业选修课程、实践教学4个模块,总学分不少于36学分。其中,学位基础课程包括外语、政治理论、教育学原理、课程与教学论、中小学教育研究方法、青少年心理发展与教育6门课程共12个学分;专业必修课程包括学科课程与教材分析、学科教学设计与案例分析、学科教育测量与评价、学科发展前沿专题4门课程共10个学分;专业选修课程一般由学校根据学生的知识水平能力和兴趣确定,全日制教育硕士需要修3~4门专业选修课共6个学分;实践教学8个学分。

各培养高校在学位基础课和专业必修课的设置上大同小异,不同之处主要体现在专业选修课和实践教学方面。其中,西南大学实行了研究生公共外语必修课免修免考制度,根据不同年份学生的考分情况,确定是否减免外语课,同时将文献阅读、国际交流、学术论文写作、专家专题讲座等纳入选修课程模块。陕西师范大学全日制教育硕士中公共学位必修课程"基础教育课程改革专题讲座"采取讲座方式,邀请一线教学名师开展有效课堂教学设计、课堂教学实效性课例研究、班主任工作方法与艺术等实践性专题讲座。杭州师范大学的学科教学(英语)全日制教育硕士开设了外语学习理论与方法、跨文化交际与英语教学、外语教学研究方法、外语教学心理学、英文名篇鉴赏等学科特色课程。

3.全日制教育硕士培养方式

培养方式是指在全日制教育硕士培养过程中所采取的基本方法或者形式。依据全日制教育硕士培养的特点,重点关注培养过程中的教学方式和导师队伍两个要素。全日制教育硕士课堂教学方式强调以学生为本、以能力培养为本、以职业导向为本,"重视理论与实践相结合,采用课堂参与、小组研讨、案例教学、合作学习、模拟教学等方式"[①]。在导师队伍上,专业学位研究生的培养实行双导师负责制,由校内具有相应专业领域实践经验的导师与实践基地(单位)或学员所在地业务水平高、责任心强的具有高级职称(务)人员等联合指导,以校内导师指导为主,校内导师负责专业学位研究生培养工作的全面指导,校外导师主要负责专业学位研究生实践过程、项目研究、课程与学位论文等多个环节的指导工作。按照要求,兼职指导教师占全部指导教师的比例应不低于10%。

西南大学提出了"网络·课堂·实践"一体化教学模式,在教学上实行分类指导、分级教学和因材施教的教学原则,采用课堂教学与网络自主学习相结合的方式。首都师范大学与北京四中、北京汇文中学等北京13所著名示范高中签订协议,建立教育硕士培养合作共同体。参加合作共同体的示范高中学校将在本校选拔相应学科的5~10名优秀教师为特聘教育硕士导师,与首都师范大学的导师组成导师组,共同完成教育硕士的指导工作。[②] 沈阳师范大学2011年有教育硕士指导教师189人,其中理论指导教师105

---

① 全国教育专业学位教育指导委员会.关于教育硕士专业学位研究生培养工作的指导意见[EB/OL].http://www.edm.edu.cn/news/listys.jsp? id=717&space=read.
② 苏婷.首师大与示范高中联手培养高质量师资[N].中国教育报,2009-11-14(1).

人,占55.56%,实践指导教师84人,占44.44%。①

4.全日制教育硕士实践环节

专业实践是专业学位教育质量的重要保证,专业实践是专业学位研究生培养向社会的延伸,实践基地或单位是专业学位研究生的第二课堂。《全日制攻读教育硕士专业学位研究生指导性培养方案》规定:实践教学时间原则上不少于1年。实践教学包括教育实习、教育见习、微格教学、教育调查、课例分析、班级与课堂管理实务等实践形式,其中到中小学进行实践活动的时间不少于半年。教育见习和教育实习指学生在导师指导下参与带有研究与反思性质的教育教学改革实践活动,微格教学是学生在非真实教育情境下的教学实践模拟活动,教育调查指学生对中小学基础教育问题进行专题调研。

在实践教学的具体实施上,西南大学全日制教育硕士"U-T-S"联合培养模式,构建了招收专业学位研究生的大学(University,简称U)与地方教育研训机构(Teacher Training college School,简称T)以及中小学校(School,简称S)的联合培养体,把县级教师进修学院(校)这一地方教研机构作为中间机构,充分发挥其在基础教育中教研培训、业务指导的职能,加强对专业实践教学的有效组织和监督,弥补地方教育局只具有行政权力而不具有专业教研指导功能的不足。杭州师范大学采取分段实践活动与集中教学实践相结合的方式,分段实践活动与课程学习安排在第一学年,集中实践教学活动安排在第三学期。首都师范大学则在每个学期都安排教育硕士研究生到对口的示范高中进行教学实践,教育硕士将以准教师身份进入教育现场,熟悉课堂教学的各个环节,掌握任教学科的教学技能技巧,以缩短其从教后的磨合期。

5.全日制教育硕士质量评价

研究生教育质量评价是指依据培养目标,监控培养过程、检验培养结果而采用的一系列措施。质量评价分为课程或实践教学评估及学位论文质量评估两种方式,具体指通过收集培养过程中各方面的信息,依据特定的评价标准对培养过程及质量做出客观衡量和科学判断,并及时对评价结果进行反馈,保证既定目标的实现。质量评价既是实现培养目标的手段,也是保障培养过程中合理淘汰的重要环节。为客观了解全国教育硕士专业学位教育研究生培养工作状况,全国教育专业学位教育指导委员会出台了《关于开展教育硕士专业学位论文抽检工作的通知》,对各学校通过答辩授予学位的教育硕士专业学位论文进行抽检。同时,根据《关于开展教育硕士专业学位研究生教育状况调研工作的通知》,组织专家通过座谈、听课、查阅相关教学文件等方式开展专业学位研究生教育状况调研等工作。

各培养高校高度重视全日制教育硕士质量保障问题。西南大学在全日制硕士研究生中实施"答辩式"考核,形成了课程论文、社会实践、现场答辩、自主学习等多元考核评

---

① 沈阳师范大学.关于聘任习铭等189名教师为教育硕士研究生指导教师的决定[Z].沈师大校[2011]214号,2011.

价体系。为掌握各单位的人才培养情况,学校对每届专业学位研究生至少开展一次问卷调查,调查内容包括学生对部分所学课程的教学内容、教学方法、教学手段、教学态度等指标的评价以及其他建议。沈阳师范大学全日制教育硕士课程考核采用"调研报告、实验报告、案例评析报告、读书报告、课程论文、平时表现"相结合的形式,学生的日常教学和实践活动则实施档案袋评价管理机制。档案袋由学生作品类档案、教师评价类档案、学生反思类档案和学生自我设计与发展类档案组成。评价内容主要包括课程涉及的实践考核内容,包括每门课程的实践考核和实践教学课程模块中涉及的各部分内容。

(二)全日制教育硕士培养存在的问题

1.专业定位与培养目标比较模糊

2009年教育部下发的文件中明确指出,全日制教育硕士的培养目标为具有较扎实的现代教育理论和较强的教育教学实践能力的高水平的中小学教师和管理者。但培养单位和研究生自身对全日制教育硕士的认识还不够,包括全日制教育硕士专业学位的特点、专业学位的知识结构、培养目标的定位等。大多数研究生对全日制教育硕士培养目标不太了解或完全不了解,时常产生身份认同危机,有时甚至拿衡量学术型学位研究生的标准来衡量自己。某高校对全日制教育硕士的调查显示,48.7%的研究生在报考前对该专业性质缺乏深刻了解,59.2%的学生认为全日制教育硕士与教育学硕士类似。[①] 由于大部分全日制教育硕士来自调剂生,学生通常是在接受调剂时才开始去关注全日制教育硕士,对专业内容的重要性、专业设置的价值和意义缺乏了解。

培养单位对全日制教育硕士的培养目标也不清晰。2010年,教育部全面推行教育硕士综合试点,很多试点单位专门为硕士管理建立了相关管理机构,注意到全日制教育硕士和教育学硕士的差异,并进行区分管理。全日制教育硕士的定位也逐渐得到社会大众的认可。但是,尽管试点单位对两种学位实行区分管理,但试点单位对两者的深层认识是不足的,在培养的过程中全日制教育硕士沿袭了教育学硕士的培养方法,对全日制教育硕士的定位不够精准,教学指向性不够明显,偏离了职业性定位,这就导致全日制教育硕士的培养目标难以达到,该专业的应用实践性特点没有得到重视。

2.课程设置没有体现专业特点

全日制教育硕士研究生课程设置应突出专业性、实践性,但当前我国全日制教育硕士培养在课程设置中普遍存在课程结构僵化、课程内容陈旧的问题。教育硕士专业各个专业方向使用统一的课程内容和课程标准,课程设置毫无差别,课程结构呆板僵化,缺乏灵活性,不同板块的课程与学分规定太细,没有考虑学生个体的教育经验、知识结构和兴趣等,更不用说根据个人的专业方向、知识结构、个人经验等制定出个性化的课程结构。

---

① 邱晨辉.专家热议:高校部分新设专业硕士"换汤不换药"[N].中国青年报,2011-12-13.

同时,现有课程设置中理论性课程过多而实践性课程过少,专业学位课程的实践性特色没有彰显。课程内容实用性不强且陈旧落后,缺少核心课程和专业特色课程,不符合全日制教育硕士专业学位教育的性质和需要。

针对全日制教育硕士的调查结果也证明了这一点。湖北省某高校的调查显示,77.6%的教育硕士认为"讲授"仍然是当前课堂教学主要方式;67.1%的学生认为学校培养创新能力的课程比例不高;72.4%的学生反映社会实践课程所占学时和学分偏低;对于核心课程,50.1%的学生认为核心课程在整个课程体系中的比例不够突出。①

3.教学方式固守传统讲授模式

当前大多数全日制教育硕士指导教师仍然沿用传统的课堂讲授式的教学方式,实行"学徒制"的指导方式,案例教学并没有得到应有的重视。全日制教育硕士课堂教学方式与教育学硕士是不同的,但是二者在教学方式上却很相近,全日制教育硕士的培养过程成了简单的教育学硕士教学的复制品,并且和本科教学的区别不大,没有体现全日制教育硕士的特性,也达不到全日制教育硕士的教学目标。多数导师既有全日制教育硕士又有教育学硕士,同时指导两类学生的过程中想要把二者区分开来并不容易,导师在开展教学活动的时候,很难做到教材的区分选择,并且没有太多心力准备不同的课程环节,从而造成了培养方式上与教育学硕士"同样的学习内容、同堂上课、同样的标准考试"的"三同"局面。②

在教学实践中,专业学位特殊的案例教学方式往往难以得到有效实施。一是导师自身知识缺乏,阅读面不广,缺少案例教学的素材,在长期的教学过程中,没有积累足够的案例教学经验。二是导师开展案例教学时,有时候案例并不适合,不符合课堂实际,用不适合的案例教导学生,学生反而容易受到负面影响。

4.导师队伍缺乏实践教学经验

由于培养观念滞后以及对全日制教育硕士的培养不够重视等原因,各培养高校的教育硕士师资队伍没有跟上,缺乏专职的教学队伍和指导教师。在现有的师资队伍中,全日制教育硕士的导师大多由学术型学位的导师兼任,一方面,这些导师长期指导学术型学位研究生,对基础教育、专业学位教育的特点等认识不够,案例教学和实践环节的指导能力不足。另一方面,导师时常以培养教育学硕士研究生的培养模式来培养全日制教育硕士专业学位研究生,同时对全日制教育硕士教育不够重视,没有产生认同感。

"双导师"制在全日制教育硕士的培养中并没有得到贯彻实施,极大地影响了其培养质量。针对沈阳师范大学教育硕士指导教师的调查显示,认为双导师制"缺乏有效管理制度"的占个案百分比的73.9%;选择"校外导师流于形式"的占个案百分比的56.5%;认

---

① 刘献洁.普通高校全日制教育硕士培养调查研究[D].长沙:湖南师范大学硕士学位论文,2014:23.
② 段丽华,陈旭远,周霖.教育硕士专业学位研究生教学方式的探索性研究[J].学位与研究生教育,2000(6):48—50.

为"两位导师缺乏沟通交流"的占个案百分比的 47.8%;选择"两位导师职责不清"的占个案百分比的 39.1%。①

5.教学实践缺乏有效指导

当前各培养高校主要采用集中教学实践方式,把教学实践安排在最后一年。这是一种"先理论、后实践"的立场,寄希望于通过所习得的理论知识来指导实践,但由于这种模式并没有把理论与实践紧密有效地联系在一起,因此教学实践效果不佳。同时,教学实践还存在着形式化的倾向,缺乏有效的指导与监督。一方面,一些研究生并没有对教学实践给予应有的重视,只是单纯为了完成学业而实践;另一方面,缺乏有效的教师指导与监督机制,教学实践管理不到位。全日制教育硕士在为期一年的教学实践过程中并没有专门的指导教师进行有效的监督与指导,有些学生通过某些手段在所实践的学校"挂名",却并未在此学校实习,致使教学实践完全形式化。

对全日制教育硕士实践教学开展情况的现状调查也不乐观。调查显示,只有8%的学生和10%的导师认为学生在教学实践基地得到了"很充分"的锻炼;42%的导师和47%的学生选择了"比较充分";30%的学生和28%的导师选择了"一般";另有15%的学生和20%的导师认为学生在实践过程中没有得到锻炼。② 全日制教育硕士在教学实践时间无法保障的情况下,实习效果很难得到保障。

(三)全日制教育硕士培养的改进设想

1.明确培养目标,培养研究型实践性人才

培养模式的各构成要素相互制约、相互作用、彼此协调运作,形成一个完整统一的系统结构,才能达到"整体功能大于部分功能之和"的培养功效。全日制教育硕士培养模式是否合理,关键在于培养目标的定位,以及培养模式其他要素是否构建起"基于目标取向内在逻辑联系"。③ 全日制教育硕士应致力于培养研究型实践性人才。一是培养中小学教育的高层次人才。二是培养中小学教育反思性实践者,教育硕士在具备扎实的学科知识的基础上,能够围绕问题开展批判并且进行反思,从而使问题得到解决。三是培养中小学教育研究的引路人,引领其他老师在中小学校广泛开展课程教材、课堂教学、学业评价、班级管理等领域的研究,带动"研究型教师、研究型学校"的发展。

2.紧扣培养目标,科学设置教育硕士课程体系

高校应根据全日制教育硕士的人才培养目标,科学设置教育硕士课程体系。一是优化课程组合结构,保证全日制教育硕士的教学内容是能够有效指导与处理与实际教学问

---

① 徐丽.全日制教育硕士培养模式研究[D].沈阳:沈阳师范大学硕士学位论文,2013:25.
② 徐丽.全日制教育硕士培养模式研究[D].沈阳:沈阳师范大学硕士学位论文,2013:25.
③ 曹健.研究生培养模式论[M].镇江:江苏大学出版社,2011:108.

题相关的专门知识。二是以兴趣为导向设置课程,重视理论性与应用性课程的有机结合,促进人才培养与社会需求的衔接。三是清理课程陈旧内容,消除重复教学,提升内容的前沿性。四是设立灵活的选课制度,增加选修课的广度,拓展全日制教育硕士的知识网络和综合素养。五是增加校外实践和校外学习,提供更多跟其他优秀教师讨论交流、合作探究的机会,从而提高处理实际教育教学和管理问题的能力。

3.强化案例教学,培养学生解决实际问题的能力

转变"理论灌输式"的课堂教学方式,培养学生解决实际问题的意识和能力,防止全日制教育硕士教学成为教育学硕士"模仿教育"和本科后"回炉教育"。就当前而言,应在全日制教育硕士课程学习中大力推广案例教学方式。具体实施过程中,一是要遵循针对性、问题性、启发性等原则,选取教学与管理中的典型案例;二是注意教学过程中的学生分组,以小组为整体进行案例研讨;三是引导学生自行熟悉案例;四是采用小组讨论和全班讨论的形式,组织学生围绕案例展开讨论;五是做好点评总结并要求学生撰写反思报告。[①] 案例教学直接指向中小学教学和管理的实际问题,是理论直接联系实际的桥梁,是实现全日制教育硕士培养目标的重要中介。

4.内培外引,积极打造"双师素质"教师队伍

现阶段而言,提高教育硕士培养质量,一要切实落实双导师制度,充分发挥校外实践导师的实践专家作用,对校内外两位导师的责任以及权益加以明确。二要强化对现有导师的绩效考核,对考评不合格的导师取缔其全日制教育硕士培养资格。从长远看,全日制教育硕士专业学位作为职业性学位,师资建设的走向将最终被"双师型"导师取代。首先,借鉴全日制工程硕士"双师素质"指导教师建设路径,有计划地安排专业教师到中小学进行顶岗教学实践,积累实际工作经验,提高实践教学能力。其次,鼓励理论型导师参与基础教育教改横向课题,锻炼教师理论联系实际、解决实际问题的能力。第三,建立促进"双师素质"教师成长的激励机制,对取得"双师素质"的教师优先提供出国培训、进修、校级课题申报等相关待遇,在职称评聘、评优、提拔使用等方面予以优先考虑。

5.完善校内外实践基地,提高教育硕士实践教学质量

为了保障实践教学质量,全日制教育硕士实践教学应采取高校理论导师和实践基地实践导师共同合作、校内外实践基地相结合的方法,形成"见习、研习、实习全程化"、有层次、分阶段、多途径的综合实践教学体系。全日制教育硕士的实践教学应摒弃"先理论学习一年,后教学实践一年"的机械思维方式,采用"理论学习和实践教学交叉进行"的动态思维方式。在具体实施上,一是根据教育专业硕士的专业特点,确立实验课实训体系,开设配套实验课程,包括基础实验、专业综合实验、研究性实验和应用性实验,为基础课程

[①] 郑金洲.案例教学指南[M].上海:华东师范大学出版社,2000:48.

和专业课程的教学服务。二是建立校外实践基地,依托校外实践基地,让学生在实践基地接受真实场景下的实践训练。

6.建立质量评价体系,开展以教学实践能力为主的学业评价

教育硕士专业学位是专业性学位,培养质量评价应归于专业评估。为此,应从学校内部质量评价和社会中介评价两个方面建设全日制教育硕士质量评价体系。在教学实践能力为主的学业评价方面,设立专门的全日制教育硕士的管理机构、程序和制度,组建教学督导专家委员会,对课程学习、学位论文选题、开题报告、教学实践反思报告、见习报告及顶岗实习报告、学位论文等进行考核,并启用淘汰机制。在社会中介评价方面,增加用人单位和研究生的个人评价,重视研究生培养活动产生的综合影响,关注用人单位对高校研究生培养能力的评价和认可程度。

第三节　在职教育硕士培养模式的改进

在职教育硕士作为一种专业性学位,是为了满足新时期教育发展对高层次、应用型、复合型师资的需要而开设的。从 1997 年北师大等 16 所首批教育硕士培养单位开始招生至今,在职教育硕士经历了突飞猛进的发展,为基础教育培养了数以万计的优秀教师,产生了较好的社会效益。

(一)在职教育硕士培养的实施现状

1.在职教育硕士培养目标

在职教育硕士作为一种专业学位研究生教育,旨在培养教育专业的研究生层次的应用型和复合型专门人才。1997 年,国务院学位委员会、国家教育委员会在《关于开展在职攻读教育硕士专业学位工作的通知》中指出:教育硕士专业学位是具有特定教育职业背景的专业性学位,主要培养面向基础教育教学及管理工作需要的高层次人才。它与现行的教育学硕士学位处于同一层次,但规格不同,各有侧重。从教育硕士的培养目标中我们可以看到,教育硕士要具备培养研究生层次人才精英化、专业化、专门化的一般性特征,同时,还要突出教育类的专业背景,要求学生掌握教育理论知识。但他们的教育理论学习并不是为了进一步研究"教育理论",而是为了更好地进行实践活动。我国各培养院校都围绕着"教育专业的研究生层次的应用型和复合型专门人才"这一目标开展教育硕士的培养工作。

各培养高校基于国家政策进一步明晰了不同专业在职教育硕士的培养目标。以华东师范大学为例,教育管理方向培养目标为"培养具有现代教育观念、具备较高理论素养与实践能力、高水平的中小学基础教育管理人员",学科教学方向(含现代教育技术)培养目标为"培养具有现代教育观念和教育、教学工作能力,具有高水平的、从事中学学科教学工作的骨干教师",小学教育方向则明确为培养从事小学教育教学的骨干教师。浙江师范大学则将在职教育硕士培养目标确定为"在高校教师指导下,教育硕士集中进行学习,从而获得知识与能力的有限提升,通过知识与能力结构的扩充修正,为教师的自我挖潜提供保证,使教师在专业化道路上实现可持续发展"[①]。

---

① 张先亮,陈玉兰,蔡伟.构建教育硕士"一点二线三面"培养模式——以浙江师范大学人文学院语文教育硕士培养为例[J].学位与研究生教育,2007(5):47—51.

2. 在职教育硕士课程体系

课程教学体系是教育硕士专业学位教育培养工作的重点和中心,是体现培养目标和落实教育原则的载体。《教育硕士专业学位教学大纲》规定:教育硕士专业学位课程设置包括学位公共课、专业必修课及专业选修课三类,教育硕士至少要修 12 门共 34 个学分的课程,其中学位公共课程包括政治理论、外语、教育学原理、教育心理学和现代教育技术 5 门课程,学位公共课采用统一的教学大纲,总共 15 个学分,占教育硕士专业学位最低学分(34 个学分)的 44.1%;专业必修课程与专业选修课程依照学科方向由培养单位自行开设,每个学科方向一般开设 5~6 门专业必修课,每门课程 2~3 个学分,总共 15~16 个学分;专业选修课一般开设 4~8 门不等,最低修满 3~4 个学分。

教育硕士专业学位下设的学科教学、教育管理、小学教育和现代教育技术四个培养方向,均遵循上述统一规定,但是在具体的课程开设上并不完全统一,各培养单位在专业课程方面可以根据自身特点进行设计。以教育管理方向为例,北京师范大学的专业必修课包括教育管理学、教育法学、教育社会学、教育测量与评价、国外中小学教育、基础教育改革研究等 6 门课程,专业选修课设置了人力资源管理、教育决策研究、教育发展战略研究、管理信息系统设计等 14 门课程;华东师范大学的专业必修课包括教育管理学、比较教育行政、教育政策与法规、教育评价与测量等 4 门课程,专业选修课包括学校经营学、学校发展规划、校长与教师专业发展研究等 6 门课程,可见各学校在专业课程设置上具有一定自主权。

3. 在职教育硕士导师队伍

2003 年国务院学位委员会在《新增专业学位研究生培养单位的基本条件及申请办法》中对教育硕士专业学位研究生培养单位的师资做出明确而具体的要求:教育硕士核心课程及重要必修课程须配备 2 名以上教师授课,并且要具有较丰富的教学经验,其中,教授占任课教师总数的比例在 40% 以上;任课教师中博士学位获得者须达到一定比例;教育硕士核心课程及重要必修课程的任课教师中,具有教学实践经验者的比例不低于 80%;有一支知识结构合理并能切实保证教育硕士培养质量的教师队伍,在教师教育及基础教育方面有较高的研究水平与能力。一位合格的教育硕士导师应该能够做到热爱研究生教育事业,应拥有较高的道德水平;能认真履行导师的职责,治学严谨,学风正派,身体健康;具有一定的学术水平和较好的教育理论素养。

部分培养高校为避免教育硕士导师选择中的盲目性,采取了系列有效措施。其中,浙江师范大学将导师的选择时间安排在教育硕士入学的第二个月,同时采取了如下措施增进师生的相互了解。一是将各位导师的基本情况全部挂在网上;二是将导师的自我介绍发至教育硕士手中;三是邀请具有教育硕士导师资格的教师与学生见面;四是给每个教育硕士导师选择志愿表,每个学生都有多次选择机会。导师不再仅仅是学生论文写作的指导者,也是学生人生发展、潜能发掘、专业成长的指导者,学生的学习不再局限于课堂，在导师的点拨引领下，学生很快就能进入无限发展的空间。在广州大学，该校聘用广州市普通中学和中等职业学校的高级职称教师为教育硕士兼职导师，占导师比例的 30%。

4.在职教育硕士培养方式

目前全国教育硕士培养院所的培养方式主要可分为三种类型：第一种为脱产一年在校集中学习，其余时间分散于在职学习。从教育规律和教学效果以及培养质量角度考虑，脱产一年在校集中学习是最为理想的培养方式。但由于教育硕士学员均为在岗教师，有的还是骨干教师，脱离学校一年参加学习的做法很多学校不能接受，所以培养单位不能普遍采用这种培养方式，采取这种方式的学校目前越来越少，各培养高校只是在论文提交等环节规定在校时间。比如西南大学规定在职硕士"学位论文工作期间，在校工作时间不少于三个月"，华东师范大学只是要求"累计在校学习时间不得少于半年"。这些无奈之举折射出当前在职教育硕士普遍存在的工学矛盾问题。

第二种类型为以寒暑假在校集中学习为主，其余时间分散于在职学习。利用寒暑假集中到校学习，平时不占用工作时间，这种方式受到学员所在学校和教育主管部门的欢迎，有效地减轻了学员报考的阻力。但这种方式的弊端也是显而易见的，为在有限时间内完成规定的教学时数，只能安排高密度的课程教学，学员的疲惫倦怠可想而知，教学效果自然受到影响。第三种为混合型培养方式，即一个学校并存两种以上培养方式，其中既有脱产一学年的，也有周末上课的，还有寒暑假学习的，等等。此种方式从学校层面上回避了非此即比的僵化，东北师范大学目前正开展这方面的探索。

5.在职教育硕士论文要求

1999年，全国教育硕士专业学位教育指导委员会在《关于教育硕士专业学位论文标准的规定》中对专业学位论文制订了具体标准，具体包括：

(1)论文选题应是对我国基础教育事业发展、改革与管理有一定价值的题目；

(2)论文必须做到理论联系实际。论文要运用现代教育基本理论和学科教学或教育管理的基本理论、基本观点，结合所学专业对基础教育改革与中小学教学、教育管理中的问题进行分析、研究并提出解决策略或方法；

(3)论文形式可以是基础教育学科教学或管理的专题研究，可以是高质量的调查研究报告，也可以是基础教育学科教学或管理的实验报告、典型诊断报告等；

(4)论文撰写必须在较扎实的专业理论基础之上进行，应广泛并有针对性地吸收国内外关于所研究题目的研究成果，参考文献一般不少于20篇；

(5)论文应做到体例结构规范，方法科学、合理，观点明确，阐述准确、清晰，并有一定的创造性。论文格式应符合文体要求。论文字数一般不少于1万字。

上述规定有效指导了各培养高校的论文评阅工作。华东师范大学教育管理方向在职教育硕士规定：论文选题应紧密联系我国基础教育管理的实际，研究解决中小学教育管理迫切需要解决的课题。论文形式可以是基础教育管理的专题研究，也可以是高质量的调查研究报告或中小学教育管理的典型诊断报告。对论文的评价着重于综合运用所学理论和知识解决中小学教育管理中实际问题的能力。论文评阅人和答辩委员会成员中，必须至少有一名在基础教育管理部门或中小学中具有高级专业技术职务的专家。北京师范大学等高校也做出了大致相似的规定。

（二）在职教育硕士培养存在的问题

1.社会对在职教育硕士认识存在偏差

在职教育硕士的培养对基础教育的发展具有重大意义。但是，社会、培养院校、基础教育机构及教育硕士个人等，对在职教育硕士培养的重要性认识不足，未能充分认识到教育硕士专业学位研究生教育的意义与作用。社会普遍对教育硕士专业学位存在偏见，认为教育硕士是"非正规军"，与教育学硕士有很大差距。培养院校将重点放在学术型学位研究生的培养上，将教育硕士作为一种单纯的在职学历补偿教育，未能与学术性学位同等对待，降低了培养的标准。中小学校在繁重的教学任务和升学压力下，对教师尤其是骨干教师报考教育硕士大多持消极态度，认为会影响正常的教学工作。教育硕士个人也未认识到自己所肩负的重要职责，只是盲目地以修满学分、拿到学位为目的。认识上的不足，直接影响到教育硕士的培养质量和教育硕士专业学位研究生教育的进一步发展。

各培养高校在人才培养目标的具体定位上存在着统一性有余而个性化不足的问题。我国长期的计划经济体制使得我国研究生教育长期实行高度集中统一的办学体制。各学校往往采用单一的培养目标、教学计划，整齐划一的培养目标造成了对学员个性的忽视，造成培养目标单一僵化，培养出的人才千人一面。另一方面，在办学资源有限的情况下，高校必然更加重视学术型研究生教育，把专业学位视为学术性学位的附庸，把教育学硕士的培养目标直接套到教育硕士的培养当中，表明教育硕士的培养目标忽视了教育硕士的个性化特征，培养出来的人才没有达到教育硕士的真正要求，各培养高校的特色也无法彰显。

2.在职教育硕士课程比例不尽合理

在职教育硕士的课程设置存在公共课程、教育学课程、专业理论课程和学科教育课程之间的比例不合理，课程的实用性和综合性不强，选修课和实践性课程开设较少，课程体系的前沿性和国际性不足等问题。在具体教学中重视基本理论与专业知识的传授，一味追求理论体系的完善性，而忽视了教育硕士的基础性、实践性、应用性等特殊性要求，缺少贴近中小学教学实际的教学研究方面的课程和讲座，缺乏实践指导类课程。具体课程开设上存在教育硕士与普通硕士课程设置雷同的现象，更有甚者将教育硕士与普通研究生课程合在一起，这样势必影响教育硕士的培养质量。这种现象的出现，主要与高等院校对教育硕士的培养目标、定位理解不准确,对教育硕士专业学位的特殊性认识不足有关。

有研究者通过统计教育硕士课程发现:对所有研究方向的教育硕士生来说,必修公共课的学时数占总学时数的65.9%,具体到某一研究方向的专业课时数却仅占总学时数的34.1%;对某一研究方向的硕士生来说,必修公共课的学时数所占总学时数的比例更是高达91.5%,而选修课时数只有7学时,仅占总学时数的8.5%。[1] 以福建师范大学教育硕士专业学位思想政治教育学科教学为例,我们可以看出学位课程包括马克思主义理论、外语、教育学原理、思想政治教育教学、教育心理学5门课程。这5门课程是教育类的研究生必须学习的基础知识。学位课程的课时数为312,占总课时数的43%,专业必修课也包括5门课程,它们都是思想政治教育学科教学的基础课程。课时数为120,占总课时数的比重为41%。而选修课程只有3门,学时为120,占总学时的16%。由此可见,我国目前教育硕士课程设置注重基础类、知识性课程,体现教育硕士学员个性和能动性的课程所占比重太小,从而造成了课程结构设置不合理,基础必修课程比重过大,选修类课程的比重偏小的情况。

3.导师队伍整体缺乏中小学实践经验

教育硕士指导教师大多是由学术型学位的导师衍生而来。目前,高校教育硕士指导教师队伍主要包括大学课程与教学论专业方向的研究生导师以及教育学其他专业方向的研究生导师,同时外聘了部分重点中小学具有高级专业技术职务的教师及基础教育管理专家等作为教育硕士的指导教师。从教育硕士指导教师队伍的构成可以发现,教育硕士指导教师的主体仍然由各培养单位学术型学位研究生的指导教师兼任,这部分教师具有学历层次高、学术能力强的优势,但是他们普遍存在对基础教育情况了解不够,缺乏从事教育硕士专业学位相关领域的实践背景。学术型教师一般研究理论性课题,对宏观研究、政策研究把握较好,而对实践性课题研究较少,对微观性及操作性问题的把握不到位。

由于受传统学术型硕士教育和指导方式的影响,指导教师习惯于用教育学硕士的培养方式来指导教育硕士,在教学方式上偏重于课堂教学和纯理论知识的传授,常常用学术型、研究型学位的质量标准来衡量专业学位教育质量,认为专业学位的学术水平不高,不屑于从事教育硕士专业学位教育,因此缺乏关注和了解基础教育、钻研专业学位教育特点的主动性和积极性。具体指导过程中偏向自己的专业特长,偏离学生的职业实践,案例教学和实践环节的指导能力不足,偏离了专业学位的职业性和实践性,违背了专业学位教育的宗旨,很难满足教育硕士专业学位教育的需要。[2] 尽管高校也聘请了部分从事基础教育的专家参与教育硕士的教学及培养工作,但由于教学经费、管理体制等方面

---

[1] 谢明.教育硕士培养模式初探[J].中国地质大学学报(社会科学版),2002(1):55—58.
[2] 杨启亮.扬长补短:教育硕士学位论文的指导[J].学位与研究生教育,2008(3):26—30.

的限制,在实施的过程中往往流于形式,没有达到预期的效果。

4.在职教育硕士工学矛盾比较突出

《教育硕士专业学位教育试行工作条例》规定:教育硕士修业年限为2~4年,其中到校脱产学习的时间不得少于1年,以集中精力完成课程学习。由于教育硕士培养的特殊性,引发出比较突出的工学矛盾。从培养院校来讲,根据课程要求,尽可能希望教育硕士有比较充裕的时间系统地进行课程学习。但高校因办学资源等的限制,又不愿意接纳教育硕士到校学习。从教育硕士原工作单位来讲,他们希望尽可能缩短脱产学习时间,以减小对学校工作的影响。从教育硕士本身来讲,一方面表现出强烈的学习欲望,认为只有脱产才能静下心进行学习,而且越学越想学,脱产时间长一些比较好;另一方面,由于原单位工作要求的压力,他们又不得不服从原单位的工作安排,在学习和工作这台天平上陷入难以取舍的两难境地。[①]

由于在职教育硕士工学矛盾的存在,培养院校通常采取如下安排。其一,严格按照课程要求安排课程学习,至于教育硕士能否参加,那是他个人的问题。这种强制性做法从道理上讲无可厚非,但从实际考虑,教育硕士能否参加课程学习,并不是完全由其自己所能决定的。其二,为了做到既保证课程学习时数,又缩短脱产学习时间,只有加大课时密度,把课程学习压缩在极短的期限内。这样做,必然影响到课程学习的质量。其三,把教育硕士要学习的课程,绝大部分都安排在寒暑假,基本上是函授培养模式。这样做不仅会把教育硕士的课程学习时间拉得很长,不符合"集中精力"完成课程学习的要求,同时还会影响学位论文的进行。另外,利用寒暑假进行课程学习,其效果和质量也无法与脱产学习相比,教师也无法在繁忙的学期工作后好好休息。

5.教学方式与教学设施更新滞后

教学方式上,理论教学方式占主导,案例教学没有有效推广。在目前的情况下,教育硕士专业学位的教学基本沿用学术型硕士的教学模式,"理论教学"仍然占有主要地位。这就出现了教学与教育一线的实践情况联系不紧密,课堂以讲授为主,满堂灌,师生互动较少、学生被动听课,教学方式不够生动活泼等问题。对于来自教学一线并且要回归教育一线的教育硕士学员,实践是他们的强项,能力的培养是更重要的目的,单纯的理论教学不能引起他们的共鸣。对于当前专业人才培养中备受青睐的案例教学,由于缺乏典型案例,班级规模较大,教师组织教学能力欠缺等因素,案例教学并没有得到推广。

现有中小学教学设施跟不上教育硕士培养的需要。在职教育硕士工读结合的特点决定了他们要以所在单位为主要工作地。尽管近年来中小学在教学硬件上建设较快,但是在校园网、图书资源、数据库等方面依然落后,无法为教育硕士在职期间的学习提供资源支撑。对培养高校而言,教育硕士专业学位的配套资源建设也比较滞后。以教材为

---

① 王克勤,盖立春.对教育硕士培养工作的反思及建议[J].中国高教研究,2004(8):38—40.

例,多数院校在教育硕士的培养上不仅课程相同,教材也相同。教材更多地关注理论的研究和概念原则的解释,缺乏中小学实践的研究。而且教材多是书面材料,很少有针对性的视听材料与生动鲜明的配套案例,使得教育硕士的理论学习与教学实践难以建立紧密联系,理论知识难以内化为教育教学技能和科研实践的能力。

6.管理和质量保证体系尚不健全

一是教学评估系统和评估机制不完善。我国目前没有建立起一套对教育硕士研究生教育进行有效的教学评估的体系。内部评估是评估的主要形式,评估主要靠培养单位自身。社会中介评估机构比较欠缺,唯一影响较大的是全国学位与研究生教育发展中心开展的评估活动,包括对申办教育硕士新授权高校和对已办教育硕士专业学位的高校进行的教育硕士教学合格评估。另外,我国教育硕士研究生教育缺乏有效的毕业研究生跟踪、调查和反馈机制。世界上教育硕士专业学位研究生教育比较发达的高校都有一个系统、完善的跟踪调查和反馈机制,来及时了解毕业的研究生的发展情况和市场对毕业生的需求,并根据这些信息来及时调整培养模式,以保证其培养的研究生适应社会需求,保证毕业生培养质量。

二是研究生的过程性质量评价比较薄弱。在职教育硕士的培养还延续着严进宽出的模式,培养院校对教育硕士教学质量的监控不是很严格。目前教育硕士的培养几乎是一试定终身的,只要通过入学考试,经过规定年限的学习、研究工作,论文答辩,一般都能获得学分,几乎没有被淘汰的。从我国研究生培养的整个过程看,对于研究生质量的评价就是要经过第一学年的课程考试、第二学年的中期考核和第三学年的论文答辩。但是在实际工作中,中期考核没有发挥应有成效,考核工作流于形式,在许多学校基本上形同虚设。在学位论文评价方面,对教育硕士质量的评价通常采用单一的学术型硕士研究生的标准,侧重理论研究能力,忽视发现和解决实际问题的能力,或者就是要求太低,没有一定的评价标准。这些考核手段都没有发挥应有的作用,教育硕士的基本质量得不到保证。

(三)在职教育硕士培养的改进设想

1.明确目标、宣传跟进,凝聚在职教育硕士重要性共识

在职教育硕士的培养目标是培养面向基础教育教学和管理工作需要的高层次应用型人才。专业性、职业性和实践性而非纯粹的学术性是教育硕士区别于教育学硕士的主要依据。教育硕士专业学位和教育学硕士学位作为两种完全不同类型的学位,只有特色的不同而不存在水平高低的差异。因此,不仅要从理论上充分认识到教育硕士的独特性,澄清对教育硕士目标定位的错误认识,制定不同于教育学硕士的培养方案,而且要在教育硕士培养的各个环节坚持教育硕士专业学位的目标定位,反对套用学术型教育学硕士的"学术本位"的标准来衡量教育硕士的质量,避免教育硕士的培养标准向教育学硕士培养标准趋同的现象,从而使教育硕士真正成为一种既具有硕士研究生水准,又具有独

自存在价值和意义的特色学位。

2.更新课程、系统规划,突出课程设置的专业性与实践性

教育硕士培养单位应参考全国教育硕士专业学位教育指导委员会制定的参考性培养方案,结合本单位的实际情况,对教育硕士课程设置进行调整和改革。一是要降低公共必修课在整个课程体系中的比重,降低公共英语的比例,提高专业英语的比重,加大专业类课程。二是增强课程体系的完整性和系统性,把课程设置置于整个社会、教育发展的大环境中,增加与中学学科教学有密切联系或相关的课程,根据基础教育管理、教学发展的需要,调整教育学科课程与学科专业课程的比例。三是加强实践教学,采取专题讲座、案例教学、课堂实录分析、教育实习和见习等多种形式的教学方式,充分发挥学员教育实践工作经验丰富的优势,在学习过程中强调理论学习与其基础教育教学、管理工作经验相结合,与教育改革和发展的实践相结合,促使学员主动发现和思考教育实践中的问题。[1]

3.案例教学、实践转化,增进教育硕士课程学习的有效性

案例教学法是指把案例作为一种教学工具,使学生有机会处于决策者的地位来解决问题的一种教学方法。其目的是训练学生的"实战"能力,包括准确地界定案例的问题、分析问题、找出各种备选方案、进行最后的决策。案例教学包括前期准备、案例分析、总结提高三个阶段。其中,准备环节包括内容准备(了解案例的事实、识别案例问题、确定教学目标、建议的学生作业、在课堂讨论中可以提的问题、关于案例的分析和评论等)、过程策略准备(从哪个地方切入、讨论的最佳顺序、讨论时长、过程引导)、提问名单准备。案例分析环节包括开场、确定问题、备选方案与决策、实施四个环节,最后则是总结提高。除了案例教学外,还有研讨教学、行动学习、自教自学等,在教学过程中贯彻"针对性、情趣性、有效性"三大原则,推广多种教学方式相结合的立体教学法。

4.注重遴选、强化考核,加强教育硕士导师队伍建设

一是要明确"双师型"教师定位,加大对"双师型"教师的培训。由于我国教育硕士的教师大多衍生于学术型学位的教师队伍,接受的是传统形式的教育,只重视理论知识的培养而忽视教育教学的实践性培养,当前应着力培养能够做到理论与实践相结合的"双师型"教师,定期邀请经验丰富的教育硕士导师交流指导研究生的经验,制定相应措施鼓励教育硕士指导教师深入中小学教学一线。二是拓宽教育硕士研究生导师的来源渠道,从中小学以及教育研究部门聘请特级或高级教师,吸收一批实践经验丰富、有一定学术水平或技术专长的专家学者作为兼职导师,逐步建立一支拥有丰富的一线教学经验的教育硕士兼职指导教师队伍。三是建立健全指导教师管理制度。要对教育硕士的指导教师定期考核,并与教育硕士招生和绩效评估挂钩。同时要分清校内外导师的权责,避免

---

[1] 陈至昂.职业教育模式创新与规范管理全书(上卷)[M].长春:吉林摄影出版社,2002:428.

造成权责混乱。

5.上下结合、政策跟进,解决在职教育硕士工学矛盾

解决在职教育硕士课程学习过程中的工学矛盾需要立体推进。一是要加大政策宣传,引导培养单位从基础教育发展大局出发,从提高本校师资水平的高度考虑,支持教育硕士的在职学习。二是对课程学习做出更加科学的安排,事先明确各门课程的学习进度、内容和考核要求,便于教育硕士统筹安排,既不要因为工作耽误学习,也不要因为学习而影响工作。三是探索与现有的教师继续教育学分政策挂钩。根据当前的中小学教师继续教育管理办法,教师必须在 5 年内完成总学时不低于 360 学时的继续教育,可以探索将教育硕士的课程学习与中小学教师继续教育培训相结合。四是利用网络资源开展远程教育。让在职教育硕士能在工作单位或家里通过网络学习部分课程,使课堂得以延伸、扩展和动态化,同时提供学科资源检索和导师团队的辅导服务。

6.抓好过程监控、绩效评估,构建内外部评价相结合的评价体系

构建内外部评价相结合的评价体系,一是围绕是否有利于和是否培养出了研究型实践者为根本标准,着力构建内外部评价相结合的评价体系,实施教师评估、社会评价以及学员自评等多种评价方式,将考评的重点放在考核学生理论学习水平和解决实际问题的能力上来。[①] 二是强化教育硕士中期考核与学位论文的质量考核。通过中期考核监控教育硕士基本专业知识和基本实践能力的掌握情况,切实发挥中期筛选对教育硕士质量监控的作用。在学位论文质量考核上,培养单位应从其理论性与实践性两方面进行把关,加强过程指导和论文规范要求。三是注重教育硕士质量反馈机制的建立,及时了解学员在学习过程中的意见,通过对毕业生的跟踪调查和用人单位的反馈信息,及时调整教育硕士培养方案。

---

① 温志广,温月振等.提高教育硕士培养质量初探[J].河北师范大学学报(教育科学版),2007(3).

第六章 教育硕士专业的课程与教学改革

1996年4月,国务院学位委员会通过决议设置教育硕士专业学位,并于1997年启动招收试点工作。教育硕士专业的设置是为了培养专门面向中小学教育的研究型专家教师,教育硕士专业人才的培养质量直接影响着我国基础教育的师资队伍建设。作为应用型研究生,教育硕士专业的培养重点在于具有应用教育理论知识和分析实际问题的能力,具有根据教育环境的变化设计切实可行的行动策略的能力,而这一切都必须通过具体的课程与教学改革来执行。① 因此,本章着重从教育硕士专业课程与教学改革的概况介绍、课程改革的内容以及教学改革的内容三个方面进行探讨。

---

① 王洪才.关于应用型研究生培养模式改革的实验报告[J].复旦教育论坛,2010(4).

第一节 教育硕士专业的课程与教学改革概况

伴随着中国高等教育逐渐进入大众化教育阶段,教育硕士专业教育的发展也面临着历史性的机遇和挑战。经过近二十年的发展,教育硕士专业教育虽然取得了丰硕成果,并为我国教育事业的发展培养了大批人才,但也暴露出许多问题和矛盾,我国基础教育综合改革也对教育硕士专业培养提出了新要求。"课程与教学是教育内容与方式的重要体现,它们在很大程度上决定着教育目的的实现程度,决定着教育质量的高低。"[1]教育硕士专业教育改革在当下的时代背景中迫在眉睫,其中,课程与教学改革是重点领域。

一、我国教育硕士专业的课程与教学改革背景

当前,我国正处于改革的新时期,社会综合改革不断深化为教育改革的持续推进奠定了坚实的基础,社会发展也对我国基础教育和高等教育提出了新要求。教育硕士专业课程与教学改革在社会改革及教育改革的双重背景下,面临着新的挑战和机遇。

(一)社会发展对教育硕士培养提出的新挑战

教育发展往往随着社会的变迁进行自身的变革与创新。[2] 21世纪是变革的时代,是经济快速发展的信息时代。正是由于社会的巨变,教育的发展也面临着诸多挑战。教育硕士专业教育在复杂的社会背景之中,固守传统或拒绝变革已然不行,唯有顺势而行,积极调整和变革。

第一,知识经济时代的来临。知识经济区别于农业经济和工业经济,是当今社会的一种新型经济状态。与传统的经济模式相比较,知识经济时代更加重视知识和信息的巨大作用,重视高科技的发展及智力经济的发展。知识经济时代的来临必然使当下拥有知识技能及创新精神的人才显得至关重要。面对知识经济的挑战,教育硕士专业教育正经历着理念、内容、形式与方法等诸多方面的改革,作为其核心的课程与教学变革更是重中之重,只有通过课程与教学的深化改革,才能培养适应于知识经济时代发展的教育专业人才。

---

[1] 靳玉乐.教育概论[M].重庆:重庆出版社,2006:153.
[2] 陈芬萍.课程与教学论新编[M].合肥:安徽大学出版社,2012:304.

第二,全球化的时代背景。全球化是以经济全球化为核心并包括多种层次、多种领域、多种概念之间相互联系、相互影响及制约的多元化时代。全球化时代的来临意味着人们不再是孤立的个体,人与人之间的联系和交往更加密切。基于此理解,教育多元化是教育硕士专业教育发展变革的重要内容,不仅能为研究生提供多元的课程内容、教学形式,同时还能让他们树立多元化的教育概念,建立终身学习的发展体系。

第三,信息化发展的冲击。信息化浪潮早已席卷全球,教育领域也不可避免。教育的发展越来越离不开信息通讯技术的支持,正是通过信息传播媒介,教育冲破了传统时空,有了新的发展模式。信息化发展迅速,使得学习者的学习方式发生了深刻变化,也改变了口耳相传的传统教学方式。信息时代背景下的教师角色,已然成为学生学习的引导者。如何指导研究生充分发挥主动性,如何最大限度地为研究生创设最佳学习环境等,是当下教育硕士专业课程与教学改革需要解决的重要问题。信息化挑战着传统的教育方式和领域,促进教育硕士培养体系努力创造一种新颖的课程与教学模式。

(二)我国中小学教师学历提升的迫切需要

教育硕士专业学位是指具有特定教育职业背景的专业性学位,主要是为了培养满足基础教育教学和管理工作需要的高层次教育专门人才。当下我国正在进行的新一轮基础教育课程改革对教师素质提出了更高、更新的要求,也对教育硕士培养提出了新的挑战。教育硕士专业教育无疑是提高中小学教师学历及素质的重要途径,一方面可以培养直接面向中小学的教育硕士专门人才,另一方面也可以给中小学在职教师提供进一步学习深造的机会。

相比发达国家,我国中小学校的教师学历普遍偏低,教师学历提升已迫在眉睫。提升教师的教育素养,转变教师传统的教育教学理念及教育教学方式,是落实基础教育课程改革理念、转变课堂教学模式的基本前提和根本保证。提高中小学教师的学历是提升教师教育素养的重要途径,也是促进教师完成课程改革背景下的角色转换及促进教师自身发展的必然要求。当前,我国对中小学教师学历的基本要求为小学教师专科化、中学教师本科化,特别鼓励中小学教师具有一定比例的研究生学历,以改善教师的学历结构,适应基础教育的发展。通过教育硕士培养,以高学历教师为龙头,引领基础教育改革,提升基础教育改革研究水平;结合教育硕士专业方向和受教育者的特征,打造专家型、学者型、榜样型的优秀教师队伍,促进中小学教师专业化发展。[①]

(三)我国现行教育硕士专业课程与教学体系存在的问题

其一,培养目标模糊。长期以来,教育硕士的培养目标到底是培养教育研究者还是

---

① 陈牛则,刘丽军.教育硕士教育质量监测及其改进策略[J].当代教育论坛,2012(5).

培养专家型教学人才或是两者兼顾，都广受争议。目标定位模糊一方面体现在教育硕士的导师对教育硕士的培养理解较为模糊，往往照搬学术硕士的培养模式，使其培养失去了针对性，影响了教育硕士的专业化质量；另一方面是教育硕士研究生对自身定位的认识不清，人云亦云或按部就班、得过且过，缺少明晰的目标使得他们一直处于被动学习、被动进步的状态。

其二，课程设置混乱。教育硕士专业的课程设置在其培养过程中起着尤为重要的作用。但是当前教育硕士专业的课程设置问题重重、矛盾突出。理论课程与实践课程的冲突明显，教育硕士培养计划更偏重于理论课程的学习，实践课程所占比例较少。而全面开展理论课程和实践课程，让研究生学习生活紧迫，为了完成学习任务与实践任务而疲于应付，反而影响了课程整体的培养效果。如何平衡理论课程与实践课程之间的恰当比例是当前教育硕士专业课程改革所面临的首要问题。总体而言，教育硕士专业课程设置中实践类课程偏少而理论课程偏多，在这些课程的教学中教师又主要通过讲授法呈现课程内容，导致研究生在课堂中习得的知识很难运用到具体教学实践中，仅仅成为获取学分及取得毕业资格的途径，影响了我国教育硕士培养的质量。

其三，教学方式单一。受我国传统高等教育模式的影响，教育硕士专业教学以班级授课制为主要组织形式，大都以教师课堂讲授为主，辅之以师生讨论。师生之间、生生之间充分交流沟通的局面尚未形成，使得研究生的学习变成了本科学习的延续，弱化了教育硕士的培养功能。教师讲学生听的传统教学方式影响了教育硕士的培养质量。教育硕士作为学者型教师的预备人才，应充分彰显其主体研究精神。

其四，师资力量有待调整。国务院学位委员会办公室、国家教委研究生工作办公室《关于开展教育硕士专业学位试点工作的通知》指出，教育硕士专业学位要聘请教育实际工作部门具有高级专业技术职务的专家参与研究生的培养工作。而就目前的情况来看，教育硕士专业研究生的指导教师往往是各高校已有的教师，多属于学术型导师，受工作条件和性质所限，其特点往往是重理论而轻实践，成为教育硕士专业指导教师师资力量发展的一大瓶颈。虽然从中小学遴选了一批实践指导教师，但由于中小学教研工作繁重，其指导作用的发挥空间仍有待拓展。如何尽快优化指导教师队伍，并挑选出可以切实促进教育硕士专业发展的优秀教师，是当下教育硕士专业课程与教学改革面临的一大问题。

（四）国外教育硕士专业课程与教学改革的启示

近年来，许多国家尤其是发达国家都大力进行高等教育改革，通过调整人才培养目标和模式来提高人才培养质量，以适应社会发展与教学变革的需要。例如，"美国教育硕士课程设置更加注重实效性，具有先进性，除注重核心课程外，突出实践环节也是其特色之一","注重实践课程是美国教育硕士课程设置的重要特征,也取得了相当好的效果"[1]。又比如,日本的"课程设置着眼于在学校现场培养教师的实践指导能力,突出了实践性与应用性的特点"[2]。此外,英国的"课程设置重在培养实践为本的研究能力,以及将理论方法应用于教育实践的能力"。[3] 纵观各国在教育硕士培养领域的改革及发展,给人们的主要启示如下。

一是将教育硕士专业改革作为提升综合国力及教育实力的战略措施。面对当前全球化及信息化的强大冲击,教育的战略地位日益凸显。培养什么样的人才以从根本上适应社会大变革,取决于教师的素质。教育硕士专业教育作为培养优秀专业型教师的主要途径,对于提高教师整体素养起着关键作用。重视教育硕士的培养,充实国家后备教师力量已是关系到教育质量持续提升的重大主题。各国的改革核心都是围绕调整培养目标展开,确保当前培养的教育硕士可以担当起国家未来基础教育发展的重任。[4] 因此,需要教育硕士具备优秀专家型教育人才的专业素质,实现学习发展方式的根本性变革,成为国家未来教育事业发展的重要力量。

二是实行课程编制、教学实施、评价一体化的整体性改革。在以往传统的教育改革中,通常重视与课程相关的改革,而忽略教学过程中相关要素的变革,而课程与教学的整体质量决定了基础教育改革的效果。世界各国的教育硕士专业改革都十分关注课程与教学的相关因素,并充分考虑教师的角色转换和评价方式的与时俱进。在教学改革中,特别注意教学评价的调整与优化,鼓励评价方式和评价主体的多元化,倡导建立关注目标、过程及学业成就的全面评价模式。在课程改革中,尤其重视课程内容的包容性与多元性,并在改革过程中凸显教育硕士生的主体地位,使得每一个研究生都可以确保自身潜力得到可持续发展。

三是确立培养教育硕士的个性化目标。教育硕士的培养并不是培育出专门的、单一的教育人才,而是培养高能力、高水平的专家型、学者型教师。世界各国的教育硕士专业改革纷纷把培养目标指向了以能力发展和个性发展为核心的硕士生全面个性化发展。一方面强调教育硕士专业知识与专业技能的积累,另一方面也注重研究生个性化特征的展现,使他们在已有的专业基础上充分展现个性化魅力。注重教育硕士研究生教育观、教育情感及教师道德修养的养成,并在此基础上注重教育硕士生的健康教育、艺术教育和公民教育等。

四是突出改革的时代性、综合性及现实性。各国在教育硕士专业改革中,一方面,充分考虑了教育硕士专业发展的现实背景及突出问题;另一方面,在改革过程中力求创新,

---

[1] 傅松涛等.中美教育硕士专业学位研究生教育比较研究[J].学位与研究生教育,2004(4).
[2] 高亚杰等.日本教育硕士专业学位教育的现状与特色[J].学位与研究生教育,2010(6).
[3] 周世厚.英国教育硕士专业学位教育:现状、特色与经验[J].学位与研究生教育,2009(9).
[4] 王战军.学位与研究生教育评估技术与实践[M].北京:高等教育出版社,2000:84.

突出改革的时代性特征。同时,对于教育硕士专业的改革也不能局限于教育的范畴之内,而要放眼整个国际背景,具备国际化视野,汲取最先进的精神与科技成果为改革所用,从而满足学生发展的多样化需求。在此基础上,既根据学科发展与学生发展的需求进行改革,还强调各个学科之间的相互联系,关注学科思想在当今社会发展中的重要作用。

二、我国教育硕士专业的课程与教学改革趋势

教育硕士专业教育改革在社会发展的潮流中,应根据自身特色及专业发展需要,顺应时代要求,把握改革的方向。基于教育硕士专业教育改革的社会大背景,教育硕士专业课程与教学改革呈现出国际化、多元化、应用化和综合化等发展趋势。

(一)课程与教学改革的国际化趋向

高等教育国际化是当前高等教育发展的潮流,教育硕士专业改革的国际化趋向尤为明显。改革的国际化一方面来源于知识交往的国际化,另一方面也由于教育沟通与交流的国际化趋向愈加明显。国际化对于教育硕士专业改革而言是基于当今国际化背景下顺应潮流的必然选择。

那么,国际化趋势在教育硕士专业的课程与教学改革中如何体现呢?教育硕士专业课程与教学改革的国际化趋向是在高等教育国际化的基础之上,综合教育硕士自身的专业特色及专业发展需要,促使办学理念、人才培养、管理体制、评价认定模式等方面充分吸收世界先进教育思想,加以创新优化。同时在教育硕士的培养过程中,进一步深化改革,提高其国际化水准。这里的国际化可用日本学者喜多春和元教授的三条衡量标准来解释:一是"通用性",能为他国、他民族所认可和接受;二是"交流性",能与他国进行平等交流;三是"开放性",能够充分地对外开放。[①] 基于此三条标准,教育硕士专业的课程与教学改革的国际化标准定为:一是要培养能够为国际所接受的教育硕士专业人才;二是教育硕士专业的课程与教学内容及方式可以同国外进行沟通交流,相互借鉴、相互吸收,加以创新最终达到最优状态;三是教育硕士专业的课程与教学改革要大胆借鉴国外优秀模式,不是机械地照搬照抄,而是针对实际情况吸收国外改革之所长,使改革少走弯路。

教育硕士专业课程与教学改革的国际化倾向,很大程度上离不开其国际化的教育理念及教育目标。知识无国界,人才的培养更要国际化,在思想意识上要使教育硕士具有国际化眼光、国际化思维,另一方面要培养教育硕士在国际市场的竞争力,通过课程与教学内容的大胆改革,使研究生充分具备在国际社会中工作的知识和技能。国际化的课程

[①] 杨小平.高等教育学[M].重庆:重庆出版社,2006:354.

与教学,其内容往往表现出国际化特征,在内容的设计及内容选择上使国内外研究生都可接受,一般有三种呈现方式:一是专门的国际课程;二是关注国际主题的课程;三是在已有课程中添加既具有国际先进性又适合本国国情的教学内容。[①] 教育硕士专业教学改革的国际化特征往往表现在其教学途径上,包括师生所进行的国际交流与学习,作为教育硕士专业改革国际化的一个核心部分,往往能直接推动教学、研究的国际化发展。

(二)课程与教学改革的多元化趋向

多元化在社会科学中是指不同民族、不同社会群体在一个共同文明体或共同的社会框架下,持续并自主地参与发展自有传统文化或利益。教育硕士专业课程与教学的多元化趋向取决于当今多元化的时代背景,其改革多元化包括培养目标、培养规格、课程结构、教学方式、经费来源、评价体系等多方面的多元化特征,其宗旨是构建教育硕士专业的多元化研究生学习培养体系。通过制定规章制度、监控教学过程、完善考试办法及评价模式的方式,形成评价多元、考试内容多元、管理方式多元等全方位、全程性的多元化培养系统。

培养方式的多元化:教育专业硕士不仅要培养适应社会需要的高级教育人才,同时也肩负着提高中小学教师专业水平的责任,不仅要传授知识,更要培养研究生的教育素质。21世纪以来,社会发展对于教育从业人员提出了更高层次的要求,教育硕士的培养要适应社会多元化、高水平的要求,培养多元化的教育人才。同时,相较于传统的培养方式,教育硕士人才的培养需要引进更多的新鲜血液,使培养目标多元化、培养规格多元化,只有兼顾多元,教育硕士专业的改革及发展才能更好地满足时代进步和教育发展的需要。

课程改革的多元化:课程改革的多元化趋势包括课程类型、课程内容、课程结构及课程评价的多元化。教育硕士专业的课程设置应打破传统的旧模式,凸显出多元化下的个性特征,立足中小学实践需要,满足学生的多元化需求。课程内容及评价也应大胆创新,内容上吸收各个流派的代表思想,采用多样的评价方式,充分体现教育硕士专业改革的多元化诉求。

教学改革的多元化:教学改革的多元化在我国21世纪初新课程改革时期体现得尤为明显,教学的多元化改革是基于传统教学模式单一僵化的特征而提出的。"教师讲,学生听"的教学方式已经无法满足教育发展的需求,落实"自主、合作、探究"的多元化教学方式迫在眉睫。[②] 教育硕士专业的培养中,教学问题尤为突出,千篇一律的教学方式无法胜任多元化的教育人才培养。教学观念的多元化即不仅要关注研究生的学习结果,更要

---

① 江彦桥,赵伟建,付克阳.高等学校教学质量保证体系的研究与实践[M].上海:上海外语教育出版社,2002:184.
② 唐玉光,房剑森.高等教育改革论[M].桂林:广西师范大学出版社,2002:63.

关注研究生本身、师生之间多样化的民主的关系等。同时倡导教育硕士专业教学组织形式的多元化,即改变单一的班级授课模式,开发多元的教学组织形式,可以由研究生组织课堂,也可由师生共同构建探索性的课堂等。此外,课堂不应局限于高校,更要深入中小学校。教育硕士专业课程与教学改革的多元化趋势不可避免,当下唯有大胆突破、精心组合、全方位考察社会背景及社会需求,构建多元化的课程结构及教学方式,才能真正实现培养时代所需的教育硕士专业人才这一目标。

(三)突出教育硕士的实践应用性

全日制教育硕士专业学位的培养导向决定了教育硕士专业的目标是培养应用型的中小学骨干教师,其培养主要围绕师生在中小学工作中容易遇到的实际问题来进行。相较于教育学硕士专业,教育硕士专业更加需要强调其实践应用性特征。当前,通过人们的不断探索,教育理论新成果不断涌现,但是如何将最新的理论成果应用于教育教学实践,是教育界持续关注的问题。教育理论与教育实践的距离仍然明显,教育硕士的实践应用性培养趋势已是教育发展的迫切需求。教育的进步依赖于教育理论的进步,但其最终立足点仍然是具体的学校教育实践。因此,教育硕士专业学位教育是教育理论与教育实践的桥梁,有利于更好地缩短教育理论与教育实践的差距,使教育理论更好地应用于实践,最终有效推动教育发展。

落实到课程与教学领域,教育硕士专业学位的应用性、实践性特征在客观上要求教育硕士专业研究生在具备良好的教育理论专业知识积累的基础之上,还要具有在中小学一线从事教育教学的能力。因此,教育硕士专业的课程设置应平衡理论课程与实践课程的关系,不能有所偏颇不能只重实践而忽略理论。课程改革应在丰富的理论课程开设基础上,鼓励研究生深入中小学校实践、实习,开发多种形式的实践课程,使研究生在实践课程中尝试将所学的教育理论知识、学科知识应用于教育教学工作,并不断调整完善,积累实践经验。同时,课程设置改革应关注教师职业素质的培养,使研究生拥有扎实的教学基本功,有良好的教育教学能力,能够担任相关的教学管理工作。纵观我国现有的教育硕士课程体系,其培养环节已经开始注重理论与实际教学情景的关联,以"双导师"为基础,学位论文的撰写也是源于教学实践,注重研究生的应用研究,体现出了教育专业硕士学位的实践应用性发展趋势。[①]

除了课程之外,教育硕士专业学位的教学改革工作也应体现其实践应用性特征。教育硕士专业研究生在应具备的良好职业道德基础之上,不仅要掌握教育教学理论知识及相关的学科知识,更要具备解决实际教育教学问题的能力。这就要求教育硕士专业的教学也应改变传统的理论知识的传授,更重视理论与实践相结合的案例教学。因此,教育

---

① 傅维利.教育硕士质量保证与培养资源供给[J].学位与研究生教育,2005(5).

硕士专业教学工作应在重视教师理论讲授的基础上,重视理论与实际相联系,倡导教师进行案例教学及行动学习,增加实践学习的机会,突出教学中的实践应用性特征。例如,案例教学法作为教育硕士教学方式改革发展的新趋势,是在掌握理论知识的基础上,将理论知识与具体案例情境相结合,对研究生进行综合教育实践能力训练的教学法。同时,案例教学法也是师生共同探索研究的新型教学模式,师生共同参与,研究生作为主导。教师通过实际教学情境的描述,呈现情境中师生的行为,抛出问题,引发研究生的思考,提高研究生分析、解决教育教学问题的能力。实践学习也是基于研究生教育实践中遇到的问题,探索解决问题的办法。案例教学与研究生实践学习相结合,更好地彰显出教育硕士专业培养的实践应用性特征与趋势。

从世界范围来看,各国教育硕士的培养都注重教师专业发展的实践应用能力,注重培养研究型的教育实践者。结合我国的实际情况来看,增加实践类课程,以实践课程促进专业发展,不仅是适应世界潮流的大趋势,也是当今社会对教育硕士培养的必然要求。

(四)培养综合型教育硕士人才

2009年,国家颁布的《全日制教育硕士专业学位研究生指导性培养方案》明确指出了"培养掌握现代教育理论、具有较强的教育教学实践和研究能力的高素质的中小学教师"。从中可知,教育硕士专业人才的培养规格着重强调了研究生立足实践能力基础之上的综合素养。当今社会的飞速发展对教师的角色提出了更高的要求和更大的挑战,仅仅作为一名优秀的"教书匠"已经不够,我们鼓励更多的优秀教师成长为专家型教师、学者型教师,寓教于研、以研助教,持续提炼自身多年的教育实践经验,提出针对现实教育问题的行动研究理论体系,结合教育理论整合、优化自身的教学实践。因此,在教育硕士专业人才的培养中,要以培养综合性的教育硕士为目标。

教育硕士的综合性趋势体现在教育理论知识及学科理论知识的综合,培养具有深厚的教育理论知识及丰富的学科专业知识基础的教育硕士人才。现有教育硕士专业学位课程设置很大程度上体现了这种综合性特征,但是相较于其综合型人才的培养目标,其综合性还有待进一步增强。以国内某著名大学教育学部小学教育专业的课程开设为例,该专业开设了"课程与教学论""教育学原理""教育研究方法""教育测量与评价""青少年心理发展与教育"等教育基础课程,也开设了"教学设计与案例分析""小学语文课程标准及案例分析""小学数学课程标准及案例分析""小学优秀教师专业发展案例赏析""校本课程开发"等相关的专业课程,其综合性已有所体现,但仍缺乏更多的学科教学的知识背景,以及教师专业能力培养与拓展的课程。对于教育硕士专业研究生的培养,既要培养其教科研能力,还要培养其具备系统的学科知识,掌握相应的教学方法并会运用,只有这样才能自觉、有效地将最新教育发展理念落实到教育硕士专业培养的教育教学实践中去。①

教育硕士专业改革综合性趋势的另一特征是培养出的研究生必须具有较强的研究能力,综合性的具体表现为最终培养研究型教师。尽管教育学硕士与教育硕士都具有研究性特征,但侧重的方面不同。全日制教育硕士专业学位教育既是学位教育也是学历教育,不同于全日制教育学学术型硕士和在职教育硕士专业学位,其招生对象面向的是应届本科毕业生,基本没有职业教学经验。培养目标是将他们培养成具有扎实的教育教学知识及深厚的学科专业知识,有系统的知识体系,以及具有教育研究知识,懂得如何将教育领域最新的教育教学理念应用到实际教学的研究型中小学教师。其研究性主要体现在关注学习者思辨能力和理论研究能力的培养以及学习者在实际教学工作中发现、分析和解决问题的能力,并找到解决实际教育问题的方法策略。基于对教育硕士专业学位研究生特点的分析,全日制教育硕士专业学位研究生是集理论、研究和实践能力于一身的专门人才。他们不仅要具备全日制教育学硕士所需要的科研能力(主要是应用研究);同时还要具备基本的教育理论知识和基本的学科教学实践能力,突出教育硕士专业培养的综合性特征。

---

① 杨颉,陈学飞.研究生教育质量:内涵与探索[M].上海:上海交通大学出版社,2007:209.

第二节 教育硕士专业的课程改革

教育硕士专业改革是当下教育界关注的热点,教育硕士专业人才培养质量直接关系到我国基础教育的发展。"任何教育过程都涉及知识、技能、能力、态度与情感等方面的因素,即都涉及'教什么'的问题。从这个意义上说,课程的问题是教育上的一个永恒的课题。"[①]教育硕士专业课程设置是开展教育教学活动的依据,课程改革应趋向于教育硕士本身的应用性特征,优化课程体系以更好地保障教育硕士专业研究生培养质量。

一、教育硕士专业课程改革的标准

基于教育硕士专业学位教育自身的属性特征,教育硕士专业课程改革要符合教育硕士专业的发展特点,并且要满足该专业良好发展的需求。课程改革不仅要进一步加强对教育硕士研究生专业知识能力的提升,同时也要注意对他们实践能力的培养,即课程改革既要强调基本知识的获得,也要关注基本教育技能的获得,并在此基础上注重研究生在学习过程中的心灵成长与精神收获,将他们的研究能力与实践能力结合起来,帮助研究生在专业学位学习的过程中,形成良好的教育理念,获得扎实的教育知识与能力,提升其综合素质、促进其人格的良好发展,最终培养符合时代教育发展要求的综合型教育实践人才。

(一)课程改革要结合教育硕士的理论性与实践性

理论与实践是密不可分、辩证统一的关系,教育硕士专业课程改革不应仅仅停留在理论层面的变革,而应兼顾理论与实践两方面的内容,以及彼此之间的相互作用关系。理论来源于实践,并且需要在实践过程中进一步检验、完善。而"传统教育理论将许多教育问题概念化,因而产生了教育理论与教育实践的隔离"[②]。在教育教学过程中,由于受传统教育理念的影响,理论与实践脱节的现象仍很普遍。改革的目标是为了推陈出新,促进教育硕士专业更好地发展。课程设置是教育硕士专业发展的基础性问题,在改革的过程中应摒弃传统的课程观念,依照科学的理念进行革新。一方面,教育硕士专业研

---

① 施良方.课程理论:课程的基础、原理与问题[M].北京:教育科学出版社,1996:2.
② 贺祖斌等.教师教育:从自为走向自觉[M].桂林:广西师范大学出版社,2007.

生应该逐渐掌握理论知识应用于解决实际教育教学问题的能力；另一方面，教育硕士专业学位的培养目标也要求课程设置要将理论性与实践性相统一。在教育实践过程中，教师的理论基础与实践能力往往密不可分、相互补充、相互促进。

教育硕士专业课程改革将理论与实践有机结合，促进理论知识与专门实践技能的相互转化。全日制教育硕士专业课程改革，要体现其专业的理论知识基础内容，同时结合教育背景、地区及学校的教育现状、研究生的实际情况，将理论与实践充分结合，为他们提供可以实践的机会，从而获得生动、丰富的教育体验。全日制教育硕士的课程设置相对较为广泛，其研究生群体大多缺乏实际教育教学的经验。因此，课程改革要突出的实践性特征是基于实际的，这里的实际是指教育相关现状，相较于研究生亲身经历的实际，它具有广泛性、普遍性的特征，可以是案例也可以是思考，是研究生今后教育工作中可能会遇到的现实状况。研究生在学习中往往会有实习的经历，可以实际性地将理论应用于教育实践，提升自身的教育能力。① 因此，课程设置应充分关注实践课程的设置，课程内容要充分体现实践问题，课程实施方式也要促进研究生实践能力的发展，采用多种方法将他们学习的理论知识与实际教育情境相结合。

(二)课程改革要突出统一性与多样性

教育硕士专业教育既有一般硕士教育培养的共性，又具有其作为培养教育实践专门人才的特殊性。教育硕士专业的课程改革也要兼顾其统一性和多样性特征。课程设置既要符合国家对于教育硕士培养的基本要求，又要充分发挥各地区、各院校的主观能动性，尤其是特色优势，促进课程开发多元化，在与时俱进的同时满足研究生的多样化需求。具体而言，统一设置和安排课程在培养过程中是必不可少的，可以更好地保障人才培养的质量，完成学校教育目标，保障培养的标准。其统一性体现在课程计划、课程设置等各个方面。教育硕士专业教育应充分结合国家教育发展战略目标及当下教育教学改革现状，制定出符合时代发展需求的具有共性的课程体系，保证全国范围内教育硕士培养的质量规格。统一的课程设置体系在一定程度上可以确保教育质量，但其自身僵化封闭的特征又往往会落后于时代，使教育硕士的培养表现出滞后性。因此，这就需要教育硕士专业课程改革在其统一性的基础之上，追求多样化特征，突破传统课程体系的桎梏。

教育硕士专业课程改革的大部分功能体现在促进专业课程的多样化发展上。长期固定的、完全一致的、封闭的课程体系，难免会阻碍教育的发展。② 教育发展也需要不同的人才，教育对人才的质量要求也并不是一成不变的。课程改革致力于培养出不同风格、不同特长的教育专门人才，使研究生充分发挥自身的潜力。这就要求课程体系的建

---

① 徐丽.全日制教育硕士培养模式研究——以S大学为例[D].沈阳:沈阳师范大学硕士学位论文,2013:23.
② 杨君.全日制教育硕士专业学位课程设置研究[D].重庆:西南大学硕士学位论文,2013:16.

立走出完全统一的怪圈,走向多样化。课程体系开发可以在规定统一的培养目标之后,进行多样化的课程安排,确保研究生接受必需的理论知识与实践能力的训练。同时可以采用多样化的实习实践方式,鼓励多种社团组织及假期活动,拓宽他们的知识面,为不同研究生提供可供选择的知识与实践活动,促进研究生多样化发展。因此,教育硕士专业课程改革务必要兼顾统一性及多样性的原则,培养优秀又各具特色的教育实践人才。

(三)课程改革要整合教育硕士专业的学科性、专业性与通识性

教育硕士专业教育是综合性的教育,体现了学科性、专业性与通识性的专业特征。教育硕士培养的基本任务就是为研究生提供其必需的学科知识、教育专业理论及基本技能。如何恰当处理三者的相互关系,是教育硕士专业改革需要关注的问题。教育硕士专业的课程改革不是盲目笼统的,要具有其独特的专业特色,并符合专业发展的根本需求;整合学科性、专业性与通识性特征,使教育硕士专业课程体系具有鲜明的特色,并基于此特征,更好地培养中小学教师的综合素养。

首先,全日制教育硕士的课程改革要充分体现其学科性,让研究生具备相应的学科知识,这是他们进一步发展自身教育教学能力的基础。其次,全日制教育硕士专业课程改革的专业性,是指研究生未来要发展为职业教师,秉持着专业性要求,不仅要具有深厚的教育理论知识积累,还要有能将知识合理、规范地传授给学生的能力,即"教书育人"的能力。教育专业硕士研究生要掌握丰富的教育学、心理学知识,具备教师职业技能、教师职业道德等。最后,作为优秀的中小学教师,教育硕士丰富的文化素养是必备的,即所谓的"通识性"知识。中小学阶段对于教师的知识深度没有过高要求,但迫切需要教师广博的知识背景,以使学习丰富多彩,促进学生的身心全面和谐发展。

总而言之,教育硕士专业的课程改革具有较强的综合性特征,要充分整合教育硕士专业的学科性、专业性及通识性特征,突出综合性的改革趋向。能做到文理并重,教育理论知识与学科理论知识兼顾,理论知识与教育教学能力并重,能力与道德兼得,使研究生发展成为一专多能型人才,既能成就专业教育,又能独具特色。

二、教育硕士专业课程改革的内容

教育硕士专业的课程改革是一项复杂的系统工程,表现在课程体系的各个方面。课程体系包含了课程目标、课程设置、课程内容和课程评价等相关内容。课程改革要针对各部分之间的问题进行分析、梳理,也要更好地协调各个部分之间的关系,进而优化教育硕士专业课程体系。

(一)调整课程目标,培养研究型教育实践者

教育硕士专业课程设置的目标应该是更好地培养研究型教育实践者。因此,我们提倡教育硕士不是"教书匠",而是研究型的实践者,真正实现由"'教书匠'向'研究型''专家型'与'学者型'的教师转变"①。研究型教育实践者,一方面要突出基础教育研究者的姿态,另一方面又不同于传统教育研究者的重理论思辨。作为教育实践一线的教育研究人员,他们立足教育教学实践,注重行动研究、经验提升,突出特色与优势。教育硕士专业培养的中小学教师作为研究型实践者,应该善于在教育实践过程中发现、探索教学问题,开展教学案例分析,通过实际问题的解决,或生成全新的教育理念,或形成有效的操作策略,从教育发展中微观的切入点进行研究开拓,夯实教育发展的基础,弥补教育发展的不足。同时,研究型实践者要有相应的教育教学能力,在实践过程中将理论知识应用于解决教学管理问题中,力争将理论与实践紧密结合。因此,教育硕士专业课程的开设,既要重视对研究生研究能力的培养,也要注重其专业实践能力的养成,二者紧密结合,才能更好地培养专门的研究型教育实践人员。

教育硕士专业课程改革要体现出培养中小学教师的"专家性""临床性""创造性"特征。② 其一,"专家性"是指教育硕士专业的研究生通过理论学习和实践探索之后,渐渐成为某一学科的教育专家。他们在教学实践中可以将自己的理论知识转化为促进中小学生发展的助力,并且可以改进学生的学习策略、提升学生的学习能力,深入研究某一学科的教学问题并有自己独到的见解,在"教、学、做"中成长为学科教育专家。其二,"临床性"是指教育硕士专业研究生作为教学的执行者和研究者,在"临床"即实际教学过程中能与学生共同解决难题,有效地引导学生学习,同时可以独立研究教学中的问题,快速提升自己的教学能力,从而实现"教学相长"。教育硕士专业研究生通过教学实践探索,能够有效解决教育教学问题,这就是"临床性"最主要的体现。其三,"创造性"是在"专家性""临床性"的基础之上的进一步深化。教育硕士专业研究生的能力进一步提升,并产出具有创造性和独特性的成果。从这个层面来看,创造性特点是对研究型实践者提出的更高层次的要求与升华。

综上所述,课程目标改革应该注重培养研究能力与实践能力相结合的中小学优秀师资,但最终的落脚点仍然是培养一名实践者。这一定位相对于主流的课程目标更加具体化。例如,北京师范大学公布了该校教育管理专业硕士培养目标,具体如下。

---

① 宁虹,刘秀江.教师成为研究者——教师专业化发展的一个重要趋势[J].教育研究,2000(7).
② 母小勇,谢安邦.论教育硕士专业的课程目标和取向[J].教育研究,2002(1).

北京师范大学教育管理硕士培养目标与基本规格①

培养具有现代教育观念、较高理论素养与实践能力、高水平的基础教育管理人员。基本规格如下:

1.掌握马克思列宁主义、毛泽东思想和邓小平理论,能正确理解并执行党和国家的方针、政策,忠诚党的教育事业,有为国家富强而奋斗的理想和为人民服务的精神,勇于创新,有高尚的道德品质和文化素养。

2.掌握比较宽厚的现代教育管理理论,掌握现代中小学管理基本技术和方法。

3.有较强的实际工作能力,包括制定学校发展规划的能力,日常工作决策、组织、指挥的能力,组织教育教学科研的能力,动员和团结师生员工的能力。

4.能够比较熟练地阅读本专业的外文资料。

5.身心健康。

(二)优化课程设置体系,确保多元化与切实性

1.课程设置以突出实践性课程为导向

在教育硕士专业研究生培养中,为了培养研究型的教育实践者,其课程设置应突出实践类课程,与基础教育的实际紧密结合,促进教育硕士研究生的专业化发展。而此处的实践课程内涵不是单一的,不仅仅包括那些直接体现实践性的课程,例如传统的学科教学法、现代教育技术、实践指导类课程等,也应该包括那些促进研究生实践能力发展的课程,例如教育研究方法及其运用技巧、教学设计等。这些课程虽然不是直面实践,但是应该倡导这些隐性的实践课程与教育实践相结合,碰撞出智慧的火花。在大力开展传统实践课程的基础之上,扩大实践课程的内涵和外延,使教育硕士专业的课程设置全方位体现其实践性特征,为培养实践性、研究性、专业性的教育人才服务。倡导以促进研究生专业发展为宗旨的实践类课程作为教育硕士课程改革的主要导向,是当今社会发展和教育改革的必然要求。需要说明的是,本章所强调的以促进研究生专业发展为宗旨的实践课程并不是忽视理论知识的学习,而是在课程设置的导向上对实践类课程的开设有所偏重,进一步将理论知识的学习应用到教育教学的实践中,深化研究生对理论知识的理解与内化。

教育的本质是实践,这就决定了教师具备了相关的教育理念后,还需要将这些理论应用于实践活动。②纵观我国当前的教师职前培养模式,"重理论、轻实践"的现象仍然存在。因此,教育硕士专业课程改革就务必凸显实践课程的价值和地位,以一系列教育实践课程为基本单元、以发展研究生的教学实践智慧为任务。"教师实践智慧就是指教师对教育合理性的追求,对当下教育情景的感知、辨别与顿悟以及对教育道德品性的彰

---

① http://fe.bnu.edu.cn/upload_dir/1/editor/20101210/20101210152049411.doc
② 金铃.教育硕士培养的问题与对策研究:以湖南师范大学教育科学学院为例[D].长沙:湖南师范大学硕士学位论文,2012:21.

显。"①教育硕士研究生在未来的教育工作中会遇到各种问题,需要运用自身的教学实践智慧加以解决。而教育硕士专业实践课程的开设,其目的就是要通过让研究生学习教育实践经验,进一步提升其理论向实践转化的行动能力,形成实践性的知识体系,持续提高自身的教育教学实践能力。实践课程的开设是将研究生培养成研究型教育实践者的必要保障,能够进一步促进我国基础教育改革的深化。

2.构建课程设置模块

基于教育硕士专业的职业应用特征,实践课程的开设不应以学科为中心,而应充分满足教育教学实践的需求,体现出鲜明的应用性、实践性、针对性等特征。可以通过设置课程模块优化课程结构,课程模块相较于其他课程设置方式具有明显特点:第一,每个模块相对独立;第二,模块的内容依据职业岗位实际需要确定;第三,围绕职业技能和能力培养组织课程内容;第四,每个模块尽量精简,提高针对性;第五,模块之间可以灵活组合,在课程设置中可以灵活地根据学生需要及专业发展现状将课程模块挑选组合,从而使课程内容与时俱进。②

教育硕士专业的课程模块可以大致分为学位公共课程模块、专业必修课程模块以及专业选修课程模块等。具体而言:第一,学位公共课程模块,应按照硕士研究生课程设置统一原则,开设政治、英语两类学位公共课程。政治类课程旨在提高研究生的思想道德素质及其思辨能力,英语课程可在基础英语的基础之上,酌情开展教育专业英语的学习,为研究生的深造学习、拓宽视野、查找资料打下基础。第二,专业必修课程模块,应按照研究生各个专业发展阶段的不同需求,设置不同层次的课程。一方面要有助于教育硕士专业研究生实现理论与实践的结合运用,另一方面要促进教育硕士专业课程与教学的改革及发展。同时,课程设置应充分体现教育硕士专业的应用性、实践性特征。例如,可根据时代发展需要增设多媒体教学、微课教学、云课程知识等,提高研究生与时俱进的信息技术操作能力。第三,专业选修课程模块,应遵循实践性的课程特征,以培养研究生教育教学的专业能力为目标。把握中小学教育科学研究的新趋势,打破学科之间的界限,促进专业教育硕士的课程内容综合化。模块内各课程之间有效融合,进一步拓宽研究生的视野、积累深厚的文化知识背景,为其专业发展提供多种可能。课程可开设相关人文社科类课程,如文学、社会学、美学、科学知识等内容。专业选修课程模块的开设可以更好地促进教育硕士专业课程的实践性和弹性化发展趋势,进一步丰富研究生专业能力发展的多样性。其主要目的是为了使研究生将专业与特长相结合,充分发挥个人潜能,从而取得可持续的进步与发展。

---

① 邓友超,李小红.论教师实践智慧[J].教育研究,2003(9).
② 陈至昂.职业教育模式创新与规范管理全书(上卷)[M].长春:吉林摄影出版社,2002:428.

3. 丰富选修课程模块

其一，根据前面所谈到的选修课程模块可知，该模块是促进研究生全面发展的有利途径。教育硕士专业课程改革应充分体现课程开设的全面性、多样性，选修课程的增加是改革的必然需求。必修课是主要培养研究生必备知识技能的基础性课程，选修课则是为满足不同研究生学习兴趣及全面发展而开设，旨在结合研究生的兴趣点，培养其个性化发展和全面发展。教育硕士专业研究生培养现行的课程内容仍是以必修课程为主，研究生被动地接受学校安排好的学习范式，可以自由选择的课程比例较少。这种情况已经影响到了研究生学习的积极主动性以及其自由全面发展的权利，进而也影响了教育硕士专业的人才培养质量。课程改革不能忽略研究生的自主选择权利，而应深刻思考反省，相较于旧有的课程系统，改革之后的课程设置能给研究生带来哪些更大、更多、更新的收获。

其二，教育硕士专业课程改革基于综合性、多元化发展特征，必须通过精简必修课程模块、丰富选修课程模块来实现研究生多样化的发展。[①] 课程设置改革将理论课程与实践课程融合起来，从而减少必修课的课时，并开发多样化的选修课模块体系，赋予研究生自由选择的权利，增加选修课时。选修课程的开发可以以地区或高校为主体，结合高校的具体情况，扩展选修课的领域及种类，并注意增强选修课的教育功能。各高校也可在已有的选修课程基础之上，进一步优化整合，结合实际教学情况、师资力量及研究生的反应，科学客观地增加选修课程的比例，并落实到实际课程实施中去，有效促进每位教育硕士的个性化发展和全面发展。

4. 开发多样化的实践课程

教育硕士专业课程改革应着重突出其实践类课程，这是由当前教育硕士培养的现状及问题所决定的，而这一要求只有基于多样化的实践课程才能实现。当前我国在全日制教育硕士专业课程设置中，大都只是简单规定其所占学分，并建议采用多种教学形式进行实践活动，诸如教育见习、实习、微格教学、案例学习、教育调研等形式，并规定了教育实践课程的学习时间不应少于半年。但这只是对实践类课程的大致要求，在具体的操作过程中难免会有很多问题，诸如实践活动形式化或过于单调传统，难以与时俱进满足教育的需要。教育硕士专业课程改革就需要在国家对实践课程的相关规定基础上，进一步丰富教育实践课程内容，开发多样化的实践课程。在课程的具体实施中，高校可以根据自身的现实条件以及研究生的素质与特点，在开发多样化的实践课程基础上，充分整合校内、校外资源，推进实践课程的校本化实施，为教育硕士专业研究生提供多样化的实践机会。

---

① 姚利民.高校教学现状调查分析[J].高教探索，2007(5).

实践课程的开发要遵循多元化的教育理念，追求一种开放性的课程价值观念，对课程资源进行充分的利用、整合及优化。诸如高校可以事先与中小学沟通协商，鼓励教育硕士专业研究生自由地选择实践课程的具体形式，参加集体备课、课堂教学实践，或参与学校的管理工作，或参与本校教研，或参加说课比赛等。高校应联合中小学校鼓励研究生根据自身兴趣特长进行多样化的尝试，给研究生提供多样性的实习机会，这也是对实践课程多样化发展的一大助力。各学校在进行多样化的课程开发中，也可基于现实，着重培育2~3个成熟的品牌性实践课程，进行科学严格的指导评价，使研究生的教育教学能力更好地得到锻炼提升。[①] 通过多样化的实践课程体系，不断培养研究生的综合实践能力，并对他们做出及时的、全面的反馈，从而提升实践效果。同时也应注意，实践课程的安排也不要过于集中，避免研究生的实践经验积累与理论知识学习脱节，建议将实践课程分布在各个学期中，让研究生学有所得，促进"理论—实践—理论—实践……"的良性循环。

（三）整合课程内容，突出应用性特征

教育硕士专业课程改革应充分考虑课程内容的整合优化，以更好地构建研究生的理论知识系统，提高研究生解决实际教育问题的能力。课程内容整合包含着多样化的内容系统整合，专业课与实践课之间的整合及其各自内部要素的整合，选修课与必修课之间的整合及各自内部板块的整合，通过深入的课程内容调整和优化，探索出由系统化的研究型课程及多样化的实践型课程共同构建的、全新的课程内容体系。课程内容的设置要充分关注课程之间的联系，将专业理论知识与学科背景知识有机统一，将学科与相关教育研究紧密结合，在传统的课程内容基础上，增设广域课程、融合课程，突破现有的学科纵深发展的教育硕士专业课程设置模式。在课程内容中增加默会知识，让研究生通过自主学习活动获取知识，丰富他们自主建构知识体系的体验。对于教育硕士研究生的培养不仅应关注其显性的、普遍性的知识储备，也要关注研究生个体教育智慧的生成。教育硕士专业教育改革，应充分唤醒学习者，激发研究生的主体性、自觉性，建立研究生与知识间的关联，促进研究生意义学习的发生，实现教育硕士培养的"转识为智"。同时，教育硕士专业研究生的培养要具有针对性，面向具体领域，建立合理的课程体系，灵活增删课程内容。课程设置除了遵循一般的教育学规律外，还要针对中小学校教育这一特殊领域进行合理设课。课程设置要满足培养应用型人才的需要，又要体现课程内容的宽广性、新颖性、先进性和综合性，使教育硕士专业研究生具有扎实的文化素养与合理的知识结构。

教育硕士专业研究生要求知识、能力与素质并重，使他们最终成长为研究型、智能型、实践型教育专门人才。研究生在具有一定的教研能力的基础上，应进一步培养创造性思维，提高自身教育实践能力的应用水平。这就要求课程内容的改革要及时更新知

[①] 陈敏.中国院校研究案例（第二辑）[M].武汉：华中科技大学出版社，2010：90.

识,反映学科发展和学校实践的最新内容,突出教育学领域的新理论、新知识和新方法等,紧跟基础教育的发展方向,增强内容的时代性、应用性。课程内容的选择要注重指导和帮助研究生提高分析问题、解决问题的能力,践行启发式教学,调动研究生学习的兴趣、主动性和能动性,促使他们将已学的新理论、新方法迅速有效地应用到实践中去。

总体来说,教育硕士专业课程体系改革既要考虑教育领域的最新发展成果,又要充分考虑研究生的发展需要;既要按照国家的相关培养规定落实,又要充分发挥培养单位的能动性,尽可能地建立更科学、更完备的课程设置系统;课程内容要兼顾其专业理论性与应用实践性特征,同时不断更新保持新颖性,使之更好地为培养目标服务。

(四)构建内部、外部评价相结合的课程评价体系

课程评价是指对课程计划、课程目标、教材在改进学生学习方面的价值加以判断的活动或过程,包括对课程目标体系的评价、对课程计划的评价、对课程标准的评价以及对教材的评价等核心内容。简单而言,"课程评价是以具体的课程为对象,以判断课程的价值及功能为目的的实践活动。"[1]教育硕士专业课程改革中,在进行一系列的课程内容改革的基础上,应进一步革新课程评价体系,构建内部评价与外部评价相结合的新型评价模式。[2] 其中内部评价就是教育硕士专业研究生的培养单位基于基础教育课程改革的相关理念,经过的长期的、多种方式的自我反省、自我评价,即课程实施过程中进行的评价活动;外部评价则主要是社会及教育专业团体等外在力量对课程的监督评价。只有将外部评价与内部评价紧密结合,才能更好地突出课程评价体系的科学性、民主性,进而有效保证教育硕士专业课程实施的质量。构建新型的课程评价体系,需要充分调动学校及社会上的一切有利资源,进行充分的考察、调研,基于学校现状,给出客观公正的评价建议,进一步监督、提高教育硕士专业课程实施的质量。

就当前我国教育硕士专业学位教育的发展现状来看,其课程的评价往往存在形式单一化(以课程论文为主)、标准模糊化(任课教师缺乏清晰的评判标准)、外部评价缺少专业性等有待完善之处。只有构建完整的将内部评价、外部评价相结合的民主型评价体系,才能使对教育硕士人才的考核做到公正、客观。其中评价标准的确立是创建评价体系的前提。而针对教育硕士专业课程的评价,应立足于其本身独有的特点,即专业性、多元化的特征。评价目标应根据我国对于教育硕士专业的培养目标而设立,以是否达到国家培养目标作为评价的根本依据。教育硕士专业的课程目标是为了更好地培养研究型的教育实践人才,其课程实施的内外部评价都应将重点聚焦于课程是否有利于研究型教育实践人才的培养这一主旨。

---

[1] 林智中,马云鹏.课程评价模式及对课程改革的启示[J].教育研究,1997(9).
[2] 韩映雄.高等教育质量研究——基于利益关系人的分析[M].上海:上海科技教育出版社,2003:308.

有了评价的标准,仍需要丰富内、外部评价体系的相关内容。在课程内部评价方面,培养单位应在关注教育硕士培养质量的基础上,关注课程的实施过程是否科学规范,严格把关教师的课程操作行为,建立由教师、学校、社会及研究生共同组成的民主型评价体系。在外部评价方面,国家教育专业部门在加强对教育硕士专业培养质量的监控的同时,关注教育硕士培养课程的科学性与系统性,以及建立激励机制,促进社会相关教育团体参与评价,参考国外的课程改革、课程评价经验,鼓励各培养单位的良性竞争,使教育硕士专业发展具有民主性、开放性特征,充满生命力。同时,学校应大力创新内部评价体系,鼓励评价方式多样化,关注研究生知识的积累及能力的养成。总之,构建内部、外部评价相结合的完整的、民主型的课程评价体系需要长期的实践积累,而这一评价体系的建立也需要其自身不断地与时俱进,根据各时期、各地区的情况做出适当调整,最大限度地发挥评价的甄别、诊断与选拔等功能,进一步完善教育硕士专业课程系统。

第三节 教育硕士专业的教学改革

教育硕士专业学位教育旨在为我国教育事业输送高质量的中小学教育人才。从1996年我国开设教育硕士专业学位至今,提高教育硕士专业研究生培养质量一直是教育界关注的热点。审视二十年来该专业学位研究生的教学方式,"重学术研究、轻实践应用"的状况尚未根本改变。[①] 教学作为学校教育的核心,建立健全教学体系,是保证教育硕士研究生培养质量的关键。教育硕士专业教学系统深入的改革,将更有效地保证人才培养质量,对于基础教育改革具有广泛、深远的意义。

一、当前我国教育硕士专业教学体系中存在的问题

我国教育硕士专业培养过程中最突出的问题即其学术化倾向同应用化需求的矛盾,表现在教学体系中,则是教育硕士专业培养的教学模式和方法往往参照教育学硕士的培养,针对性较弱,主要表现在以下方面。

(一)教学目标的建立

《关于开展教育硕士专业学位试点工作的通知》指出:"教育硕士专业学位是具有特定教育职业背景的专业性学位,主要培养面向基础教育教学和管理工作需要的高层次人才。"相对于偏重学术的教育学硕士,教育硕士自身具有更强的应用性、实践性特征。教育硕士专业教育是为了培养研究型的教育实践者,教学目标的设立应紧紧围绕这一培养目标确立。教育硕士专业的教学不应只是为了传授给研究生相关的基础性教育理论知识,也要考虑知识与中小学实际是否可以结合,研究生在今后的工作中如何运用。同时,教学目标不应拘泥于培养合格的中小学教师,要做到理论高度与实践水平兼顾,提升中小学教师的教科研水平。基于此,教育硕士专业的教学目标主要体现在两个方面:一是帮助教育硕士专业研究生积累丰富的相关理论知识;二是要主动培养研究生的教育教学实践能力,可以创造性地将理论知识应用到实践中,解决相关教育问题。而当下的教育硕士教学活动明显倾向于前者,而弱化了后者,弥漫着重理论轻实践的风气,一方面加重了研究生理论知识的学习负担,另一方面又忽视了他们实践能力的培养,使其难以适应

---

① 张培等.教育硕士教学方式的转变:从理论教学、案例教学到行动学习[J].中小学教师培训,2003(8).

社会发展和教育改革的需求。这些问题在一定程度上是由教育硕士专业教学忽视其自身教育特色而一味照搬教育学硕士培养模式所造成的。

(二)教学内容的选择

教育硕士专业的教学内容选择应围绕其培养目标,兼顾教学内容的理论性与应用性特征,提供给研究生理论运用于实践的实践性案例内容,帮助他们提高解决实际教学问题的能力。当前教育硕士专业学位培养中的教学内容,仍主要以纯粹的理论知识为主,按照学科课程的教学内容设置体系,淡化了教育硕士的应用性。[①] 从现有的教育硕士专业研究生学习的相关内容来看,其教学内容与教育学硕士相较有着明显的相似性。大都是在教育学硕士已有的教学内容基础上,进行简化或模仿,如此大幅度地照搬教育学硕士专业的教学内容,必然难以保证教育硕士专业研究生的培养质量与特色。大量的纯理论性知识充斥于课堂,很容易造成教育硕士专业研究生对理论知识的机械吸收,使其理论与实践脱节,不利于培养研究型的教育实践者。

(三)教学方法的运用

基于教育硕士专业教学目标及教学内容设置的偏颇,教学方式的选择也受到限制,略显陈旧。教学内容偏重于单调的理论知识,教师教学方法也主要以传统的课堂教授法为主。教师的教学方法局限于书本知识的讲授,很少或较少采用问题分析、案例分析、研究性学习等教学方式。同时又由于教育硕士专业学习时间短、上课任务重、班级人数多等一系列问题,教师在紧张的课时安排中疲于应付,往往忽略教学效果,只是重视教学任务在形式上是否完成。教学方法单一、机械等诸多问题使得教育硕士专业研究生的学习效果难以保障。

(四)教学评价的实施

教育硕士专业教学的评价环节基本上被忽略或者只是走形式,教学中缺乏有效性的、系统性的、即时性的评价,进一步导致教学效果不佳等问题。对于教育硕士专业研究生的考核,主要包括对其课程论文和毕业论文的考核。而由于研究生在较短的学习时间内要完成大量作业、多门课程考核及毕业论文撰写,时间紧、任务重,其任务完成的质量普遍较低。对于研究生的评价形式主义明显,甚至存在只要提交作业,无论质量,大都可以合格毕业的情况。实际上,研究生阶段相对于本科教育阶段,应更多关注研究生研究能力的养成,关注研究生分析解决问题能力的发展,而不能仅以要求他们完成任务的方

[①] 王战军.学位与研究生教育评估技术与实践[M].北京:高等教育出版社,2000:45.

式进行考核评价,这种评价违背了研究生的发展需求。同时,教师对于课程论文作业的批改也较为随意,缺乏明确的标准,难以使研究生从中获得切实的指导与进步。

二、教育硕士专业教学改革的理念

教育硕士专业教学改革应根据科学的教育理念进行,应关注教学体系中各个环节的改善,关注师生在教学工作中的能动性。教学改革也应建立适当的改革目标,鼓励全员参与教学改革,并凸显教学改革工作的开放性特征。

(一)提高教学改革目标的适应性

教育硕士专业教学改革是为了保证课程实施及人才培养质量而提出的,在改革过程中应关注教学目标的设置。"所谓教学目标,就是指教学活动主体事先确定的在具体教学活动中所要达到的教学结果和标准。"[①]教学目标是教学活动预期的效果,是教学活动的根本出发点和最终归宿。明确的目标是保证教学质量的前提。提高教学目标的适应性是指教育硕士专业教学改革的实施需符合教育硕士专业的性质、特征、培养目标,并且要以提高教育硕士专业教学质量为目的,通过对基础教育发展需求及教育硕士专业发展方向的预测,调控教学体系各方面的因素。教育硕士专业教学目标的设置,要坚持适应教育发展需要的原则,不仅保证通过教学活动的实施使每一位学习者在学习过程中能基本达成目标,也要求教学实施者充分了解,具体教学环节应以目标作为导向引导自身的教学活动。[②]教学目标应在符合教育硕士专业培养的基础上,进行调整变革,更好地适应教育发展及研究生发展的需要。

(二)建立全员性的教学改革体系

教学的全员性原则,一方面是指教学面向的是全部在校的教育硕士群体,另一方面是指参与教学的不仅是相关教师及教育管理部门,还包括各个培养单位的全体师生员工及相关用人单位。教学已不再局限于学校的课堂中,教学所涉及的每个主体都应该为教学质量监控及教学改革贡献力量。教育硕士专业教学改革要更全面深入地考虑研究生的身心发展需要、专业发展需要,将改革的目光投入各类型的研究生群体中。同时,高质量的教学体系的建构,不能仅仅依赖于相关的教育管理单位及教育工作者,其维系和发展需要更广泛的社会基础。教育硕士专业研究生是教育改革受益的主体,教育管理部门是教育改革规划的核心,各个培养单位及培养单位中的师资力量是教育改革实施的基

---

① 李森.现代教学论[M].北京:人民教育出版社,2011:115.
② 沈玉顺.高校教学质量保障的思想与实践[M].上海:文汇出版社,2003:72.

础,因此,教育硕士专业教学改革需要将这些主体全都融入教学改革当中,集众人的智慧更好地谋求教学改革的发展。

(三)实施全过程的教学改革

教育硕士专业教学改革,应体现在教育硕士专业教学体系的全部过程中,而不是狭义地指其课堂教学。教学体系包括教学设计、教学方案的制订、教学实施工作、教学结果评定等多个环节。教学改革应关注教学体系的各个方面,分析解决相关问题,对教学全过程进行有效监督,促进教学质量的不断提高。同时,教学改革的重点应以满足研究生发展需要为核心,强调其主体性地位,注重教学事实的评价反思。教学改革是由宏观层面如教育相关部门的政策管理及微观层面如培养单位的自我改革、自我发展共同构成的系统化的过程,在强调全员参与的基础上,强调全过程的教学改革,促使教学改革深入推进,真正发现并解决教育硕士专业教学体系实施过程中的相关问题。教学改革应建立教学全过程的监督评价体系,监控教学改革实施质量,即时做出反馈,由以往的事后补救转变为事前预防,更好地提高教育硕士专业的培养质量。

(四)凸显教学改革的开放性特征

教育硕士专业教育改革中,开放性是其一大特征,开放性具体到教学改革中,则为教学活动的开展提供了多样化的发展可能。现代教学活动本质上是师生之间以对话、交流、合作为基础进行文化知识传承和创新的特殊交往活动。[①] 在传统教学观念中,教学往往是单一的、预设的、封闭的,这就违背了教学作为独特的社会现象所具有的动态发展特征。教育硕士专业教学改革正是要通过打破传统的教学模式,构建新型的教学发展图式。教学活动中指导教师、研究生及教学手段三者之间是相互作用相互影响的,本身就具有开放性。教育硕士专业教学改革基于教学活动的开放性,强调自身的开放性特征。在教学目标、教学内容、教学方式、教学过程等各个方面,吸收接纳外界的信息、经验、理论成果等并加以创造性的运用,凸显其开放性特点,促进改革的开展和深化。

三、教育硕士专业教学改革的建议

教育硕士专业课程教学应努力体现教育硕士生的特点,满足他们的学习需要。这要求教师发扬教学民主,尊重教育硕士生的认知,重视他们的观点,让他们参与教学的全过程,并在互动对话中发现与利用珍贵的课堂生成性资源。[②] 本书着重从创建教学质量保

---

① 李森.现代教学论[M].北京:人民教育出版社,2011:6.
② 蔡伟.教育硕士生低龄化倾向与应对策略[J].学位与研究生教育,2010(5).

障体系、改革教学方式、优化师资队伍三个方面加以阐述。

(一)构建新型的教学质量保障体系

1.优化教学决策群体

在教育硕士专业教育现行的教学管理模式中,相关的教学工作主要由培养单位的领导及教师负责,而其决策群体大多由相关的校、院领导构成。对教学工作的规划、指导及决策,直接关系到教学效果。要完善并明确相关院、校领导的教学决策职责,决策者应根据国家相关规定及学校的办学理念,基于人才培养目标制定具体的教学管理建议,制定、修改和实施相关规定,广泛参考各方面的建议,调整教学工作安排,规范教师教学行为,监控教学质量,并对教学重大问题进行决策部署。[①] 同时,为了提高决策群体教学决策的科学性以及教育专业硕士培养的针对性,各个培养单位应成立相关的教育硕士专业学位教育教学指导小组,以专业的眼光对领导群体的决策做出评价及建议,更好地加强决策群体对教育硕士专业教学工作的指导。而学院作为教育硕士专业研究生培养的主体,学校方面应实施大胆的管理层改革,将权力下放,将教学工作决策权更多地下放到学院,使学院在教学管理、教师管理、教学创新及教学决策等方面拥有恰当的自主权,促进教育硕士专业教育改革。在教学决策运行机制上,应坚持统一领导与分层管理相结合,集权与分权相结合。

2.整合相关教学资源

教学资源包括师资队伍、教学设施、教学经费等多项内容。教育硕士专业教学质量保障体系离不开相关教学资源的支持,如何高效地运用教学资源促进教学顺利开展,成为当下研究的重点。其一,教育硕士专业的导师队伍代表着培养单位的基本教育能力,是教学工作顺利开展的根基,优化导师队伍是提高教学质量的有效手段。导师队伍的建设发展,包括导师人数的增加、导师水平的提升、导师结构的优化及导师教育热情的发挥等多个方面,为了更好地优化导师队伍,应建立更有效的导师教学科研指导工作的考核、奖励制度,在现有的评价奖励制度上,体现对导师职业道德、情感、态度和价值观的关注,进一步完善导师管理与建设制度。[②] 其二,教学设施资源是开展教学工作的物质基础,包括多媒体设施、图书资料、校园网、学校后勤保障等多项内容。教学设施建设的优化目标是提供可以满足教育硕士专业教学工作的教学设施。其三,教学经费是确保教学工作正常进行的财力支持,优化教学经费管理是为了更好地确保相关经费的合理使用。为了更好地建立教育硕士专业教学工作保障体系,学校应整合、优化教学资源配置,改善教学条

---

① 傅维利.教育硕士质量保证与培养资源供给[J].学位与研究生教育,2005(5).
② 杨荣昌.教师继续教育课程体系研究[M].北京:中国文联出版社,2006:104.

件。同时,学校也应选拔出高质量的教学实践指导教师队伍,持续提高教育硕士专业的实践教学质量。

3.监控教学执行管理环节

教学执行环节是教学工作的关键,也是实施教学决策、教学计划的中心环节。同时,教学执行兼具教育硕士专业教学工作中的管理及执行功能。教学执行直接关系到教育硕士专业教学的质量,是构建教学质量保障体系的关键。教学执行管理环节包括两个方面的内容,即教学环节及管理环节。其一,教学环节是教育硕士专业研究生培养的实际完成过程,其中教师是教学执行的主导,并引导研究生完成学习目标。监督教学执行环节的实际教学质量,有助于更好地发现并解决教学问题。教师既要监督教师在教学工作中是否良好地完成教学目标,也要监督研究生在学习的过程中是否熟练掌握了相关的教育理论知识与教育实践技能。在监督教学质量的基础上,鼓励教师与研究生自主性的充分发挥。其二,教学管理环节又分为二级学院、专业系别及教研工作室三方的教学管理,同时也应包含参与教学活动的全体师生。管理服务于教学,管理质量直接影响教学质量,监督教学管理工作,有利于更好地提升教学管理的民主性。学校可以成立相关的教学执行监督委员会,倡导建立民主型的监督评价体系,鼓励教师与研究生主动参与监督,调动全体师生参与教学工作的热情,更好地保障教学工作质量。

4.构建发展性的教学评价体系

基于教学工作的教学评价环节是针对教育硕士专业教学工作的评估及诊断体系,具有导向、激励、监督和诊断的功能。教学评价体系包括对教育硕士专业研究生的培养质量、教学执行管理体系、师生教学活动、教学资源运用等方面的评价。同时,教学评价也多由校内、校外两个方向开展。教育硕士专业的教学评价系统应区别于以往功利性、结果性的评价方式,以发展性评价为主,以科学发展观作为指导,既关注教学工作的现实水平,又要用长远的目光评价教学各个环节的实施是否有利于提高教育硕士专业人才的培养质量。具体而言,校内评价是通过评价专业培养方案及教学计划,关注人才培养方向是否符合基础教育发展要求,是否符合教育专业硕士研究生的发展要求;评价课堂教学质量及氛围是否有利于研究生相应的教育情感、教育态度等的发展;评价研究生在教学实践、专业技能培养及毕业论文等各方面的表现,关注这些教学工作是否真正促进了研究生各方面能力的发展。[①] 同时,评价学校相关的教学改革工作是否与基础教育改革接轨,是否符合时代发展的要求等。校外评价则是教育部、各省市教育行政部门组织有关教育专家对培养单位进行的评价工作,包括社会舆论以及用人单位的评价反馈等多个方

---

① 田恩舜.高等教育质量保证模式研究[M].青岛:中国海洋大学出版社,2007:182.

面。校外评价也应以发展性评价为主,以是否有利于培养单位长远发展,是否有利于教育专业硕士研究生发展为根本宗旨。教育专业硕士研究生相关培养单位应制订翔实的评价指标系统,规范评价行为,在关注学校发展、关注教育硕士专业发展的同时,更要关注研究生综合素质的发展。

5.创建开放性的教学信息反馈平台

教育专业硕士教学保障体系需要教学信息反馈平台及时提供可能出现的问题,以此防患于未然。教学信息反馈是反馈者以事实为依据,以自身的经验收获为参考,处理收到的相关信息并给予反馈。开放性的教学信息反馈平台面向包括全体师生员工在内的整个社会群体,对教育硕士专业教学质量有更高的要求,同时也是教学工作改革发展的机遇。培养单位通过对平台反馈的信息进行筛选分析,发现现行教学体系中存在的问题,组织专家进行研讨,及时对问题做出分析,促使教学朝着预定目标开展,从而达到管理和调控教学工作的目的。教学信息是监督、管理教学工作的重要依据,教学信息的及时反馈有利于教学工作的改善调节,有利于更好地保障教学质量。开放性的教学信息反馈平台,除了传统的导师、领导及学生反馈之外,增加了社会反馈、家长反馈、交流合作单位反馈、用人单位反馈等多种渠道,多方交流沟通教学质量状况及相关的教学调整、改革措施,保障教学信息反馈结果的及时、透明、公开。开放性的教学信息反馈平台可依托学校专栏、网上传媒平台、座谈交流会及教学通讯等多种形式开设。

(二)践行新型、有效的教学模式

教育硕士专业教学方法与教学内容应与时俱进,满足教育硕士专业发展的需求。现行的教育方式多以课堂讲授为主,难以发挥研究生的主动性。良好的教学模式应能够促进师生的共同进步和发展,将研究生培养为教育实践专家,诸如案例式教学、探究性教学、自主研究性教学等。此外,新型教学模式发挥实效,还需要高素质的导师队伍灵活、有效地践行。本书在此以案例式教学、探究性教学这两种教学模式为例,简述其运用事项。

1.案例式教学

案例式教学是兼具开放性、互动性的新型教学模式,通过展示特定案例引发研究生思考,师生相互交流观点,从而碰撞出思维的火花,达到教育教学的目的。"案例教学通过提供一个真实的或模拟的具体情境,有选择地把问题呈现出来,让学生置身于该情境之中。在教师的组织下,通过对案例的阅读、思考、分析、讨论和交流,开发学生发现、分析和解决实际问题的能力。"[①]教育硕士专业的案例式教学通过模拟或重现中小学具体教

---

① 陈福松.案例教学与创新型人才培养[J].扬州大学学报(高教研究版),2009(5).

育情境,让研究生融入教育场景中,通过思考、讨论提高研究生的教育教学能力。在教学过程中既可以让研究生分析、比较、研究各种教学案例与教学现象,从教育实践中抽象出一般的教育原理,又可以结合案例运用自身所学的教育理论知识。同时,研究生也可以结合案例,通过思考交流拓宽自己的视野,进行教育实践智慧和经验的积累。当然,案例式教学并不仅仅是指课堂教学,还包括课前的准备与课后的评价环节。具体而言,教育硕士专业的案例式教学可以分为以下几个部分。

第一,研究生主动发现问题。在教师引导下,研究生通过对教学案例的基本了解,针对案例中的问题,从多种角度提出值得思考和反思的问题。案例呈现后鼓励研究生自主发现问题,让研究生结合自身体验进行思考,通过师生之间、生生之间的相互交流和碰撞,形成教与学的最佳时期。[①] 研究生更多站在实际经历体验的角度提出问题,而教师更多地从理论专业的角度寻找问题,双方交流可以更好地调动研究生学习的主动性。

第二,师生共同探讨问题。在这一过程中,研究生通过对问题深入的思考将自己的思路分享给大家,研究生之间进行充分讨论。教师可以从旁点拨,将探索问题的大致思路展示给研究生,并且和研究生一起交流分析哪种思路更专业,以及如何将思路进一步完善。教师对于研究生的思考也要给予即时的反馈评价,并加以引导。研究生可以学习案例中成功的教育教学经验,对未达到良好教学效果的案例则应引以为戒。教师要与研究生充分地探讨问题产生的过程,使研究生明白案例并不是一成不变的,经验性的东西仍然需要灵活运用,以此促进研究生向研究型教育实践人才发展。

第三,鼓励研究生创造性地解决问题。解决问题是案例教学的目的,教师应鼓励研究生创造性地解决问题,冲出已有的知识经验束缚,创造性地解决问题,教师可以采用"头脑风暴"法,激发研究生的创造性思维。同时,研究生应大量储备适应于中小学校教学情境的解决方案,以便日后实践时有章可循。当研究生积累足够多的问题解决经验后,就能创造性地解决问题。

第四,研究生结合自身经验反思案例。通过对案例的反思,研究生进一步完善知识经验结构,将学到的经验策略纳入自己的知识体系中,最终吸收经验策略并转化为自己的知识。案例的反思更能促进研究生知识经验的吸收,将主客观相结合,提高自身的教育教学实践能力,促使他们入职后能尽快从"新手教师"向"专家型教师"转变。

2.探究性教学

探究性教学是研究生在教师的指导下对相关教学内容进行自主学习和深入学习,组建学习小组相互交流的教学模式。"其目的在于培养学生的创新精神和实践能力,因而知识与能力的获得主要不是依靠教师进行强制性灌输与培养,而是在教师的指导下由学

[①] 蔡笑岳.教师专业发展与教育科研[M].广州:暨南大学出版社,2007:67.

生主动探索、主动思考、亲身体验出来的[①]。"针对教育硕士专业研究生的探究性教学,可以更好地激发研究生的学习主动性,使他们的理论研究能力、问题解决能力得到发展。探究性教学相较于传统的授课形式更多强调了研究生的主动性及意义学习。教育硕士专业是为了培养富有创造性、富有探究精神的实践性教育专门人才。对于教育硕士专业来说,掌握方法比理解知识更重要。探究性教学的价值就体现在其可以突出地培养研究生独立研究、分析及解决实际问题的能力等方面,这一价值和教育硕士专业培养的核心价值一脉相承。

探究性教学作为教育硕士专业教学模式,使得学术性研究的发展有了更多可能。教师通过提出问题或鼓励研究生发现问题,然后探究性地开展研究并解决相关问题,以培养研究生的多种研究能力,在这些能力中,学习能力是核心。探究性教学模式具有以下几个特征。

第一,以问题组织教学活动。探究性教学通常是围绕着课程中的某一个知识点展开的。与基于问题学习的模式不同,这一知识点是教师根据教育硕士专业发展的需要及教学进度来安排的。确定了这一知识点之后,教师通过布置问题、任务及作业等形式促使研究生对相关的知识点进行探究性学习。教师提出的问题是否具有启发性直接关系到探究式教学能否取得成效。

第二,鼓励研究生采用多种方式进行探究。确立了问题之后,研究生探究问题的模式和思路也不是一成不变的,他们可通过调查法或文献研究法进行问题探讨。在这一学习过程中,教师鼓励研究生充分运用调查法、实验法、统计法、数据分析法及比较归纳法等多种研究方法进行探究,以更好地提高研究生分析、综合和汇报总结的能力。

第三,鼓励研究生更好地进行小组合作探究。探究性学习包括研究生自主探究及小组探究两种方式,自主探究可以更好地提高他们自主学习的能力,而小组探究则可以培养研究生的合作精神。小组探究是探究性教学活动的关键环节,教师要起到引导作用,鼓励小组内部与各小组之间进行充分交流,使探究结果吸收集体的智慧,增加研究生的团队荣誉感,培养他们的交往能力、合作能力、集体责任感等。

第四,探究性教学不是以教师独立传授知识的教学形式来进行的,而是由教师的引导以及研究生的独立研究共同完成教学任务的。研究的问题也没有固定的标准答案,师生共同谈论、探索,最终生成科学的研究结果。研究生通过自主探索进行学习并解决相关问题,增强自身的自信心、责任心及教育使命感。

当然,案例式教学与探究性教学并不是相互分离的,在教育硕士专业教学工作中,应以探究性教学为导向,开展案例教学,有效地组织研究生参与到教学过程中,并使研究生在学习过程中积累丰富的间接经验,并养成独立解决问题的能力。任何一种教学方式都

---

① 李森,于泽元.对探究教学几个理论问题的认识[J].教育研究,2002(2).

有其局限性，关键在于教师在教学过程中要充分引导研究生自主学习、探究学习，激发他们的学习主动性和自觉性。

（三）建设专业化的导师队伍

教育硕士专业学位教育是一种融合多种学科、多种专业知识的复杂教育系统。"导师是教育硕士培养工作的主要组织者和实施者，其思想和道德素质、学术水平、创新意识和创新能力、指导能力和工作作风，直接影响着教育硕士的教学质量和教育硕士研究生的未来成长。加强教育硕士导师队伍建设，是高校教育硕士培养最基本的教学建设，建立一支人员精干、素质优良、结构合理、专兼结合、特色鲜明、相对稳定的导师队伍，对提高教育硕士培养质量具有十分重要的意义。"[1]

当前，承担培养教育硕士专业研究生任务的导师大都由学术型教育学硕士的教师兼任，这就容易导致教育硕士培养变成教育学硕士培养的翻版，不仅失去了教育硕士专业特征，也使得教育硕士研究生的发展处于尴尬的境地。导师队伍的水平直接影响着教育硕士专业教学质量及人才培养质量，导师的教学思想、创新能力、教学水平、指导能力及教育实践能力等都会对学生发展产生深刻的影响。加强教育硕士专业师资队伍的建设，是提高教育硕士专业教学质量及人才培养质量的必然要求。构建专业化的导师队伍，是在现有导师队伍基础上进行优化更新。一方面，从教育学硕士导师群体中分出适合教育硕士培养工作的导师，让其全身心专门负责教育硕士培养工作；另一方面，高校也要聘请中小学教育界的专家及优秀一线教师等为师资队伍注入新鲜血液，建立一支新型的校外兼职导师队伍。

1.制定科学的导师队伍发展规划

教育硕士专业学位是具有教师职业背景的专业性学位，其导师队伍是直接影响教育硕士专业培养质量的重要因素。为了提高教育专业硕士研究生教学质量，各培养单位都要结合自身情况制订出科学的导师队伍发展规划，为进一步优化导师队伍提供方向。科学的导师队伍发展规划可以为导师队伍建设提供规范的选拔标准、规范的管理体制、突出的教学地位并指明多种导师来源渠道，在学校中形成对教育专业硕士教学工作、教学保障体系、物质支持状况、教学服务工作等的重视。为此，各教育硕士专业的培养单位要基于学校、学科及专业的发展需要，结合教育硕士专业发展规划的要求，合理分配专业学科专家职位及相关的导师队伍。同时也要注意对中青年导师的大力培养，有计划地组织中青年导师参加培训、访学、国际交流等学术活动，拓宽其国际视野，促进其学术水平及创新能力的提升，为导师队伍的发展培养高素质的后备力量。

---

[1] 时花玲.问题与对策：教育硕士研究生导师队伍建设[J].教育理论与实践，2010(3).

2.构建多层次的导师队伍

现有的教育专业硕士导师队伍仍是单一的,应构建多层次、立体化的导师队伍,充分利用多种教育资源,拓宽教育专业硕士导师队伍的来源。[①] 高校的导师虽然理论水平较高,却相对缺乏一线教学经验,因此,可以采用校内导师与校外导师共同培养模式,实现导师对教育硕士专业研究生理论与实践指导的结合。培养单位首先应该从教育学硕士导师群体中分出一部分适合教育硕士培养工作的导师,让其专门负责教育硕士培养工作,加强教育硕士培养的针对性;其次,要从校内教育学科各领域的专家中挑选具有丰富的教育实践能力或主研基础教育领域的导师,让其兼职教育硕士专业研究生的教学工作;其三,要在校外聘请基础教育领域的教学专家、教研员、一线教师等兼任教育专业硕士的教学培养工作,传授其先进的思想理念或丰富的教育教学经验;最后,要根据每位研究生的具体发展需求为其配备校内导师及校外实践导师,部分条件允许的高校也可以为教育专业硕士研究生配备专门的生活导师。

校外优秀一线中小学教师的选择可以在相关实习基地进行,也可以在全国范围内选择名师,聘请他们加入教育专业硕士培养队伍。通过不同渠道选拔导师,既有资深的教育理论专家也有出类拔萃的青年导师,既有学术界专家也有中小学优秀教师,丰富的导师群体构成更符合研究生在理论知识及实践能力方面的发展需求。

3.开展多种形式的导师培训

建立高层次的导师队伍需要不断提高导师的能力水平。教育硕士专业旨在为我国基础教育发展培养高水平、实践型人才,其研究性与应用性并重的特点,要求导师既有高水平的理论知识也要有丰富的中小学教学实践研究能力。[②] 此外,在注重导师能力水平的同时,也不能忽视导师群体的师德水平。作为导师,平时繁忙的教科研工作任务及压力容易使其忽视所带的研究生,甚至有的导师只专注于自身职位的晋升、学术成果的发表,完全忽视对教育专业硕士研究生的培养,任其自由发展。提高导师群体的师德水平,提高导师群体的责任感与使命感,关注导师的培养过程,也是提高教育专业硕士培养质量的关键。

首先,高校可以组织校内导师参加固定班次的培训课程,学习针对教育专业硕士的培养导向、课程标准、教学方式等内容,增加自身的实践知识储备,了解基础教育改革发展的最新动向,在理论与实践教学中寻求结合点。同时,导师之间也可以相互交流教育专业硕士培养经验,反思自身的培养方式。导师培训班可以由培养单位的研究生院(部)

---

① 傅维利.教育硕士质量保证与培养资源供给[J].学位与研究生教育,2005(5).
② 徐学智.教育硕士工作满意感与离职倾向的调查[J].教师教育研究,2005(3).

负责,每年开设两期,每期可以采用专题讲座和经验交流会等形式,培训主要涉及教育专业硕士的培养特征、新型教学方式的操作技巧、基础教育改革与发展、国家相关政策解读、教育专业硕士改革的最新动向以及对导师队伍建设和要求等内容。其次,培训班要发挥专家、教授的带头作用,听取他们的培养经验,帮助年轻导师解决问题、吸收经验。导师在培训中可以深入了解教育专业硕士的培养目标、自身的责任义务、与研究生的相处技巧、研究生的责任与要求等,可以更好更快地适应教育专业硕士培养工作。同时,不同学科、不同学校的导师群体,通过广泛的交流互动,可以更好地吸取教育硕士培养经验并转化到实践中。最后,相关培养单位也应组织导师参与中小学教育教学实践的培训。高校可制定相关规定要求导师必须参与中小学相关的教学实践,诸如集体备课、校本教研等。例如,导师可以与中小学开展合作,参与相应的基础教育改革发展工作,或承担相应的基础教育改革项目,在此过程中引领研究生的参与,教学相长,最终形成相关的理论与实践成果。

4.规范导师管理制度

完善导师选拔、评价标准,形成动态管理体制。选拔导师应秉着"公开公正、标准明确、程序严格"的原则。在实际的选拔考察中,既要坚持学术标准,考察教师的科研水平及科研成果;又要重视导师的教学能力,考察教师的教学工作及成果。基于教育专业硕士发展的特殊性要求,选拔具有教育改革理念、有丰富的教育教学经验、较强的教育科研能力并富有育人思想的教师加入教育专业硕士导师队伍。同时还要注意对导师选拔结果的公开及复审,接受社会、研究生的意见。在导师分配中,也要实行师生的双向选择,真正突出研究生的主体地位。并且要改革导师终身制,定期对导师组织评价、考核,实施导师队伍动态管理。鼓励研究生对导师进行评价,定期组织研究生评教、评师活动,并酌情将评价结果进行公示,以此作为导师评价的一项标准。对做出突出贡献或教学工作表现突出的导师进行物质及精神嘉奖,进一步激发导师的工作热情。

用制度规范导师的教学。高校可以制定相关的《教育硕士导师考核评价方法》《教育硕士导师教学规范》等制度,进一步明确教师的职责要求。同时在教学工作中,以规范化的制度管理体系保障教师的教学质量,实施教学监控及检查制度,保障教育专业硕士教学质量。突出教育专业硕士教学工作的中心地位,落实教育专业硕士教学改革要求,通过高校制度建设保障教学培养质量。导师作为教育专业硕士的教学主体,应鼓励导师充分发挥能动性,在符合相关规范的基础上,进行教学模式、方法的创新与运用。学校成立教育硕士专业培养教学委员会,由专家和研究生共同组成,分为多个指导小组,指导教育硕士专业的教学及改革工作,高校通过各项制度促进导师密切关注基础教育学科教学的发展,为教育专业硕士教学质量的提高提供强大的师资保障。

第七章　教育硕士专业的质量保障

建立有效的专业学位研究生教育质量保障体系,对研究生的综合素质提高和我国教育事业的发展都有直接影响。所谓研究生教育质量保障,是以保持和改进研究生教育质量,并为有关利益关系人提供质量证明和担保的所有政策过程。[①] 西方国家在研究生教育质量保障方面进行了长期的实践和不断的改革,并形成了不同类型的质量保障模式。我国从20世纪80年代以来,对研究生教育的质量保障问题不断探索和改进,积累了一定的经验。20世纪90年代初期,我国实行了专业学位研究生培养制度,招生规模不断扩大,这对专业硕士研究生教育的质量保障提出了新的课题。本文将以专业学位教育硕士为中心,基于我国专业硕士研究生教育质量保障体系建设的实践,借鉴国外研究生教育质量保障体系建设的成功经验,以实践为导向,分析我国专业学位研究生质量保障体系建设的经验和问题,探索符合新时期专业学位研究生质量保障的新举措。

---

① 王战军等.中国研究生教育质量保障体系理论与实践[M].北京:高等教育出版社,2012:68.

第一节 国外研究生教育质量保障的经验

根据质量保障的内容,研究生教育质量保障体系可分为学校外部质量保障和内部质量保障两个领域。西方国家由于历史文化传统、政治经济制度和教育制度的不同,在研究生教育外部质量保障的实践中,形成了不同的模式。近年来,各种教育质量保障模式的利弊凸显,各国纷纷进行相应的改革,形成了一些新的趋势。

一、西方国家传统教育外部质量保障模式

我国学术界对西方国家传统教育外部质量保障模式展开了一定的研究,并根据保障主体的不同进行了不同的分类,有的分为四种模式,即自主型模式、控制型模式、市场型模式和合作型模式[①];有的分为三种模式:大陆模式、美国模式和英国模式。[②] 总体来说,在研究生质量保障实践中,有三个主体发挥了作用,即政府、中介组织和高校。根据不同主体发生作用程度的不同,本文从实践导向出发,分析各种模式的特征和借鉴价值。

(一)学校自主型模式

学校自主型模式最早起源于英国,在英联邦国家中广为推行,并持续到20世纪80年代。这种模式又被称为学术团体自我管理模式(Self-governing community of Fellow),起源于中世纪牛津大学和剑桥大学完全独立于外部控制的理念,是教授行会、院校董事和行政人员适度影响的产物。[③] 这种模式秉持教育独立、学术自由的办学理念,赋予大学较大的自主权。政府不干预大学的教学质量问题,由大学自行负责本校的教学质量保障实施,并对本校的教学质量进行自我评价。在学校自主型模式中,高校研究生教育质量保障过程发挥独立、全面的作用,政府和社会中介组织不参与相关事宜,完全依靠高校的自我规范和自我保障。

学校自主型质量保障模式能够有效保证高校的教育独立和学术自由,并形成了各具特色的教育品牌。但这种模式存在的问题也较为明显,突出体现在不同学校的研究生培养质量良莠不齐,在一定程度上造成教育资源的浪费,并影响学生就业和学校的社会声

---

① 王战军等.中国研究生教育质量保障体系理论与实践[M].北京:高等教育出版社,2012:70.
② 刘再春.发达国家研究生教育外部质量保障的经验与启示[J].中国高教研究,2010(8).
③ 王致和.高等学校教育评估[M].北京:北京师范大学出版社,1995:444.

誉。社会各界也对某些学校的研究生教育质量低下产生不满。自20世纪80年代以后，这种模式开始被人们批评、引起反思，并逐步进行调整。

政府控制型模式出现上述问题的原因在于教育独立理念的泛化，使得教学质量评价的主体也交由大学实施，让教育实施主体自己评价自己。虽然教育独立和学术自由是人们所向往的良好教育理念，但在实施过程中，由于不同学校之间教育质量评价标准的不同和对学校利益关系的考量，在教育质量保障过程中难免出现部分学校研究生实际培养质量名义上符合办校质量评价标准，但实质上低于社会预期的现象。

（二）政府控制型模式

政府控制型教育质量保障模式以法国为代表，在荷兰、德国等欧洲大陆国家广为盛行。这种模式要求政府权力在研究生教育质量保障过程中发挥主导作用，政府制订统一的贯彻政府意志的质量保障制度，各高校根据政府的研究生质量保障制度再制订相应的细则，然后据此实施对研究生的质量保障。

在法国，由于中央集权和单一制国家的政治传统，政府对教育控制得较为严格。对于研究生的质量保障，法国形成了以政府为主导的格局。法国政府对研究生的质量保障主要通过财政拨款、教师任命、行政管理人员任命、课程设置、学位认定与发放等途径实现。法国政府每四年与大学签订一次合同，对研究生培养的各个方面进行督促检查。法国中央政府还通过教育部下属的大学学术委员会聘请专家对大学的研究生院进行评估，评估内容包括实验室水平、论文、研究成果和研究生就业情况。评估结果将作为政府拨款的重要依据。

德国也于1998年修订《高等学校框架法》，其中对研究生教育质量保障制度也进行了相应的改革。这次改革内容有：根据绩效对大学进行拨款，其中包含研究生教育的绩效评价；对各大学的教学和科研进行鉴定；对研究生质量保障的评价，改以学科为单位进行。其中，最为突出的一项改革是根据学校的使命对研究生的培养质量展开评价。

（三）中介主导型模式

以社会中介为主导的研究生质量保障模式，是美国研究生教育的特征。在这种模式中，政府不直接参与研究生质量评估活动，也不会设立官方的专门评估机构来实施，而是委托非政府组织来进行。这类非政府组织的资质由政府认定。

在这种模式下，政府不干预学校的教育自主权，政府通过非政府组织的评估结果对学校进行教育经费分配，大学也可以根据非政府组织的评估向政府提出新的要求；社会可以根据非政府组织的评估结果选择学校、专业和毕业生。非政府组织对研究生教育质量评估的主要形式有：高等教育鉴定（认证）、大学排行、博士点评估等。博士点评估是针对研究生教育质量保障的主要途径,由相对中立的专家委员会对全美各大学博士点的办学水平进行评估,评估维度主要有博士点规模、声望、图书资源、科学研究、研究生情况、研究生论文发表六个方面。评估结果向社会公布,为大学生攻读博士、硕士和教师寻找工作提供信息咨询,也为社会用人提供参考。

中介主导型模式以社会中介组织(非政府组织)为教育质量保障实施主体,其优势在于将市场引入高等教育领域,让高等院校自主办学,直接参与生源市场、科技市场和劳动力市场的竞争。[①]

中介主导型模式也存在不足,即难以保证中介组织的公正性。从近年来国际反腐败的新趋势看,非政府组织的腐败问题非常严重。政府机构中存在权力监督和制衡,非政府组织则一般没有,而是权力的一元化。近年来出现的一些高校花钱提高学术排名的现象证明非政府组织评价的公正性值得人们怀疑和关注。

二、西方主要国家研究生教育内部质量保障经验

西方国家在专业学位研究生教育内部质量保障方面积累了较为丰富的经验,其中美国教育硕士的质量保障体系较为完备,也取得了较好的成效。本文将以美国教育硕士为个案,从生源、师资队伍、课程等方面分析其质量管理经验。

(一)生源质量管理

美国教育硕士研究生的生源选拔程序、招生方式与我国有很大的区别。由于美国是联邦制国家,教育硕士招生的专业和人数由各州根据本州中小学教育现状和社会需求来决定,没有全国或全州统一的入学考试,招生由各高校自主进行。

第一,招生对象。美国教育硕士招生对象可以是普通大学本科毕业生,也可以是各级学院(二年制和四年制)的毕业生,教育管理、教育咨询、教育代理部门、中小学的相应人员也可以报考。申请者必须具备学士以上学位,但没有相应行业的从业年限要求。

第二,招生方式。美国教育硕士招生方式的特点是重能力,轻成绩。考试成绩不是美国教育硕士研究生录取的唯一标准,只是参考标准之一。招生过程中更注重申请者的实践能力、智力潜力及综合素质。其录取的一般程序是:

1.提交申请者资格证明材料。具有国家承认的学士学位或硕士学位;GRE成绩;2～3封专家推荐信;个人入学申请书。[②]

2.资格评分。学校一般不组织统一考试,而是对申请者提交的资料进行审查,审查通

---

① 王战军等.中国研究生教育质量保障体系理论与实践[M].北京:高等教育出版社,2012:72.
② 傅松涛等.中美教育硕士专业学位研究生教育比较研究[J].学位与研究生教育,2004(4).

过后,对通过者的资料进行评分,按照分数高低排列,根据录取人数的比例给合格的申请者发放面试通知。

3.面试。面试内容较为广泛,主要是学生与导师见面。通过交谈,导师可了解学生的大体情况,包括申请者的专业知识素养、专业技能和家庭生活情况,以便为导师对该生制订有针对性的培养计划提供基础。

(二)师资队伍的质量管理

美国教育硕士导师的遴选和管理都较为严格,这也是美国教育硕士培养取得成功的重要保障。

第一,导师遴选。虽然美国各高校遴选教育硕士生导师的具体要求有所差异,但也存在一些共性,即要求导师不仅具有较高的理论水平、学术成就,还要具有较高的指导研究生的能力。对教育硕士研究生导师的资格审查主要包括:学历及学位等级、专业研究经历、对教育硕士研究生的学术和实践指导能力、研究生课程教学经历、学术成果和担任学术职务的情况等。如果教师没有相应的学位,则必须能充分证明自己在相关领域具有高深学问,还必须提供相关研究成果等材料,或者经过同行评议,尤其是较有威望、声誉的同行评议,认为其在某专业领域具有高深的造诣,才可以申请作为导师候选人。

第二,导师管理。美国各高校对研究生导师实行严格的评价和去留机制。主管研究工作与研究生教育的院长会对研究生导师的课程情况和研究成果进行定期或不定期的考评。导师一旦被检查出在研究生指导方面或学术研究方面没有任何进展,院长就有权取消该教师的导师资格。很多大学还建立了对研究生导师的评价体系,评价内容涉及导师的科研成果、教学课程与成果及行政服务等方面;评价的主体不仅有学院领导和行政人员,还有同行和导师本人;评价方式既有对学生的问卷调查,也有教授本人的工作总结和同行的评议;评价结果与教师的职称晋升、薪资待遇、职务评聘挂钩。其中,学生的评价是关键,教学质量、研究生指导能力和科研成果是评价的重点。如果学生对导师的教学质量评价偏低,则将直接影响教师的职称晋升;如果三项主要指标的评价偏低,则可能降低导师的待遇、影响职称的评定甚至解聘。

(三)课程质量管理

美国可授予教育硕士专业学位的项目有46种,包括成人教育、普通教育、特殊教育、教育研究等,各个项目下又设多个不同的研究方向,其课程设置没有统一的标准与规定,各学校的差别很大。

一般来说,这些课程可分为两种:主修科目和辅修科目。主修科目的学分有20～26分,主要是硕士学位申请人必修的核心科目、教学方法的科目以及与中小学教育密切相关的专业理论科目;辅修科目的学分在 6～12 学分之间,主要是研究生毕业后所任教的科目领域。主修学分与辅修学分的比例一般保持在 1∶2。

在课程的知识结构上,大多数学校的教育硕士课程包含学科专业课程与教育专业课程两大板块,没有类似中国的思想政治、英语等公共必修课程。学生的课程压力相对较轻。至于选修课程,各学校之间差别较大,有的学校由于某些原因没有选修课程,如乔治亚州肯尼索州立大学教育学院教育管理专业教育硕士的课程设置中就没有选修课程;有的学校则开设了大量选修课程,如哈佛大学教育研究学院开设了 260 多种选修课程,学院只推荐或指定其中的 1～4 门必修课程,其余均由学生根据自己的兴趣和爱好或在导师的指导下选修。

美国大学教育硕士课程的设置较为灵活,学校的自主度较高,在设置课程时都坚持以教师职业需要为核心理念,再结合不同学校的具体情况,在不同类型课程之间进行权衡,使教育硕士研究生能够扬长避短,使他们形成相对平衡的知识和能力结构,这样也有利于各高校的教育硕士培养特色的不同呈现。课程内容一般都紧扣教师职业需求,强调应用性、综合性、突出专业课程和核心课程,重视课程内容的实用性,强调综合实践性课程。[①]

三、西方国家教育质量保障模式改革新趋势

20 世纪六七十年代,西方国家高等教育经历了大规模的扩张,研究生教育规模也随之扩大。但进入 80 年代,西方国家经济发展速度普遍放缓,教育投资开始控制和紧缩,如何在有限的教育经费下保障研究生教育的质量,越来越引起人们的关注。各国在不同程度上对原有的研究生教育质量保障机制进行不断的改革,并持续至今。纵观西方各国研究生教育质量保障改革的各种举措,呈现出一些共同的趋势。这些趋势有的值得我们借鉴,有的引起了我们的反思。

(一)质量保障主体多元化

从上述学校自主型、政府控制型、中介主导型研究生教育质量保障模式的分析中可以看出,西方国家传统的研究生质量保障主体以一元控制为主要特征,或为学校,或为政府,或为非政府组织。三类主体在质量保障过程中各有优劣。20 世纪 80 年代以后,西方各国开始将三类保障主体结合起来,形成多元管理的质量保障主体结构,以达到发挥不同主体优势、提高研究生教育质量的目的。

在英国,政府对学校自主型质量保障模式的效果产生怀疑,逐步对大学的研究生教

---

① 时花玲.教育硕士专业学位研究生教学质量保证体系研究[D].华东师范大学博士论文,2008.

育进行干预。1983年,英国大学校长和副校长委员会、大学拨款委员会联合成立了"学术标准小组",对大学教学和管理质量进行了一系列的研究,于1986年形成了《大学学术标准》,提出了大学学术标准体系和保证学术标准的相关措施、制度。1987年,英国政府颁布了高等教育白皮书,部分采纳《大学学术标准》中的建议和观点,要求大学建立统一的学术标准审核体系,并要求全国学位授予委员会加强对多科技术学院和其他学院的质量审查。1991年,英国政府发布了《高等教育:一个新框架》,要求建立"一轨制"高等教育体系。1997年3月,英国正式成立了高等教育质量保障署,全面负责英国高等教育的质量保障工作。高等教育质量保障署和高校一起联合制订了高等教育综合质量保障体系,形成了《高等教育质量保证框架》并颁布实施。2000年4月,高等教育质量保障署又发布了《学术审核及运行手册》,以加强对高校研究生教育质量的统一管理。经过政府与大学之间的多次博弈,英国形成了以政府统一质量管理为前提、学校自主保障为主体的研究生教育质量保障新模式。

在法国,1986年法国政府公布新的《高等教育法》,对高等教育进行了较大的改革,要求高等教育必须贯彻现代化、职业化和民主化的原则。其中涉及研究生教育改革的措施是统一研究生教育阶段的学位名称和学制,取消国家博士文凭、第三阶段博士文凭和工程师博士文凭,统一设置"某某大学博士学位"。设置这个新的博士文凭的目的,是希望通过引入竞争机制,激发高等学校自主提高本校的研究生教育质量的积极性。在提高学校质量保障自主性的同时,法国政府还颁布了关于博士和高级研究资格文凭的条例,对研究生各类学位的攻读年限、学习和科研要求、论文要求及答辩等做了统一规定。

在美国,20世纪80年代初期美国研究生教育经费锐减,1980年联邦所提供的研究生奖学金份数比1968年下降82%。联邦政府对高校科研投入出现零增长。这导致高校科研条件恶化,研究生的培养能力下降。为此,美国政府于1984年组建国家学生财政援助委员会对研究生教育展开调查,根据研究生教育质量、学生困难程度和社会需求等因素对不同类型的研究生教育展开财政援助。

(二)注重教育过程保障与效果保障相结合

西方国家研究生教育质量保障的传统重点是对教育过程的保障和评估,并有较为严格的保障体系。进入20世纪90年代以后,质量保障的重点开始转向教育效果,同时也兼顾教育过程的保障,评价方法上运用绩效指标方式,采取定性与定量相结合的方法。

所谓教育过程的质量保障,主要是对研究生的课程设置、学分要求、学时安排等进行质量管理。建立绩效指标保障体系以后,对学校研究生教育的培养成果和学校相关各方面的工作都进行量化测评,内容包括内部指标、外部指标和运行指标。[①] 内部指标反映研

---

① 王战军等.中国研究生教育质量保障体系理论与实践[M].北京:高等教育出版社,2012:72.

究生输入情况和学校内部工作，包括科研经费、学位授予、教学质量等内容；外部指标则反映学校所设置的研究生专业是否符合和达到社会需求的情况，包括研究生就业、科研成果的生产力转化等；运行指标则反映学校研究生教育的运行效率，包括机构经费开支、教师工作量、硬件设备利用率等。绩效指标评价既反映了研究生教育的过程，也反映了研究生教育的社会效果，是较为全面准确地反映学校研究生教育的质量水平的一种质量保障评价方式。越来越多的西方国家采用绩效指标评价方法，将教育过程保障与教育结果保障结合起来。

同时，鉴于绩效指标评价不能有效反映教育的运行过程，评价者还采用了质性评价方法，将量化评价与质性评价结合起来，提高质量评价的深度。

（三）注重对教育质量保障评价的再评价

无论是学校自主型、政府控制型还是中介主导型，这三种研究生教育质量保障模式都存在各自的优势和不足。虽然将三者结合起来能够较为有效地发挥综合优势，提高质量保障的公正性和有效性，但还是有必要对质量保障的全过程进行再评价，进一步提高质量保障的水平。

教育质量保障评价的再评价要求对原先教育质量保障的各个环节和结果进行全面、深入的反思和考察，对教育质量保障评价结果的信度和效度做出客观、科学、全面的评判。

如美国鉴于本国各种类型的非政府教育鉴定机构众多，公平性、公正性良莠不齐，于1996年成立了全国性高等教育鉴定机构——高等教育鉴定委员会（CHEA），承担起对全美高等教育鉴定机构进行认定的责任，以达到加强对教育质量鉴定组织的管理。目前经CHEA承认或批准的专业认证委员会已经达到47个。再比如，英国高等教育质量保障署于2000年4月颁布了《学术审核及运行手册》，对大学的教育质量保障效果展开再审核。

第二节　我国教育硕士质量保障机制的现状与问题

我国专业学位研究生制度形成于 20 世纪 90 年代。1991 年,国务院学位委员会第十次会议明确指出:在我国设置专业学位,是为了促进我国应用学科的建设和发展,加速培养应用学科的高层次人才,是为了改变我国学位规格单一局面的一种措施。专业学位研究生教育从此正式列入了学位委员会的工作议程。1996 年,国务院学位委员会第十四次会议审议通过了《专业学位设置审批暂行办法》,这是一部关于专业学位研究生制度的权威性文件。文件对专业学位的概念、性质、设置程序等做出了原则性规定,将专业学位研究生培养作为一项制度纳入我国研究生培养的总体规划中。文件出台后,我国专业学位研究生教育获得了迅速的发展,形成了覆盖 19 个学科领域的专业学位硕士研究生培养制度。

在专业学位研究生数量增长的同时,我国也建立起了相对完整的硕士生质量保障制度,确保专业学位研究生制度的良效运行,培养了数量较为可观的较为合格的高层次人才,为经济社会发展做出了贡献。但不可否认的是,随着专业学位培养机构和培养人数的增加,学校办学自主权的扩大,当前专业硕士研究生的质量也出现了良莠不齐、社会评价度不高的现象,这说明我国专业硕士质量保障制度还有进一步改革和完善的必要。本节试图以专业学位教育硕士研究生为中心,分析问题所在。

一、外部质量保障的现状与问题

我国专业学位研究生质量保障实行以政府为主导的外部质量保障机制。1985 年,中共中央发表了《关于教育体制改革的决定》,明确规定政府部门在我国高等教育评估中居于主导地位。随着我国教育事业的发展和经济社会变迁,研究生教育质量外部保障制度的问题开始凸显出来。

(一)质量保障主体权责不明

虽然我国《教育法》提出国家要实行教育评估制度,但是在具体的教育评估法制建设方面,除了《普通高等学校教育评估暂行规定》的相关规定外,还没有关于学位与研究生教育评估工作的专门法规。1990 年原国家教委颁布《普通高等学校教育评估暂行规定》,

规定了政府部门应如何通过组织教育评估活动,来对高等学校实行监督和管理工作。这一法规明确了政府部门是评估工作的主体,高校是被评估与监督的对象;教育单位和用人机构是教育评估工作中依靠的社会力量,处于从属地位;高校和社会团体参加教育评估工作只是作为政府评估的一种补充。

近年来,我国高等教育制度几经改革,高校办学自主程度提高,社会对教育质量的关注度也提高了,各种社会评价机构纷纷建立,各种评价报告、质量排名层出不穷。这些评价结果在督促、引导硕士生培养的同时,有的也造成了误导作用。各种评价主体都希望在硕士教育质量评价中发挥更大的作用,相互竞争,造成质量保障评价的混乱。政府、社会和高校在研究生教育质量的保障中迫切需要通过立法对各自的职责与权限加以界定和规范。

从政府角度来看,我国教育硕士质量保障的评价也面临机构重叠、政出多门的现象。在研究生教育质量保障的组织机构方面,我国建立起了从国家到省的质量评价机构,在国务院学位办公室和教育部都设立了评估处,作为全国本科教育评估和学位与研究生教育评估的监督和领导机构;为转变政府职能,提高教育评估的质量,教育部成立了高等教育评估中心,建立五年一轮的普通高等学校评估制度,对我国所有普通高等学校进行教学评估。地方省、区、直辖市也相继成立了评估领导小组和准官方的专业评估机构,如评估院、评估所等。但这些评估机构之间责任不明,甚至职能重叠。评估机构的设置也是按照行政区划设立,各级地方纷纷设立自己的评估机构,实质上只是增加了政府机构,这些机构之间的权责却没有厘清,甚至更加混乱。评估机构领导者都给予行政级别,有浓厚的官方色彩,导致评估结果丧失中立性,公信力受损。

(二)质量保障主体单一

从法律上讲,我国研究生质量保障的主体只有政府。我国《高等教育法》规定:高等学校的办学水平和教育质量的评估,要接受教育行政部门的监督和参加由其组织的评估活动。政府是研究生教育质量保障的唯一主体。我国政府对研究生教育质量保障工作的作用不仅包括立法、财政拨款等内容,更多地体现为自上而下和直接的行政控制行为。政府主导的质量保障工作,虽然能够较充分地体现出国家的教育价值观,从而引导参评高校按照国家的具体要求来办学,但也存在一定的问题。

第一,质量保障效率低下。政府机构作为质量保障的唯一主体,垄断研究生教育的全部质量评价权力,造成社会和高校的质量评价积极性难以正常发挥。学校自评和社会团体的质量评价工作只能作为象征性的补充。政府的质量评价又不能做到经常性,五年才能开展一次。而且政府只能在原则上做到质量保障,走马观花,不能深入学校教育实际,质量保障效能较为低下。高校在评估中处于被动检查的地位,对政府机构自上而下的评估工作只能是消极被动地接受,并形成一些错误认识。一些学校认为,只要应付过了政府的质量评价,就能够获得足够的财政拨款和其他支持,学校自身则轻视质量保障工作,仅仅转发政府质量保障的公文而已。这导致了政府对高校提高教育质量的工作的改进很难起到真正的督促作用。虽然社会团体也会对学校教育的质量进行评价,但由于不是政府行为,不与政府的教育管理、财政拨款挂钩,一些学校领导只是把它们当作提高学校知名度的一种手段而已,对评价结果中的一些建设性意见也没有认真对待和采纳。

第二,形式主义严重,容易滋生腐败。由于政府对高校研究生质量的评价与财政拨款及其他资源供给挂钩,在实际工作中往往出现形式主义的现象,走过场、铺张浪费、贿赂、腐败等现象屡有发生。

第三,质量评价结果的权威性受到质疑。我国的高等教育质量评估工作一般由政府独家控制,无论是在评估过程中,还是在评估结束后,都具有很强的封闭性。这种封闭性的评估工作很难在操作层面保障教育质量的评估活动不会受到评估人主观因素的影响,进而会影响到评估工作的客观公正程度。近年来,腐败导致政府的公信力下降,公众对政府主导的各种评价结果、排名本就存在质疑。因此,政府独立主导的研究生质量评价机制已经很难继续维持,必须进行改革。

(三)质量保障目标与培养目标偏离

我国当前的专业学位研究生教育质量保障工作往往强调以评估促进改进,以评估促进建设,希望通过质量评价让学校把更多的精力和物力投入到加强高校内部建设和改革管理体制机制上来。

"以评促改""以评促建"虽然有其积极意义,但弊端也很突出。一些高校往往是为了应对政府评估而重视质量保障或者改进工作,表现出较强的临时性、短效性。评估团队进驻学校前,学校往往会为了应付评估而改进硬件设施,突击准备材料,进行评估前期公关,甚至弄虚作假、贿赂评估团队。评估团队进驻学校后,则全力迎接,整个学校进入表演状态。评估结束后,则一切归于常态。经过质量评价,学校的软件硬件往往容易上一个台阶,教学管理也会更加规范,但是研究生的培养质量却是一个长期性的工作,不是靠一次两次运动式评价就能达到的。

这种质量评价虽然能够对学校的整体发展起到促进作用,但存在目标认识的误区,容易出现本末倒置。学校教育质量评价的终极目的不是学校的硬件软件建设,而是学生的培养质量。但在实际操作中,对学校硬件软件、制度措施的评价往往占有相当大的比重,对研究生培养质量反而关注不够。

(四)质量评价方法不科学

我国研究生质量评价在具体的评价方法上也存在一定问题。主要体现如下:

第一,过于倚重量化评价方式,难以准确反映教育质量评估对象的全面和个性特征,不易发挥评估工作的诊断和激励功能。我国各高校的研究生培养质量评价基本都是采用量化评价的方式,一般的步骤是先对目标进行分解,再确定各指标的权重,然后进行量化测定,最终进行数据处理。这种评价方式有利于克服主观性因素,提高评估的可靠性和精确性,但是只注重表面数据的处理,其实质是针对了评估对象在以前工作中的成果或表现,评价的鉴定作用大于诊断的作用。这种评价缺乏对被评估高校整体教育教学过程的深入了解,不能准确认识教育质量评估对象的全面和个性特征,不能提出有针对性的改进意见和解决方法,致使质量改进与提高这一根本目的难以实现。

第二,后续评价得不到重视。教育质量评价的后续反馈和改进,才是诊断性教育质量保障的关键,才是研究生质量保障评价的目标。但从实际操作来看,评价体系中往往缺少对后续评价的关注,一些学校在评价团队离开后故态复萌,不思改进。这就要求重视后续评价工作,将后续改进作为评价的重要内容。

二、内部质量保障的现状与问题

我国高校专业学位硕士生是一个新鲜事物,以前没有经验,各高校都是在摸索中前进,在不断改革中完善,取得了一定的成果,质量得到一定程度的保障,但也存在一定的问题。

(一)目标认识存在误区

国务院学位办《关于开展教育硕士专业学位试点工作的通知》(以下简称《通知》)对教育硕士专业学位的性质和培养目标曾作明确规定:教育硕士专业学位是具有特定教育职业背景的专业性学位,主要培养面向基础教育教学和管理工作的高层次人才。该《通知》还指出,教育硕士与现行的教育学硕士在学位上处于同一层次,但规格不同,各有侧重。教育硕士学位获得者应具有良好的职业道德,既要掌握某门学科坚实的基础理论和系统的专业知识,又要懂得现代教育基本理论和学科教学或教育管理的理论及方法,具有运用所学理论和方法解决学科教学或教育管理实践中存在的实际问题的能力,能比较熟练地阅读本专业的外文资料。

从上述通知来看,教育硕士的培养目标具有三个方面的特点:

第一,应用性。《通知》规定:专业学位教育硕士在完成培养后,在知识目标上,要掌握某门学科坚实的基础理论和系统的专业知识,要懂得现代教育基本理论和学科教学或教育管理的理论及方法;在能力目标上,要善于运用所学理论和方法解决学科教学或教育管理实践中存在的实际问题。这与学术型教育硕士研究生有所不同。后者在知识目标上要求系统掌握教育理论与方法,在能力目标上要求善于运用所学理论展开教育科学研究或者学科交叉研究。相比学术学位教育硕士,专业学位教育硕士在培养目标上更强调应用性。

第二,研究性。《通知》规定:教育硕士在读期间必须掌握运用所学理论和方法解决学科教学或教育管理实践中存在的实际问题的能力。这属于学术研究的范畴,但相对于学术学位教育硕士又有所不同。学术型教育硕士在研究领域上更为宽广,既可研究教育领域的问题,也可展开教育与其他学科领域的交叉研究;既可进行理论研究,也可针对实际问题展开应用性研究。相比而言,专业学位教育硕士的研究领域更为集中,主要针对学科教学和教育管理中的实际问题。这是一种特定的"教育教学研究",是对教师自身的教育教学活动进行的反思和探究,这种研究根植于教育教学活动之中,是紧密结合实际、自我反省性的、旨在解决实际问题的研究,即"在教育中研究,在研究中教育"。[①]

第三,创新性。《通知》强调专业学位教育硕士要善于运用现代教育理论,针对实际教育问题展开研究,解决实际问题,这体现了创新性的特征。以现代教育理论为指导,要求教育硕士要注重更新知识结构,学习具有时代特色的教育理论。我国教育界尚处于改革时期,传统教育学理论有较大的影响力,教育事业的改革与创新要求教育从业者具有现代教育学的知识体系和研究方法。在研究领域定位上,以实际教育问题为研究对象,运用现代教育学理论解决实际问题,这也是创新的体现。因此,注重知识体系更新,注重创新意识和创新能力培养,是专业学位教育硕士的又一特征。

但是,在实际工作中,有部分学校和老师对专业学位教育硕士的培养目标没有形成正确的认识,主要体现在:

第一,将专业学位教育硕士等同于学术学位教育硕士。有的领导或老师对专业学位教育硕士的培养目标没有认真阅读和理解,只是简单地将二者理解为2年制与3年制的关系,并且继续沿用学术学位教育硕士的培养目标来要求学生,沿用学术学位教育硕士的培养方法来指导学生,由此导致专业学位教育硕士在读期间与教育实际脱节,毕业后不能有效解决具体教育问题。此外,由于专业学位教育硕士学制较短,无法在短期内具备学术学位教育硕士相当的知识结构与科研能力,导致人们对专业学位教育硕士的质量产生怀疑。

第二,轻视甚至歧视专业学位教育硕士。有的领导或老师认为,硕士生就是做专门研究的,只有学术学位硕士生才是真正的研究生,至于专业学位硕士生,无论全日制还是在职攻读,都是混学历,层次低、不正规。在具体培养上,不把专业学位教育作为研究生教育的主体之一,也不视之为研究生教育质量保障的重要内容,也没有建立有效的严格的质量保障措施,还是采用学术学位教育硕士的质量保障方法,甚至降低标准,让学生简

[①] 徐悦,宋涛.教育硕士培养质量保证体系略论[J].天津市教科院学报,2007(2).

单轻松过关获得学历学位。

第三,将全日制专业学位作为创收手段。随着全日制专业学位硕士研究生招生规模的不断扩大,无论是学生还是培养单位都存在着一定程度的功利性倾向。有的培养院校把开办全日制专业学位研究生教育当作创收的途径,认为只要把学术学位研究生培养质量抓好,学校和专业的学术地位就不会降低,专业学位研究生只是在此基础上的一种创收手段。为此,有的学校盲目增开专业学位研究生专业,盲目扩大招生规模,忽视了人才培养的基本使命。

第四,部分学生和公众对专业学位研究生存在误解。一些学生也没有正确对待专业学位教育,为了拿到文凭,或达到升职的目的等个人原因,希望可以简单快速地完成学业,要求培养单位降低入学门槛、减少学习时间或简化培养过程。部分公众对专业学位教育硕士培养目标也不了解或者有误解。这些认识上的误区,导致当前全日制专业学位教育硕士的质量出现下滑,其他各学科的专业学位硕士生质量也面临同样的情况。

(二)生源质量保障不合理

生源质量是研究生教育质量保障的基础和起点。生源质量不仅反映了培养单位的吸引力,更是把好研究生入口质量关的关键。目前,我国全日制专业学位研究生在生源选拔标准上与学术学位研究生基本相同,都是以考试分数为准绳,统一招生,分数高者可攻读学术学位研究生,分数较低者则读专业学位研究生。一些学校招生人数不足,就将调剂生归入教育硕士系列。2009年教育部决定开始面向应届本科毕业生招收全日制专业学位硕士研究生后,两类研究生的招生实质上并轨,专业学位研究生在生源选拔上的特殊性越发模糊,应届本科毕业生在专业学位研究生中的比例越来越大。相反,在职教师由于学历原因或者备考时间与精力有限,往往考不过应届生。这种生源选拔方式显然是不合理的。

第一,从选拔方式来看,全日制专业研究生与学术学位研究生并轨招生制度不合理。这两类研究生运用同一份试卷参加考试,按照统一的评分标准,以名次顺序招生。这导致生源的选拔标准没有体现专业硕士的培养目标,没有突出专业学位教育硕士的应用性特色,也不能体现所选拔学生的实践能力,反而造成社会对专业学位研究生的歧视。

第二,从生源标准来看,招生标准偏高,应届本科毕业生比例较大。我国报考教育硕士的具体条件是:具有学士学位或3年以上基础教育第一线教学经历的在职普通中小学、幼儿园和其他中等学校的文化基础课的专任教师或管理人员,以及省、市、区、县教育研究部门或政府机关教师系统中有中小学、幼儿园教师职务的教研员或管理人员;只有国民教育序列大学本科学历、未获得学士学位者,除满足上述条件外,还需具有中学一级(或相当的)教师职务。2009年以后,应届本科毕业生也可以报考全日制专业学位硕士研究生。

这种招生标准高于我国中小学教育的实际情况。我国中小学教师的学历层次普遍偏低,中青年教师中有相当比例人员只有中专或者大专文凭,相当比例人员没有获得本科学位。在很多偏远山区,这种情况就更加严重。我国设立教育硕士的目标是面向基础教育培养高水平的教学和教育管理人才,逐步使教育硕士专业学位成为普通中学专任教师或中小学管理人员的任职和担任较高职务的资格条件之一,以提升教师的整体素质。当前设置的条件与现实脱节,这在很大程度上限制了我国教师接受硕士教育的机会。

2009年,教育部决定开始面向应届本科毕业生招收全日制专业学位硕士研究生后,中小学一线教师攻读全日制专业学位教育硕士的机会更少。理论上讲,专业学位硕士生应该从在职教师和教育领域相关从业人员中选拔招生,这样的生源才可能在实践中生成实际的教育问题,才能运用现代教育理论方法,结合实际工作经验,解决实际教育问题。但由于应届本科生就业压力大、基础教育领域高水平师资紧缺等缘故,我国允许应届本科生报考专业型教育硕士。应届本科生加入招生竞争后,在职中小学教师、教育管理人员想获得攻读专业学位研究生的机会就更加困难了。应届本科生掌握着较为前沿的学科知识,有充足的备考时间、旺盛的精力,在职人员很难在竞争中获胜。

应届本科毕业生攻读专业学位教育硕士,突出的问题就是缺乏一线实践经验。虽然应届本科生有长期的受教育经历,但缺乏一定的教学实践经验和教育工作阅历,一部分人不能从教育实际中生成有实践价值的问题来进行研究,以至于毕业后,在实际教学工作中与学术学位教育硕士无异,需要重新学习教学技能。

(三)"双导师"制名不副实

教育硕士师资队伍对提高教育硕士教学质量起着主导的作用。教育硕士导师对任课教师不仅是知识的传授者,也是教育硕士研究生知识、能力、职业道德和价值观的培养者。高质量的导师是提高研究生培养质量的关键,高水平的师资队伍是培养基础教育教学和管理高层次人才最重要的保证。

国务院学位委员会对教育硕士专业学位研究生培养单位的师资做出明确要求:教育硕士核心课程及其重要必修课程须配备2名以上教师授课,并且要具有较丰富的教学经验,其中,教授占任课教师总数的比例在40%以上,任课教师中博士学位获得者须达到一定的比例;教育硕士核心课程及重要必修课程的任课教师中,具有教学实践经验者的比例不低于80%;有一支知识结构合理,并能切实保证教育硕士培养质量的教师队伍;在教师培养与培训方面有较好的专业与课程建设基础,在教师教育及其基础教育方面有较高的研究水平与能力。

从国家学位委员会的要求来看,专业型教育研究生导师和任课教师的遴选强调实践导向,既注重导师和核心课程任课教师的教学经验,也注重在教师培养与培训方面的能力,并要求师资队伍在教师教育及基础教育方面有较高的研究水平与能力。

从我国高校现有的师资水平来看,离这些要求还有一定的差距。我国高校指导专业学位教育硕士的导师,相当一部分人没有中小学、幼儿园的工作经历,对基础教育阶段的教学实际情况缺乏切身的体会,这就很难实现专业学位教育硕士的培养目标中的应用性要求,也很难实现创新。全国教育硕士专业学位指导委员会曾组织了一次对29所培养院校的调查,在对任课教师和导师的问卷调查中发现有62%的被调查者承认自己在指导教育硕士时有局限,其中,41%的人认为不太了解基础教育情况,20%的人不太熟悉教育硕士专业学位教育特点,20%的人认为教育教学理论素养不够。指导教师受到资源缺乏的影响,在教学中大多采用课堂讲授为主的传统教学方式,案例教学等新兴的教学方式没有得到真正的实施。课堂讲授具有系统化的优点,但是缺乏互动,无法调动学生学习的积极性,尤其是在培养以实践性为特征的专业学位研究生时,课堂讲授死板、封闭等弊端就显现出来。

目前,解决上述问题较为有效的办法是实行"双导师"制。2009年,教育部在《关于做好全日制硕士专业学位研究生培养工作的若干意见》中指出,要"建立健全校内外双导师制,以校内导师指导为主,校外导师参与实践过程、项目研究、课程与论文等多个环节的指导工作。吸收不同学科领域的专家、学者和实践领域有丰富经验的专业人员,共同承担专业学位研究生的培养工作"。

以专业学位教育硕士研究生为例,校内导师一般由研究生所在高校具备硕士生导师资格的教师担任,主要负责研究生的课程学习、课题选题、学位论文理论指导等;校外导师由中小学或同等学校、教育管理部门中具有丰富的教学或教育管理经验,并取得相当于副高以上职称的教师或者管理人员担任,主要负责研究生的实践能力培养、课题实施、学位论文实践部分指导等。校内导师与校外导师能够形成有益补充,是提高专业型教育硕士培养质量的一条较为有效的途径。"双导师"制一度受到学术界和媒体的高度赞扬,可实行若干年后,问题开始凸显出来。

第一,校外导师挂空名现象严重。校外导师一般由中小学、幼儿园等的一线优秀教师、优秀教研员或者教育管理部门的领导兼任,属于兼职工作。因为是兼职,他们不得不以原单位的工作为中心;因为优秀,所以这些导师往往在原单位都有较繁重的工作和社会活动,时常奔走各地,难以专注于研究生的培养。一些高校对校外导师的指导责任也没有明确的规定和切实的监管,不少校外导师只是挂有导师空名,却少有具体的指导工作可做。

第二,双导师之间缺乏有效沟通。一些学校对双导师之间的责任分工缺乏明确规定,对双导师的沟通机制没有形成有效的制度性规定,双导师沟通往往成为导师之间的私人沟通,有较大的偶然性。由于双导师之间一个为全职、一个为兼职,导致二者之间在指导研究生的地位上存在一定的不平等。一些校内导师将研究生视为私有财产,不愿意其他老师干预自己的指导工作;而校外导师鉴于自己是兼职,就不便过多指导学生。

第三,研究生对双导师的地位缺乏正确重视。由于传统的研究生培养观念的影响,以及与校内导师沟通的便利性等因素,专业学位教育硕士往往对校内导师更为看重,朝夕相处,时刻接受校内导师的言传身教、耳提面命。对于校外导师,在一些研究生看来,只是学校为自己创造的教育实践的机会,以便自己能够到校外导师所在单位实习。平时不与校外导师联系,只在实习和学位论文签字时才想起。这种行为很容易挫伤校外导师的指导积极性,也不利于向校外导师学习请教。

由于"双导师"制在实践中存在的问题,一些学校因噎废食,干脆取消了校外导师,重新回到单一导师制,这更不利于专业学位研究生培养质量的保障。

(四)课程保障不合理、教材短缺

随着高校办学自主权的增加,专业学位硕士生的课程由各高校结合培养目标自主设置。由于专业学位硕士生培养起步较晚,各高校的课程设置也在不断改革和完善中。从目前各高校的课程设置来看,仍存在一些突出问题:

第一,课程结构不合理。目前专业型硕士生课程设置的突出问题是理论课时量偏多,学生自选课程和自学时间偏少。以教育硕士为例,第一学期以在校理论学习为主,第二学期到基地学校实习,第三、四学期由于面临就业问题,很难有精力潜心学习。实际集中学习时间只有一年,其中理论学习只有半年,非常紧促。由此导致课时压力非常大,学生自选课和自学时间非常有限。据统计,全国首批16所教育硕士专业学位试点学校所开设的课程中,马克思主义理论、外语及教育类课程占总学时数的65.9%;专业课程仅占整个课程体系课内总学时数的34.1%。对具体某一研究方向的硕士生来说,必修课(马克思主义理论、外语、教育类课程、专业课程)占总学时数的比例高达91.5%,而选修课只有72学时,仅占总学时数的8.5%。[①]

第二,课程设置的应用性没有落实。专业学位教育硕士的突出特点是应用性,这就需要安排较大比例的实践课时。绝大部分学校意识到了这一特点,在课程设置上,通常做法是第一学期在校内导师指导下进行理论学习,第二学期到基层学校在校外导师指导下实习。从教学管理的角度来看,这种做法未尝不可。但一些学校对于实践环节课程没有做出切实可行的规定,完全交由校外导师自行安排。加之实习基地远离学生所读学校,其质量保障往往取决于导师的个人行为,导师责任心强,培养质量可能会高,反之则低。因此出现了各种不合要求的现象。一些校外导师在实践环节初期,尚能耐心指导,但随后就没有耐心,只给研究生安排好实习班级、课程,就忙自己的事,任由研究生自己上课直到实习结束。实习考核却是人人高分,流于形式。

---

① 谢明.教育硕士培养模式初探[J].中国地质大学学报(社会科学版),2002(1).

第三,教材缺乏应用性。我国专业型研究生教育大多采用学术学位研究生使用的教材,缺乏反映自身特性与要求的教材。学术学位研究生的教材理论知识强而操作性差,这就造成了教材内容和培养需求的背离,缺乏对专业现实运行程序和状况的深入分析,缺乏来自第一线的鲜活实例,不利于专业学位研究生课程的学习。

(五)学位论文质量有待进一步提高

学位论文集中反映学位申请者知识、技能、研究能力等水平高低,是衡量培养质量的重要依据之一。专业学位教育硕士的学位论文要求研究生能够运用现代教育理论知识,分析、解决实际教育工作中的问题。近年来,我国专业型教育硕士论文的整体质量有所提高,但问题仍然存在。

第一,论文选题的应用性不强。2002年全国教育硕士专家指导组曾对首批毕业的教育硕士专业学位论文进行统计分析,认为1/3的论文能联系教学、管理工作,并创造性地进行研究,达到了学位论文要求;1/3的论文与学术型论文差别不大,偏重理论研究;1/3的论文质量不高或不合格。[①] 也就是说,2/3的专业型教育硕士生的学位论文不符合培养目标要求。近两年来,论文选题的应用性有所加强。据笔者对2012—2014年全国专业型教育硕士学位论文的抽样分析,100篇论文中,72%的论文联系了中小学教育实际,都是与自身工作相结合且较为熟悉的领域,主要集中在教师管理、教学管理、教育评价等方面。

第二,论文选题缺乏新意,解决问题的策略大同小异,或不着边际。笔者曾对2002—2004年全国专业型教育硕士论文进行了抽样分析,在50篇抽样中,约有8篇是关于留守儿童的研究,研究的切入点也大同小异,缺乏新意。对于解决问题的策略,几乎1/3的论文提出要求政府增加投入、充实师资、改善教师待遇、加强对留守儿童的关怀照顾等,或大同小异,或空洞而不着边际。

第三,论文格式不规范。在前述50篇抽样中,有19篇明显不符合学位论文的写作规范,存在标题、注释、参考文献写法不规范、格式错误等现象,还有一些论文存在逻辑混乱、分析深度不够甚至胡乱拼凑的现象。专家评语中也频频出现对这些现象的批评。论文表述的流畅度、专业术语运用的准确性也频频出现问题。

第四,文献资料运用不充分。学会搜集、运用国内外文献资料展开实际问题研究,是专业学位教育硕士培养目标的重要组成部分。从近两年的论文来看,几乎所有论文都搜集运用了国内外文献,但是对文献资料的运用并不充分,有的学位论文的文献资料极少,有的只是简单的罗列,甚至有些论文拿一些与主题不相干的国内外文献来贴标签、充字数。

---

① 王文利等.采取有效措施提高教育硕士培养质量[J].北京教育(高教版),2002(11).

第五，理论分析不够深入。据统计，在教育硕士专业学位"双盲"评议表中，专家对教育硕士专业学位论文质量的评价反映出教育硕士理论分析不够深入的问题，主要原因在于教育硕士在进行理论分析时没有把握好分析的"度"，浅尝辄止、蜻蜓点水。近几年论文中采用统计分析法的现象越来越普遍，这是由于不少硕士生是一线教师，有较为便利的调研条件。这是专业型教育硕士培养的一个进步，但是对数据的分析处理往往失之于肤浅。一般都只有简单的量化统计，并以简单的百分数形式呈现，缺乏信度、效度、趋势分析，这说明对新的数据分析处理工具掌握不够。在结论部分，不少论文都是寥寥数语，一笔带过，这是由于全日制专业学位教育硕士理论学习的时间有限，掌握的理论知识不够，难以进行理论提炼。加之学制只有 2 年，研究生用于读书和练笔的时间有限，导致文气不足，这也是论文理论分析不够深入的原因所在。

第三节 教育硕士专业教育质量保障的改进

当前我国在专业学位研究生培养质量保障机制建设上取得了一定的成就,培养了一批优秀的应用型高水平人才,但不可否认也存在一些问题。随着专业型硕士研究生在研究生中的比重逐步扩大,数量逐年增加,有必要进一步改革和完善培养质量保障机制。结合上文对我国专业型硕士研究生教育质量保障机制的分析,借鉴国外专业型硕士培养的质量保障经验,本节试图对我国现有的质量保障机制展开探索,提出改进策略。

一、外部质量保障机制的改进策略

我国专业型硕士研究生外部质量保障机制的改进,需要从政府、社会与高校的宏观层面着手,从质量保障主体、质量保障目标、质量保障内容、质量保障方式、质量保障监督五个方面展开。

(一)建立政府、学校和社会相结合的质量保障主体机制

从国外质量保障机制的经验来看,单纯依靠政府、学校或者社会作为研究生质量保障的主体,都存在不足,我国下一步的改进有必要结合三者的优势,形成多元结合、责任明确的质量保障主体机制。

从政府层面来看,必须改革原先的政府对专业学位研究生质量保障进行直接管理的制度,转向法规、政策制定和宏观管理。具体而言,即政府要建立健全我国研究生教育质量保障系统的相关政策与法规,明确不同类型的教育质量保障主体的责任与权力,规范各主体的质量保障行为,协调不同主体之间的关系,最大限度发挥不同主体的质量保障功能,共同为专业学位研究生教育质量保障工作服务。

从学校层面来看,要进一步改革完善各高校的专业学位研究生质量保障制度,形成切合地方与学校实际、具有本校特色的质量保障机制。高校是专业型硕士生培养工作的执行者,随着办学自主权的扩大,高校在培养质量保障中的作用越来越大。各高校有必要结合新时期研究生教育的新情况,结合本地实际,进一步进行改革和完善专业学位研究生的质量保障机制。关于学校内部质量保障机制的改进,后文中将做进一步探索。

从社会层面来看,要积极调动社会团体和机构在硕士生质量保障中的积极作用,让

其参与到质量保障工作中,进一步发挥作用。近年来,我国社会成立了各种类型的教育评价机构和团体,评价结果对各学校的知名度、生源甚至政府拨款都产生了一定的影响。这在一定程度上源于社会评价机构的相对中立性,易于得到公众的信任。我国下一步有必要吸纳社会团体和机构参与研究生的质量保障工作。

(二)明确以研究生培养效果为质量保障目标

专业学位研究生质量保障的目标是指导、监督和促进各高校按照专业学位研究生的培养目标进行人才培养,为国家和社会提供高水平的应用型人才。鉴于实际工作中存在的目标偏离等现象,有必要进一步厘清培养目标,建立正确的质量保障目标,形成正确的导向。

当前的质量保障由政府主导,保障的初衷是通过评价发现各高校研究生培养中的问题,并督促其改进,同时根据评价结果决定财政支持的力度,以便更好地提高培养质量。但在实际操作中,这种目标与初衷偏离,各高校往往更加注重质量评价结果对政府财政拨款力度、学科地位和社会知名度的影响,重视质量保障评价的结果而忽视后续的改进。

今后的质量保障,应该以研究生培养质量为目的,注重对研究生培养质量的评价、诊断和后续跟踪指导。在此基础上,要形成正确的质量观,要在全体研究生导师、研究生和质量保障管理人员中形成正确的质量意识,让全体参与者意识到专业学位研究生质量保障的目标是促进研究生培养质量的提高,而不是应对检查,不是为了获得财政拨款,更不是为了应付毕业混学历。因此,有必要对质量保障的从业者进行系统的宣传教育,如果条件允许,可做短期的专项培训,以便转变质量观念,形成正确的质量意识。

(三)培养过程质量与效果质量并重

当前研究生质量保障的内容经过不断的研究和完善,相对比较全面,但过于求全。

分析各类研究生质量保障的内容,共同的特点就是涉及面广,几乎囊括研究生培养所涉及的方方面面,并在此基础上建立指标体系和权重。虽然这样可以促进各高校不断改进完善研究生培养的各方面工作,但会带来学校工作的不胜繁重,缺乏重点,甚至本末倒置。今后的质量保障,要结合专业型硕士研究生的培养目标,有重点地开展。

以专业学位教育硕士为例,其目标主要是培养面向基础教育教学和管理工作需要的高层次人才,在具体的知识与技能要求上,要求"该学位获得者应具有良好的职业道德,既要掌握某门学科坚实的基础理论和系统的专业知识,又要懂得现代教育基本理论和学科教学或教育管理的理论及方法,具有运用所学理论和方法解决学科教学或教育管理实践中存在的实际问题的能力,能比较熟练地阅读本专业的外文资料"。按照这个要求,就可以形成以下几个质量保障重点:职业道德;学科基础理论和系统的专业知识;现代教育理论、教学理论和方法;解决实际教育问题的能力。至于其他的硬件建设、师资水平、经费条件等只是实现质量目标的手段,可作为质量保障的参考要素,但不应该是质量保障评价的重点。要实现上述质量保障重心的调整,就需要转变评价者的评价观念,对现有的质量保障指标体系进行系统的改革。

（四）建立综合有效的质量保障评价方式

当前专业学位研究生教育外部质量保障方式的特点是运动式评价泛滥,对后续改进的评价着力不足;量化评价为主,质性评价不足;评价结果透明度不高,因此有必要做以下改进:

第一,建立质量保障跟踪评价机制,注重后续质量评价。目前的专业型硕士生质量保障评价机制是政府主导型,评价工作实施的偶然性较强,一轮评价结束后,往往没有精力对学校的后续改进工作做进一步的跟踪评价和指导。因此,要建立政府、社会团体和学校相结合的质量保障机制,尤其是发挥相关社会团体的专业性优势,对各学校的研究生培养质量进行经常性跟踪评价。跟踪评价是与一次性评价相对应的评价方式,不仅要对某一届的研究生培养质量进行评价,还要对历届尤其是后期的研究生培养质量进行评价,考察高校在培养质量上的改进成效,促进培养质量的不断提高。

第二,量化评价与质性评价相结合。现有的质量保障评价方式过于迷恋量化评价方法,不可避免地落入表面化的窠臼,所形成的评价报告,数据分析过多,可读性差,结论中分析深度不够。今后的质量评价,在优化量化评价方法的同时,要注意采用质性评价方法。质性评价方法虽然不如量化评价那般准确,但能够深入数据内部,了解研究生培养的实际过程。针对专业学位研究生培养质量的评价,本文建议采用访谈法、文献法和驻校观察法。

访谈法主要是对在读研究生、导师、管理人员和硕士毕业生用人单位进行访谈。通过访谈,了解研究生学习期间的基本情况,了解各方对研究生培养工作的意见,了解用人单位对毕业研究生的质量的看法。

文献法主要是用来研究研究生的学位论文质量。当前研究生质量保障评价也会用到文献研究方法,但往往用来了解学校培养的规章制度和教学管理措施,而不是用来了解研究生的论文水平。因此,有必要改变这种本末倒置的评价方法,重视对研究生毕业论文的质量评价。

观察法主要是用来观察研究生的专业技能。以专业学位教育硕士为例,重点是观察其课堂教学技能或教育管理技能,这就要深入实习基地,观察研究生的课堂教学实习或者教育管理实习。

(五)建立质量保障监督机制

建立政府、学校和社会三结合的评价机制后,对评价主体的监督就显得尤为必要。

我国当前建立的政府主导型研究生教育质量保障机制中,保障的主体是教育行政部门工作人员和教育界的知名专家学者。质量保障工作受到政府职能部门的监督,这在一定程度上可以减少保障工作中的违法、违纪或者不公正现象,增进质量评价结果的公正性。但腐败现象仍然存在,在建立三结合的评价机制后,政府职能部门的监督不能就此撤出,而要进一步加强对政府、学校的监督。

社会团体参与到硕士生质量保障工作中后,监督机制将面临新的挑战。社会团体作为独立于政府和学校之外的中介结构,虽然有中立性的优势,并得到公众的信任,但不可否认也存在不公正甚至腐败行为,并因此影响其评价结果。但对社会团体腐败行为和不公正行为的监督是一个世界性的难题。社会团体不是政府机构,除非涉及违法行为,否则政府不能对其进行调查监督。但社会团体受各种因素的影响,在质量保障评价工作中容易出现不公正现象。解决这个问题的途径有二:一是注重政府、学校、社会和学生之间的相互监督,并在此基础上形成退出机制,对违法或者严重丧失公正性的社会团体实行强制退出机制;二是加强舆论监督,利用媒体力量和公众舆论进行监督。

二、学校内部质量保障机制改进策略

学校内部质量保障机制的改进是专业学位硕士研究生质量保障的关键。各高校需要从生源质量保障、师资队伍保障、课程与教材保障、毕业考核质量保障等方面展开系统改进。

(一)降低生源资格要求,扩大招生范围,单独招生

生源选拔是专业学位硕士生质量保障在输入阶段的关键。结合前文对生源选拔上存在问题的分析,提出如下解决路径:

第一,降低生源资格要求。专业学位研究生与学术学位研究生不同,后者由于要进行专门的学术研究,对考生的知识水平、学历层次、曾就读学校背景较为关注,一般的情况是考生必须要有本科学历和学位,且知识水平越高、曾就读学校名气越大越好。但专业学位研究生有所不同,基于我国中小学教师学历水平的现状,不能过于抬高考生条件,不能过分关注考生的学校背景,而要适度降低学历要求,以考生的实际知识水平、实践经验作为选拔条件。对偏远地区、少数民族地区考生还要进一步降低生源资格要求。

第二,扩大招生范围。以教育硕士为例,目前我国能够报考专业学位硕士研究生的

人员主要集中在中小学校、职业学校和教育行政部门等传统意义上的事业单位。近年来,我国民办教育机构和教育评价机构蓬勃发展,从业人员逐步增加,成为我国教育事业中的重要组成部分,招收这些领域的从业人员势在必行。现有的招生范围有必要扩大,从而使这些领域的从业人员接受研究生教育,以提高民间教育的水平。

第三,单独招生。现行的学术学位研究生与专业学位研究生并轨招生机制不能体现后者的特点,还容易造成社会歧视,必须改革。专业学位研究生的招生必须单独进行,选拔方式要笔试和面试相结合。以专业学位教育硕士为例,笔试内容要突出应用性,切合中小学、幼儿园的教育实际。面试不能流于形式,要切实推行。面试方式不能以面谈为主,而要以课堂教学考核或教育管理问题考核为主。

(二)落实"双导师"制

前文已分析说明,"双导师"制是解决我国当前专业型硕士生导师队伍结构不合理的有效方式之一。但实践中存在的问题需要进一步解决。

第一,明确"双导师"的职责,切实推行"双导师"制。将"双导师"制作为招收专业学位研究生的前提确定下来,保证每一名专业学位研究生都拥有两名导师;要适当控制校外导师同时指导硕士生的名额,以确保培养质量。对"双导师"的职责要明确划分,并对导师和学生进行宣传,让导师和学生正确认识"双导师"制的含义和职责,让三者之间形成良性沟通。

第二,建立校内导师基层锻炼机制,加强导师队伍培训。对教育硕士的指导不仅要有相关的学术理论知识,还要熟悉基础教育教学管理现状。

鉴于现有的导师队伍对基础教育情况的熟悉程度不够,要从政府和学校层面,建立专业学位教育硕士生导师到基层轮流挂职锻炼的机制,锻炼的内容包括:中小学、幼儿园课堂教学;班主任工作;学校管理;地方教育行政管理等。通过锻炼,让导师在挂职锻炼中切身体会基层教学与管理的实际情况,获得实际工作经验和认识。

考虑到基层锻炼在操作上的困难,条件不足的学校还可以对校内导师进行培训,让校内导师了解中小学教育实际情况。

第三,改革校外导师遴选原则,实行退出机制。目前聘请校外导师的原则一般是考虑其专业技能、经验和知名度。以专业学位教育硕士的校外导师为例,所聘导师几乎都是中小学、幼儿园的名师或教育行政部门领导。这些导师拥有丰富的教学经验、良好的教学技能或者教育管理经验,但往往都没有足够的时间指导学生,成为挂名导师。针对这种情况,有必要改革导师遴选原则,在不降低校外导师专业技能和经验遴选标准的基础上,不必过分追求知名度或者行政职务的高低,而要以指导研究生的精力充裕度为重要参考标准。

第四，对校外导师的专业理论水平和研究生指导能力进行培训。校外导师由于长期在基层工作，对教育学科的前沿知识理论掌握相对较少，因此有必要对校外导师进行短期、系统培训，提高校外导师的专业知识水平。由于校外导师制度实行时间不长，很多导师没有硕士生指导经验，也不熟悉高校的硕士生培养制度，高校有必要对聘请的校外导师进行集中培训，并邀请有经验的校内导师与之进行交流，明确研究生指导工作的流程，明确校外导师的职责，提高校外导师的指导能力。

（三）改革课程保障机制，开发专业学位研究生教材

第一，要适当减少公共必修课程时间，整合专业课程，可采用教师团队教学。目前专业学位研究生课程设置的突出问题是必修课时量偏多，学生自选课时和自学时间偏少。改革现有课程设置，就要适当缩短必修课程时间。国家和学校有必要适当减少马克思主义理论课、英语课的课时要求。学科专业方面可适当减少专业必修课数量和课时，有些专业课程可以与研究方向课程整合，组成教师团队进行教学，以便减少必修时间，让研究生有相对充足的时间自由选课或者自主研究。

第二，开发专业学位研究生的课程教材，教材内容注重课程整合和应用性。在课程整合的基础上，专业学位研究生的教材开发要注重课程内容的整合，便于减少研究生的学习负担。尤其是教育硕士，由于教育学科不同课程之间的联系非常紧密，知识的重复性较高，在教材中实现整合不仅可能，也有必要。

教材内容要注重应用性。专业学位研究生的教材是针对有一定基层工作经验的学生所开发的，教材内容要注重应用性。以教育硕士为例，通篇理论思辨的教材不符合学生的需求，也不适应基层教育的实际，需要增加更多的鲜活案例，在案例分析中贯穿教育学的理论知识，使学生能够在案例学习中学会运用专业理论解决实际教育问题的方法。

第三，加强实践课程的管理。由于实践课程是在基地学校开展，课程管理往往流于形式。因此，高校有必要与基地学校建立研究生共同培养机制，在实践课程开展期间，在基地学校建立专门的课程管理办公室或者定期派遣课程管理人员，对实践课程的实施情况进行监督，督促校外导师按照课程计划展开指导。

（四）毕业考核中论文与实践技能并重

目前专业学位研究生的毕业考核仍然是以毕业论文为主，对实践技能的考核重视不够，一般都在课程计划内完成。这种考核方式没有体现理论与实践并重的培养目标。专业学位研究生的毕业考核应该将论文与实践技能同时纳入考核当中。

对于毕业论文，要细化学位论文质量标准，对论文选题要求、适量水平、学术规范做出明确、细致、严格的规定。对论文的各个组成部分，包括封面、中文摘要、英文摘要、目

录、标题格式、符号、正文、引文注释、参考文献、附录、后记等,都要有相应的质量要求,并要详细说明每一个部分在内容和规范等方面必须达到的质量标准。此外,对论文的各个环节,包括选题、开题、指导、修改、盲检和答辩等,都要提出具体的质量要求,并规定每一个环节的程序和步骤,以及阐明相关人员的职责,尤其是"双导师"之间的职责。

对于实践技能,要制订具体的实践技能考核标准和实施方法。以学科教育专业的教育硕士为例,实践技能考核就要以课堂教学为考核重点,要组建专门的评委团队,制订明确的课堂教学考核指标、分值和权重,以此为依据展开考核。由于大部分专业方向需要在中小学、幼儿园的教学班中进行考核,因此学校或学院层面还要建立专门的实践考核基地,并提供相应的经费,确保实践技能考核顺利进行。

结　语

本书通过对改革开放以来我国基础教育课程改革实践的批判性检视，主要表达了如下观点：

1.专业学位研究生教育是我国研究生教育体系的重要组成部分，是培养高层次应用型专门人才的主要途径。积极发展专业学位研究生教育，是全面建成小康社会、建设创新型国家的必然要求，也是研究生教育服务国家经济建设和社会发展的必然选择。发展专业学位研究生教育，必须以职业需求为导向，以实践能力培养为重点，以产学结合为途径，体现"职业实践性"。

2.教育硕士专业学位研究生教育改革创新，关键在于培养目标的准确定位以及课程体系和教学过程等其他要素是否建构起"基于目标取向的内在逻辑联系"，而培养目标定位不明确、课程体系重理论轻实践、教学过程重知识传授轻能力培养正是我国全日制教育硕士专业培养模式存在的突出问题。

3.提高教育硕士专业的培养质量，必须从招生制度、课程体系、教学方式、课程考核方式、实践基地建设、评价方式、培养模式等方面进行整体综合改革。在招生制度方面要积极推进教育硕士专业学位与学术学位硕士研究生分类考试、分类招生。建立符合专业学位研究生教育特点的选拔标准，完善教育硕士专业学位研究生招生办法，重点考察考生教育综合素质、运用教育基础理论和教育专业知识分析解决教育实际问题的能力以及职业发展潜力，拓宽和规范在职人员攻读教育硕士专业学位的渠道；在课程体系方面要突出课程实用性和综合性，增强理论与教育改革实际的联系。在教学方式方面要创新教学方法，加强案例教学、模拟训练等教学方法的运用；在课程考核方式方面要注重过程考核和能力考核，着重考察研究生运用所学教育基本知识和技能解决实际问题的能力和水平；在实践基地建设方面要联合相关中小学、教师进修学校（学院）、教师发展中心，建立稳定的教育硕士专业学位研究生培养实践基地；在评价方式方面要加强实践考核评价，保证实践质量；在培养模式上要加大校校合作力度，与中小学学校、教师发展中心开展联合招生和联合培养，构建人才培养、科学研究、社会服务等多元一体的合作培养模式，提高全日制教育硕士专业学位研究生的培养质量。

参考文献

[1]中国大百科全书出版社编辑部.中国大百科全书·教育[M].北京:中国大百科全书出版社,1992.

[2]冯增俊.现代研究生教育研究[M].广州:广东高等教育出版社,1993.

[3]施良方.课程理论:课程的基础、原理与问题[M].北京:教育科学出版社,1996.

[4]黄刚.高等学校教学质量管理系统[M].桂林:广西师范大学出版社,1996.

[5]吴岩.国际高等教育质量保障体系新视野[M].北京:教育科学出版社,2014.

[6]托尼·布什.当代西方教育管理模式[M].强海燕,译.南京:南京师范大学出版社,1998.

[7]王战军.学位与研究生教育评估技术与实践[M].北京:高等教育出版社,2000.

[8]吴志宏.新编教育管理学[M].上海:华东师范大学出版社,2000.

[9]李其龙.教师教育课程的国际比较[M].北京:教育科学出版社,2002.

[10]周华珍.建国以来高等学校政治理论课的历史沿革及其发展规律研究[M]北京:中国人民大学出版社,2002.

[11]江彦桥,赵伟建,付克阳.高等学校教学质量保证体系的研究与实践[M].上海:上海外语教育出版社,2002.

[12]唐玉光,房剑森.高等教育改革论[M].桂林:广西师范大学出版社,2002.

[13]王英杰.美国高等教育的发展与改革[M].北京:人民教育出版社,2002.

[14]韩映雄.高等教育质量研究——基于利益关系人的分析[M].上海:上海科技教育出版社,2003.

[15]教育部师范教育司.教师专业化的理论与实践[M].北京:人民教育出版社,2003.

[16]沈玉顺.高校教学质量保障的思想与实践[M].上海:文汇出版社,2003.

[17]国家教育发展研究中心.2004年中国教育绿皮书:中国教育政策年度分析报告[M].北京:教育科学出版社,2004.

[18]马云鹏.课程与教学论[M].北京:中央广播电视大学出版社,2005.

[19]蔡铁权,楼世洲,谢小芸.教育硕士专业学位论文写作指导[M].杭州:浙江大学出版社,2005.

[20]沈玉顺.课堂评价——新课程课堂教学改革丛书[M].北京:北京师范大学出版社,2006.

[21]周光明.大学课堂教学方法研究[M].重庆:西南师范大学出版社,2007.

[22]田恩舜.高等教育质量保证模式研究[M].青岛:中国海洋大学出版社,2007.

[23]蔡笑岳.教师专业发展与教育科研[M].广州:暨南大学出版社,2007.

[24]杨颉,陈学飞.研究生教育质量:内涵与探索[M].上海:上海交通大学出版社,2007.

[25][美]朱迪恩·H.舒尔曼.教师教育中的案例教学法[M].郅庭瑾,译.上海:华东师范大学出版社,2007.

[26]全国教育硕士专业学位教育指导委员会.教育硕士专业学位建设的理论与实践[M].北京:人民教育出版社,2007.

[27][美]伯顿·克拉克.研究生教育的科学研究基础[M].王承绪,译.杭州:浙江教育出版社,2002.

[28]周洪宇.学位与研究生教育史[M].北京:高等教育出版社,2004.

[29]顾明远,石中英.国家中长期教育改革和发展规划纲要(2010－2020年)解读[M].北京:北京师范大学出版社,2010.

[30]研究生专业学位总体设计研究课题组.开创我国专业学位研究生教育发展的新时代 研究生专业学位总体研究报告[M].北京:中国人民大学出版社,2010.

[31]刘献君.发达国家博士生教育中的创新人才培养[M].武汉:华中科技大学出版社,2010.

[32]中国学位与研究生教育发展年度报告课题组.中国学位与研究生教育发展年度报告[M].北京:中国人民大学出版社,2011.

[33]王战军.中国研究生教育质量保障体系理论与实践[M].北京:高等教育出版社,2012.

[34]袁锐锷,易轶.美国大学以优秀教师标准重设教育硕士课程[J].学位与研究生教育,2005(11).

[35]武玉国,韩延伦.教育硕士课程设置科学性问题探讨[J].学位与研究生教育,2007(4).

[36]姚利民.高校教学现状调查分析[J].高教探索,2007(5).

[37]傅维利.教育硕士质量保证与培养资源供给[J].学位与研究生教育,2005(5).

[38]徐学智.教育硕士工作满意感与离职倾向的调查[J].教师教育研究,2005(5).

[39]谢安邦.提升指导力,推进导师队伍制度化建设[N].中国教育报,2008-2-25.

[40]周世厚.英国教育硕士专业学位教育:现状、特色与经验[J].学位与研究生教育,2009(9).

[41]袁锐锷.教育硕士专业学位中英教育的国际比较研究[J].华南师范大学学报(社会科学版),2000(3).

[42]袁锐锷.中英教育硕士专业学位教育的比较研究[J].比较教育研究,2000(5).

[43]毕研韬,刘孟臣.个性化的英国研究生教育[J].学位与研究生教育,2003(3).

[44]秦春生,戴继天,孙平.中美教育硕士教育比较研究[J].学位与研究生教育,2002(11).

[45]徐今雅.日本"教师专业研究生院"制度研究——以兵库教育大学为例[J].比较教育研究,2007(6).

[46]高亚杰,饶从满.日本教育硕士专业学位教育的现状与特色[J].学位与研究生教育,2010(6).

[47]葛上秀文.关于谋求教师专业性提高的教师教育的考察——从教育研究生院的课程构建透视[J].鸣门教育大学研究学报,2006(21).

[48]范牡丹.关于教育硕士专业学位研究生培养现存问题的分析与思考[J].教育与职业,2009(11).

[49]邝丽湛.教育实践:教育硕士培养中的价值与策略[J].学位与研究生教育,2008(3).

[50]邓涛,孔凡琴.澳大利亚教育硕士专业学位教育的特色与启示[J].外国教育研究,2010(10).

[51]傅松涛等.中美教育硕士专业学位研究生教育比较研究[J].学位与研究生教育,2004(4).

[52]朱志龙.中外教育管理教育硕士课程设置与实施的比较研究[D].南京:南京师范大学硕士学位论文,2007.

[53]贺菲.美国密歇根州立大学教育硕士培养方案研究[D].重庆:西南大学硕士学位论文,2012

[54]赵云花.教育硕士专业学位论文质量保障体系研究[D].上海:华东师范大学硕士学位论文,2008.

[55]曾夏芳.中美比较视野下我国教育硕士培养质量保障体系研究[D].金华:浙江师范大学硕士学位论文,2010.

[56]时花玲.教育硕士专业学位研究生教学质量保证体系研究[D].上海:华东师范大学博士学位论文,2008.

附 录

附录 1：教育部关于做好全日制硕士专业学位研究生培养工作的若干意见（教研〔2009〕1 号）

各省、自治区、直辖市教育厅（教委），新疆生产建设兵团教育局，有关部门（单位）教育司（局），部属各高等学校：

为更好地适应国家经济建设和社会发展对高层次应用型人才的迫切需要，积极发展具有中国特色的专业学位教育，我部决定自 2009 年起，扩大招收以应届本科毕业生为主的全日制硕士专业学位范围。开展全日制硕士专业学位研究生教育，必须以邓小平理论和"三个代表"重要思想为指导，深入贯彻落实科学发展观，坚持以人为本，以质量为核心，按照"全面、协调、可持续"的要求，整体规划、统筹协调、规范管理、分类指导、协同发展，确保全日制硕士专业学位研究生的培养质量。为做好全日制硕士专业学位研究生教育工作，现提出如下意见：

一、充分认识开展全日制硕士专业学位研究生教育的重要性

（一）开展全日制硕士专业学位研究生教育是学位与研究生教育积极主动适应经济社会发展对高层次应用型专门人才的需要。

当前，科学技术突飞猛进，新知识、新理论、新技术日新月异，职业分化越来越细，职业的技术含量和专业化程度越来越高，对专门人才的需求呈现出大批量、多规格、高层次的特点。世界各国高等教育都主动适应这种变化，积极进行人才培养目标和培养模式的调整，大力提高人才培养的适应性和竞争力。近年来，随着我国经济社会的快速发展，迫切需要大批具有创新能力、创业能力和实践能力的高层次专门人才。研究生教育必须要增强服务于国家和社会发展的能力，加快结构调整的步伐，加大应用型人才培养的力度，促进人才培养与经济社会发展实际需求的紧密联系。

（二）开展全日制硕士专业学位研究生教育是学位与研究生教育改革与发展的需要。

我国学位与研究生教育经过 30 年的发展，办学规模不断扩大，教育质量不断提高，总体实力不断增强，建立了学科门类比较齐全、结构比较合理的学位授权体系，形成了独具特色的、有质量保证的研究生培养制度。长期以来，我国硕士研究生教育主要是培养

具有独立从事科学研究或教学工作能力的教学科研人才。但随着研究生规模的不断扩大和社会需求的不断变化,硕士研究生的就业去向已更多地从教学、科研岗位转向实际工作部门。从世界研究生教育发展状况来看,硕士研究生教育基本是以面向实际应用为主,教学科研人才更多是来源于博士研究生。为促进我国研究生教育的更好发展,必须重新审视和定位我国硕士研究生的培养目标,进一步调整和优化硕士研究生的类型结构,逐渐将硕士研究生教育从以培养学术型人才为主向以培养应用型人才为主转变,实现研究生教育在规模、质量、结构、效益等方面的协调、可持续发展。

(三)开展全日制硕士专业学位研究生教育是进一步完善专业学位教育制度的需要。

我国自1991年开展专业学位教育以来,专业学位教育种类不断增多,培养规模不断扩大,社会影响不断增强,在培养高层次应用型专门人才方面日益发挥着重要的作用,已成为学位与研究生教育的重要组成部分。专业学位教育既要培养具有一定工作经历的在职人员,满足他们在职提高、在岗学习的需要,也要培养应届本科毕业生,满足他们适应社会发展、提高专业水平、增强就业竞争力的需要。根据不同培养对象,学习方式可以全日制攻读,也可以非全日制攻读。目前,我国专业学位教育,在职人员攻读比例偏大、应届本科毕业生攻读比例偏小,在全日制研究生教育中的地位和作用没有得到充分体现。开展以应届本科毕业生为主的全日制硕士专业学位研究生教育,对于完善专业学位教育制度、增强专业学位研究生的培养能力、满足社会多样化需求、加快培养高层次应用型专门人才,具有重要意义。

二、创新全日制硕士专业学位研究生教育的培养模式,确保培养质量

(一)科学定位

专业学位研究生的培养目标是掌握某一专业(或职业)领域坚实的基础理论和宽广的专业知识,具有较强的解决实际问题的能力,能够承担专业技术或管理工作、具有良好的职业素养的高层次应用型专门人才。专业学位研究生教育在培养目标、课程设置、教学理念、培养模式、质量标准和师资队伍建设等方面,与学术型研究生有所不同,要突出专业学位研究生教育的特色。做好全日制硕士专业学位研究生教育工作,必须科学确立专业学位研究生教育的合理定位,深入研究和准确把握专业学位研究生教育规律,创新培养理念,改革培养模式,确保培养质量。

(二)教学要求

课程设置要以实际应用为导向,以职业需求为目标,以综合素养和应用知识与能力的提高为核心。教学内容要强调理论性与应用性课程的有机结合,突出案例分析和实践研究;教学过程要重视运用团队学习、案例分析、现场研究、模拟训练等方法;要注重培养

学生研究实践问题的意识和能力。学习年限一般2年,实行学分制。课程学习与实践课程要紧密衔接,课程学习主要在校内完成,实习、实践可以在现场或实习单位完成。建立健全校内外双导师制,以校内导师指导为主,校外导师参与实践过程、项目研究、课程与论文等多个环节的指导工作。吸收不同学科领域的专家、学者和实践领域有丰富经验的专业人员,共同承担专业学位研究生的培养工作。注重培养实践研究和创新能力,增长实际工作经验,缩短就业适应期限,提高专业素养及就业创业能力。

(三)实践要求

专业实践是重要的教学环节,充分的、高质量的专业实践是专业学位教育质量的重要保证。专业学位研究生在学期间,必须保证不少于半年的实践教学,可采用集中实践与分段实践相结合的方式;应届本科毕业生的实践教学时间原则上不少于1年。要提供和保障开展实践的条件,建立多种形式的实践基地,加大实践环节的学时数和学分比例。注重吸纳和使用社会资源,合作建立联合培养基地,联合培养专业学位研究生,改革创新实践性教学模式。推进专业学位研究生培养与用人单位实际需求的紧密联系,积极探索人才培养的供需互动机制。研究生要提交实践学习计划,撰写实践学习总结报告。要对研究生实践实行全过程的管理、服务和质量评价,确保实践教学质量。

(四)学位论文

要正确把握专业学位研究生学位论文的规格和标准。学位论文选题应来源于应用课题或现实问题,必须要有明确的职业背景和应用价值。学位论文形式可以多种多样,可采用调研报告、应用基础研究、规划设计、产品开发、案例分析、项目管理、文学艺术作品等形式。学位论文须独立完成,要体现研究生综合运用科学理论、方法和技术解决实际问题的能力。学位论文字数,可根据不同专业学位特点和选题,灵活确定。学位论文评阅人和答辩委员会成员中,应有相关行业实践领域具有高级专业技术职务的专家。

三、做好全日制硕士专业学位研究生教育的组织实施工作

(一)各专业学位研究生培养单位和有关教育主管部门要高度重视,将此项工作纳入学位与研究生教育改革与发展的重要内容。要充分认识到专业学位人才培养与学术型学位人才培养是高层次人才培养的两个重要方面,在高等学校人才培养工作中,具有同等重要的地位和作用。要抓住机遇,着力调整人才培养结构,深化培养机制改革,加强教学条件建设,统筹规划,积极促进专业学位教育的健康、快速发展。

(二)各专业学位研究生培养单位要在各专业学位教育指导委员会的指导下,制订全日制硕士专业学位研究生培养方案和实施细则,建立和完善各项规章制度。要充分借鉴、吸收国际上专业学位研究生教育的先进做法,积极探索、创新全日制硕士专业学位研

究生培养模式。要重视构建和形成一支适应专业学位研究生教育的师资队伍,建立健全合理的教学科研评价体系。要强化过程管理,建立和完善包括招生、培养、学位授予等各个环节的专业学位质量保障体系。

(三)各专业学位研究生培养单位要切实加大投入,加强教学基础设施、案例库以及教学实践基地的建设。要树立服务意识,为学生学习、实践、创业等提供良好条件。要充分调动社会、行业和有关用人单位的积极性,发挥学校、院系和导师的作用,积极争取各方面资源,拓宽就业渠道。要建立和完善全日制硕士专业学位研究生的资助办法。要不断推进全日制硕士专业学位研究生教育的规范化发展,促进专业学位教育质量不断提高。要采取有力措施,确保全日制硕士专业学位研究生教育工作的顺利实施。

中华人民共和国教育部
二〇〇九年三月十九日

附录 2:《教育部关于开展研究生专业学位教育综合改革试点工作的通知》(教研函〔2010〕1 号)

各省、自治区、直辖市教育厅(教委),新疆生产建设兵团教育局,有关部门(单位)教育司(局),部属各高等学校:

我国自 1991 年开展研究生专业学位教育以来,研究生专业学位教育种类不断增多,培养规模不断扩大,社会影响不断增强,在培养高层次应用型专门人才方面日益发挥着重要的作用,已成为学位与研究生教育的重要组成部分。目前,国务院学位委员会已批准设置了 38 种专业学位,其中已经开展试点的研究生专业学位类别有 19 种,具有研究生专业学位授予权的培养单位已达 476 所,累计招收硕士专业学位研究生 85 万人,已初步建立了具有中国特色的专业学位研究生教育制度,为社会主义现代化建设培养了大批高层次应用型专门人才。

为进一步推进研究生教育改革与发展,鼓励专业学位研究生培养单位积极探索和创新符合专业学位教育特点、具有鲜明特色的研究生专业学位教育培养模式和管理体制,促进研究生专业学位教育更好地适应经济社会发展和满足人民群众的多样化需要,并逐步健全具有中国特色的研究生专业学位教育制度,经研究,决定开展高等学校研究生专业学位教育综合改革试点(以下简称综合改革试点)工作。现将有关事项通知如下:

一、基本目标

通过综合改革试点工作,提高培养单位对研究生专业学位教育的科学认识,引导不同类型研究生合理定位,充分发挥学校自身办学优势,改变研究生专业学位教育学术化倾向,营造有利于研究生专业学位教育科学发展的良好环境。通过综合改革试点工作,推进研究生专业学位教育改革的不断深化,探索符合研究生专业学位教育规律的培养模式、质量标准及保障体系和办学管理体制,促进研究生专业学位教育水平和人才培养质量的明显提高。通过支持部分高等学校先行试点,创造具有推广价值的好经验、好做法,进而发挥典型引路、示范带动的作用,逐步构建和完善与经济社会发展需要相适应的研究生专业学位教育体系。

二、基本内容

在研究生专业学位教育培养模式创新和管理体制改革方面实现较大突破,采取有针对性的改革举措,取得显著成效,积累可推广的成功经验。

培养模式创新方面,重点在硕士专业学位研究生教育的课程体系设置、师资队伍建设、教学内容与方式、研究课题和专业技能训练、实验室和实习实践基地建设、考核评价标准和方式等方面有实质性的创新。

管理机制改革方面,重点在硕士专业学位研究生教育的招生结构调整、与行业和企业共建合作、教学科研考核与评价机制、奖助贷体系建立、教育管理机构完善等方面有突破性的改革。

三、政策及经费支持

对于开展研究生专业学位教育综合改革试点工作的单位,我部将在以下几个方面给予重点支持:

(一)给予一定的经费支持。

(二)适当增加专业学位研究生推荐免试生名额和招生计划。

(三)在其他有关政策中予以支持。

四、综合改革试点单位的遴选

(一)申报条件

申报开展综合改革试点工作的高等学校应具备下列基本条件:

1.申请单位已是硕士专业学位培养单位并具有相应的硕士专业学位授权点。

2.申请单位办学理念先进,定位准确,办学特色鲜明,对研究生专业学位教育高度重视;已建立较好的研究生专业学位教育管理体制,研究生专业学位培养质量和社会认可程度较高。

3.有一支理论水平高与实践能力较强,专兼职相结合,能够满足研究生专业学位教育需要的高水平师资队伍。

4.拥有能够满足专业学位研究生培养需要的专业实验室和数量充足、稳定的实习实践基地。申请单位与实习实践基地在人才培养、科学研究、技术推广等方面有长期合作关系。实习实践基地管理规范、责任落实、合作效果好。

5.申请单位应具有目标明确、思路清晰、能够体现自身优势和特色的研究生专业学位教育发展规划,且在经费投入、机构设置、人员配备、制度建设和建立研究生奖助贷体系等方面有切实可行的措施。

6.申请单位的省级教育主管部门对申请单位开展综合改革试点工作在经费、政策和监督保障等方面有实质性支持。

(二)遴选办法

综合改革试点单位遴选坚持"总量控制、分类指导、统筹兼顾"原则,经单位自愿申报、主管部门推荐、专家审核、教育部审批等程序,遴选工作分三个阶段进行。

1.申请和推荐。中央部门(单位)属高等学校直接申报;地方所属高等学校由所在地区省级教育行政部门推荐,具有研究生专业学位授权的地方高等学校数量超过15所(含

15所)的地区可推荐2所,其余地区可推荐1所。每个单位申请开展试点的硕士专业学位类别不超过3个。

2.专家审核。根据申报情况,教育部组织由高校专家、行业和企业的专业人士组成的评审组,按硕士专业学位类别对申请单位进行审核并听取答辩。

3.教育部审批。根据专家组审核意见,综合考虑单位类型、地区布局、硕士专业学位类别和研究生专业学位教育特点,选择中央部门(单位)属高校和地方高等学校各30所左右确定为综合改革试点单位。

中华人民共和国教育部
二〇一〇年四月二十六日

附录 3:《硕士、博士专业学位研究生教育发展总体方案》(2010 年 9 月 18 日)(国务院学位委员会第二十七次会议审议通过)

专业学位(professional degree),是随着现代科技与社会的快速发展,针对社会特定职业领域的需要,培养具有较强的专业能力和职业素养、能够创造性地从事实际工作的高层次应用型专门人才而设置的一种学位类型。专业学位具有相对独立的教育模式,具有特定的职业指向性,是职业性与学术性的高度统一。专业学位是现代社会发展的产物,科技越发达、社会现代化程度越高,社会对专业学位人才的需求越大,是现代高等教育学位体系的重要组成部分。随着社会生产力的进一步发展,社会分工日趋精细,职业实践越来越复杂,专业学位在丰富人才培养类型,促进知识经济产业成长,提升社会现代化水平等方面发挥了独特的作用。

我国自 1990 年开始设置和试办专业学位教育,截至目前,国务院学位委员会已批准设置 19 个专业学位,具有专业学位授予权的院校达到 476 所,累计招生 85 万人,初步建立了具有中国特色的专业学位研究生教育制度,为社会主义现代化建设培养了一批高层次应用型人才。目前,我国正处于加快转变经济增长方式,提高国际竞争力,全面建设小康社会的关键时期。国民经济持续快速增长,居民消费结构逐步升级,产业结构调整和城镇化进程加快,国际影响力与日俱增,社会主义市场经济体制逐步完善,社会政治保持长期稳定,有力地促进了学位与研究生教育规模的扩大。与此同时,提高自主创新能力、推进产业结构优化升级、建设资源节约型和环境友好型社会、构建和谐社会、建设社会主义新农村,促进国民经济又好又快发展等一系列国家发展战略,对专业学位与研究生教育提出了新的和更高要求。

二战以后,欧美各国大力调整研究生教育结构,积极发展专业学位教育。美国在经济社会快速发展的推动下,专业学位发展迅速,已成为美国高等教育体系的重要组成部分。以英国和澳大利亚为代表的英联邦国家,已形成了较完善的专业学位教育体系。法国的高等教育直接划分为大学教育和工程师教育,工程师教育是面向工程领域应用需求而开展的由本科到研究生的职业性教育。日本和韩国自 20 世纪 90 年代以来,也高度重视和大力发展专业学位教育,并在短期内形成了独立的专业学位教育系统。

2007 年,国务院学位委员会第 23 次会议提出,要适应经济社会发展需要,宏观设计,总体规划,积极发展专业学位教育,积极探索和建立中国特色的专业学位教育制度。

一、发展硕士、博士专业学位教育的指导思想、原则和目标

（一）指导思想

发展专业学位研究生教育，以邓小平理论和"三个代表"重要思想为指导，深入贯彻落实科学发展观，坚持以人为本，以质量为核心，以培养大批适应经济社会发展需要的高层次应用型专门人才为目标，统筹规划，优化结构，健全机制，创新模式，分步实施，稳步推进，努力开创专业学位教育蓬勃发展的新局面，积极促进研究生教育更好地为创新型国家和人力资源强国建设做出重要贡献。

（二）原则

适应社会需求，强化职业导向。进一步发展专业学位教育，必须紧密结合经济社会发展趋势，紧密结合特定职业领域人才需求，紧密结合职业资格认证体系。

创新培养模式，突出自身特色。发展专业学位教育，要充分借鉴、吸收发达国家和地区专业学位教育的有益经验，要着眼于我国的国情和教育的实际情况，积极创新培养模式，勇于探索中国特色的专业学位教育制度。

优化结构布局，着力完善体系。按照科学、合理、适时原则，不断扩大专业学位类别，不断完善专业学位体系，推进更多地方院校、特色高等学校积极开展专业学位教育。

完善保障机制，注重提高质量。发展专业学位教育，要以提高质量为核心，进一步加强对专业学位授权、研究生培养、学科建设、师资队伍等方面的质量保障体系建设，努力形成培养单位、教育主管部门、用人单位和社会等多层面的、健全的质量监控体系。

（三）目标

到2015年，积极发展硕士层次专业学位研究生教育，实现硕士研究生教育从以培养学术型人才为主向以培养应用型人才为主的战略性转变；硕士层次的专业学位类别增加一倍左右；稳步发展博士层次专业学位教育，本着"成熟一个、发展一个"精神，深入论证，有序推进。专业学位研究生教育质量不断提高，社会适应能力日益增强。

到2020年，实现我国研究生教育从以培养学术型人才为主转变为学术型人才和应用型人才培养并重，专业学位教育体系基本完善，研究生教育结构和布局进一步优化，培养质量明显提高，研究生教育能够更好地适应经济社会发展需要和满足人民群众接受研究生教育的需求。

二、加快创造和完善有利于专业学位教育发展的宏观环境

（一）积极引导、鼓励行业、企业及社会力量支持、参与专业学位教育

努力创造专业学位教育良好的社会环境。中央和地方政府应通过制定有关政策，引导并鼓励行业、企业与社会团体、专业组织积极介入专业学位教育，指导教学过程，参与教学评估，设立见习岗位，提供实习条件，把校企（行业）联合培养专业学位人才作为重要社会责任。全国各专业学位教育指导委员会应吸收更多实践部门有丰富实践经验的专

业人士担任委员,推进教育指导委员会主动与行业组织、协会加强沟通、合作,共同谋划办学,使校企(行业)真正成为专业学位教育的办学共同体。

(二)加大专业学位研究生人才选拔改革力度

1.改革招生计划分配方式

从2010年起,国家在下达硕士研究生招生计划时,将学术型研究生与专业学位研究生分列下达,明确招生单位招收学术型研究生和专业学位研究生的规模。新增硕士研究生招生计划主要用于全日制硕士专业学位研究生招生,同时,要求具有专业学位授权的招生单位按不低于5%的比例减少学术型招生人数,减出部分用于增加硕士专业学位研究生招生。将在职攻读硕士专业学位纳入国家统一的硕士生招生计划。

2.改革入学考试方式

从2010年起,对学术型和专业学位研究生招生,采取"分类报名考试、分别标准录取"的方式进行,按照"科目对应、分值相等、内容区别"的原则设置专业学位研究生招生考试科目和内容。考试内容突出考查考生运用基础知识和基本理论分析问题和解决实际问题的能力。同时,对专业学位硕士生实施推免生政策,提升专业学位吸引力和生源质量。积极研究、不断深化改革专业学位入学考试选拔标准。

(三)加快完善专业学位设置与授权审核制度

1.改革硕士、博士专业学位设置审批办法

(1)制定与学术型学位学科目录相对应的硕士、博士专业学位授予与人才培养目录,作为专业学位授权审核、学位授予和人才培养以及教育统计分类等工作的依据。

(2)根据有关行业主管部门、行业协会或有关学位授予单位提出设置与调整专业学位的建议,国务院学位委员会办公室组织专家进行论证,统一规划,动态调整硕士、博士专业学位类别设置。

(3)硕士层次专业学位类别设置一般每五年调整一次。

博士层次专业学位设置,根据实际需要,逐一论证,适度发展。

(4)硕士、博士专业学位类别设置与调整由国务院学位委员会审批。

2.改革专业学位授权点审核办法

(1)国务院学位委员会办公室制定各类别硕士、博士专业学位授权点基本标准和审核要求。

(2)不断扩大省级学位与研究生教育主管部门统筹区域内专业学位授权点的审核权限,增强专业学位教育为地方经济社会发展服务的能力。

(3)不断扩大部(委)属高等学校在专业学位授权点方面的审核权,扩大专业学位教育办学自主权。

(4)专业学位的授权点审核,以相应学科作为基础,但不以是否具有硕士、博士学位授权点作为专业学位授权的必要条件。

(四)大力推进专业学位教育与职业资格考试的衔接

专业学位教育与职业资格考试的紧密衔接,是专业学位教育的突出特色,也是专业学位教育的重要发展方向。积极推动专业学位与职业资格考试的多种形式的衔接。拟采取的衔接方式有以下几种:

1.完全对接。学生在学期间,所学课程和培养要求,得到职业资格考试的认可,学生毕业时,既获得学位证书,也获得职业资格证书。

2.课程豁免。在校学生或毕业生,参加国家职业资格考试,可豁免一定的考试科目。

3.缩短职业资格考试实践年限。学生如获得相应专业学位,可提前一定时间具备参加职业资格考试的资格。

4.与国际职业资格考试衔接。在校学生或毕业生,可具备参加有关国际职业资格考试条件,并可豁免一定的考试科目。

5.任职条件之一。获得相应专业学位,成为某些职业领域专业人员职业发展的必备条件之一。

(五)建立健全硕士、博士专业学位教育宏观管理与质量保障体系

建立和完善高校自主办学、中央和省级政府宏观调控、行业组织积极参与的宏观管理体系。

1.国务院学位委员会、教育部统筹制定专业学位教育发展的宏观政策、规划;组织设立全国专业学位教育指导委员会并委托其开展相关教学指导和质量认证等工作。

2.省级学位与研究生教育主管部门,负责制定本省(自治区、直辖市)专业学位教育发展规划,组织专业学位授权点审核,开展教育质量评估和检查等。

3.全国专业学位教育指导委员会,负责制定指导性培养方案、教学基本要求和专业学位授予标准,开展教材与案例库建设,促进师资建设,加强合作与交流,实施办学质量认证和评估等。

4.培养单位根据国家、地方政府和教育指导委员会的有关政策,积极探索硕士、博士专业学位教育发展新模式,努力提高人才培养质量。

5.社会行业组织作为独立的第三方,参与硕士、博士专业学位教育的质量评价、监督和指导,将政府监管机制和市场监控机制有机结合,充分发挥市场机制对专业学位教育质量的保障作用。

三、创新人才培养模式,不断提高培养质量

专业学位研究生教育在培养目标、课程设置、教学理念、培养模式、质量标准和师资队伍建设等方面,与学术型研究生完全不同。专业学位获得者要具备特定职业所要求的专业能力和素养,具备从业基本条件,能够运用一定的理论、知识和技术有效地从事专业工作。

（一）创新人才培养模式

1.建立专业学位研究生教育办学新模式

切实转变办学观念,强化目标导向,与实际部门建立长期、稳定、实质性的联合培养机制,搭建高水平的合作培养平台,积极构建专业学位研究生教育新的办学模式。教学组织、教学过程、教师构成、教学方式、教学评价都要紧紧围绕教学目标而实施。突出实践教学,保证不少于半年的实践教学,加大实践教学学分比重。改革创新实践教学模式,坚持一线实践,建立多种形式的实践基地;对实习实践进行全过程的管理、服务和质量评价,确保实践训练质量。

2.建立专业学位研究生教育的课程体系和教学方法

课程设置要充分反映职业领域对专门人才的知识与能力要求,以实际应用为导向,以满足职业需求为目标,以综合素养和应用知识与能力的提高为核心,将行业组织、培养单位和个人职业发展要求有机结合起来。教学方法强调以学生为本、以能力培养为本、以职业导向为本;重视运用团队学习、案例分析、现场研究、模拟训练等方法,注重培养学生研究实践问题的意识和解决实际问题的能力。

3.建立专业学位研究生教育的论文标准和考核办法

专业学位的学位论文,必须强化应用导向,形式可多种多样。鼓励采用调研报告、规划设计、产品开发、案例分析、项目管理、文学艺术作品等多种形式,重在考查学生综合运用理论、方法和技术解决实际问题的能力;论文选题必须来源于社会实践或工作实际中的现实问题,有明确的实践意义和应用价值;学位论文答辩形式可多种多样,答辩成员中应有相关行业实践领域具有专业技术职务的专家。

（二）构建"双师型"的师资队伍

各培养单位要提高专任教师的专业实践能力和教育教学能力,提升师资队伍的专业化水平。来自实践领域有丰富经验的高层次专业人员承担专业课程教学的比例应不低于三分之一,并积极参与实践过程、项目研究、论文考评等工作;大力引进既有理论水平、又有实践经验的优秀专业人才从事专业学位教育,加快形成"双师型"的师资结构;着力建立和形成有利于激励教师积极投身专业学位教育的评价体系,制订从事专业学位教育的职称评定标准。

（三）探索专业学位研究生教育管理新机制

各校学位评定委员会要注重分类管理和指导,制定专业学位的评价标准;建立有利于专业学位研究生教育的教学、组织和管理机构;建立健全专业学位教师的教学科研评价体系;加大投入,统筹教学和研究资源,加强教学基础设施、案例库以及教学实践基地建设;建立和完善全日制专业学位研究生的奖助贷体系;加强就业指导和职业规划,把专业学位毕业生纳入与学术型研究生相同的就业政策范畴,提高学生就业能力。

四、开展专业学位研究生教育综合改革试点工作

为加快推进专业学位教育的改革与发展,拟开展专业学位教育综合改革试点工作。通过综合改革试点工作,大力推动高校转变观念,提高对专业学位研究生教育重要性的认识,积极探索专业学位研究生教育规律。建立健全专业学位研究生招生、培养、教学、服务等管理机制,营造良好的办学环境;大胆探索和创新专业学位研究生教育培养模式,特别强调与企业、行业等建立紧密的、实质性的联合培养机制;建立健全专业学位教育的教师选拔、激励和评价机制,特别注重吸引有丰富实践经验的专业人士担任教师,形成"双师型"的教师结构;建立健全专业学位研究生的奖助贷体系。通过综合改革试点工作,发挥试点单位的示范作用,积累经验,加快形成与经济社会发展需要相适应的专业学位教育体系,促进专业学位研究生教育水平和人才培养质量的明显提高。

国务院学位委员会
二〇一〇年九月十八日

附录 4:《教育部人力资源社会保障部关于深入推进专业学位研究生培养模式改革的意见》(教研〔2013〕3 号)

各省、自治区、直辖市教育厅(教委)、人力资源社会保障厅(局),新疆生产建设兵团教育局、人力资源社会保障局,中国人民解放军学位委员会,各专业学位研究生教育指导委员会,教育部直属各高等学校:

专业学位研究生教育是研究生教育体系的重要组成部分,是培养高层次应用型专门人才的主要途径。积极发展专业学位研究生教育,是全面建成小康社会、建设创新型国家的必然要求,也是研究生教育服务国家经济建设和社会发展的必然选择。发展专业学位研究生教育,要深入推进培养模式改革,加快完善体制机制,不断提高教育质量。根据《教育部 国家发展改革委 财政部关于深化研究生教育改革的意见》,现就深入推进专业学位研究生培养模式改革提出如下意见:

一、明确改革目标

以职业需求为导向,以实践能力培养为重点,以产学结合为途径,建立与经济社会发展相适应、具有中国特色的专业学位研究生培养模式。

二、改革招生制度

坚持招生制度改革为人才培养服务的方向。积极推进专业学位与学术学位硕士研究生分类考试、分类招生。建立符合专业学位研究生教育特点的选拔标准,完善专业学位研究生招生办法,重点考查考生综合素质、运用基础理论和专业知识分析解决实际问题的能力以及职业发展潜力。拓宽和规范在职人员攻读硕士专业学位的渠道。

三、完善培养方案

专业学位研究生的培养目标是掌握某一特定职业领域相关理论知识、具有较强解决实际问题的能力、能够承担专业技术或管理工作、具有良好职业素养的高层次应用型专门人才。

培养单位应依据特定职业领域专门人才的知识能力结构和职业素养要求,以及全日制或非全日制学习方式,科学制订培养方案并定期修订。全日制研究生和非全日制研究生须分别制定培养方案。培养方案应合理设置课程体系和培养环节,加大实践性课程的比重。鼓励培养单位结合区域经济社会发展特点和自身优势,制订各具特色的培养方案。培养方案的制(修)订工作应有相关行(企)业专家参与。

四、改进课程教学

培养单位应紧密围绕培养目标,优化课程体系框架,优选教学内容,突出课程实用性和综合性,增强理论与实际的联系。创新教学方法,加强案例教学、模拟训练等教学方法的运用。完善课程教学评价标准,转变课程考核方式,注重培养过程考核和能力考核,着重考察研究生运用所学基本知识和技能解决实际问题的能力和水平。

五、加强实践基地建设

培养单位应积极联合相关行(企)业,建立稳定的专业学位研究生培养实践基地。共同建立健全实践基地管理体系和运行机制,明晰各方责任权力。明确研究生实践内容和要求,健全实践管理办法,加强实践考核评价,保证实践质量。促进实践与课程教学和学位论文工作的紧密结合,注重在实践中培养研究生解决实际问题的意识和能力。

六、强化学位论文应用导向

培养单位应根据各专业学位研究生教育指导委员会意见,分类制定专业学位论文标准,规范专业学位论文要求。专业学位论文选题应来源于应用课题或现实问题,要有明确的职业背景和行业应用价值。专业学位论文应反映研究生综合运用知识技能解决实际问题的能力和水平,可将研究报告、规划设计、产品开发、案例分析、管理方案、发明专利、文学艺术作品等作为主要内容,以论文形式表现。专业学位论文应与学术学位论文分类评阅。专业学位论文评阅人和答辩委员会成员中,应有不少于三分之一的相关行业具有高级职称(或相当水平)的专家。

七、推进与职业资格衔接

对具备条件的专业学位类别或培养单位,积极推进专业学位研究生课程和实践考核与特定职业人才评价标准有机衔接,推进专业学位研究生培养内容与特定职业人才工作实际有效衔接,推进专业学位授予与获得相应职业资格有效衔接。

八、充分调动研究生积极性主动性

促进研究生全面发展,着力增强研究生服务国家服务人民的社会责任感、勇于探索的创新精神和善于解决问题的实践能力。鼓励培养单位引导研究生制订职业发展规划、提高对职业领域及岗位的认识。鼓励培养单位开展互动式、探究式教学,激发研究生自主学习的积极性主动性;鼓励研究生早实践,多实践,在实践中提升职业胜任力。加强专业学位研究生创业能力培养,完善就业指导。加快完善专业学位研究生奖助体系,创造有利于研究生成长成才的氛围。

九、加强教师队伍建设

培养单位应根据不同专业学位类别特点,聘请相关学科领域专家、实践经验丰富的行(企)业专家及国(境)外专家,组建专业化的教学团队。加强教师培训,选派青年教师到企业或相关行业单位兼职、挂职,提高实践教学能力。

鼓励培养单位对研究生导师按专业学位和学术学位分类制订评定条件,分类评聘,逐步形成稳定的专业学位研究生导师队伍。大力推广校内外双导师制,以校内导师指导为主,重视发挥校外导师作用。根据不同专业学位类别特点,探索导师组制,组建由相关学科领域专家和行(企)业专家组成的导师团队共同指导研究生。

完善教师考核评价体系，突出育人责任。根据专业学位研究生教育特点，科学合理制定考核评价标准。将优秀教学案例、教材编写、行业服务等教学、实践、服务成果纳入专业学位教师考核评价体系。

十、完善质量保障体系

培养单位是质量保证体系的主体。培养单位应完善校内质量监督机制，建立招生、培养、学位授予等全过程质量保障制度，加强专业学位毕业生就业质量和职业发展跟踪。根据专业学位类别，分别设立培养指导委员会，负责指导、规范本单位专业学位研究生培养工作。委员会中应有一定比例来自行（企）业的专家。

国家按专业学位类别（或领域）制订博士、硕士专业学位基本要求，建立与特定职业岗位要求相适应的质量评价标准，完善质量监管制度，加快建立管理服务平台，推进招生、培养、就业信息公开。

十一、鼓励开展联合培养

鼓励培养单位加大校企合作力度，按照"优势互补、资源共享、互利共赢、协同创新"的原则，选择具备一定条件的行（企）业开展联合招生和联合培养，构建人才培养、科学研究、社会服务等多元一体的合作培养模式，提高专业学位研究生培养质量。

十二、支持开展改革试点

支持省级学位与研究生教育管理部门和培养单位结合行（企）业和区域人才需求，开展培养模式改革试点，树立专业学位特色品牌。案例教学、实践基地建设等改革试点成效将作为培养单位申请新增专业学位授权点及专业学位授权点定期评估的重要内容。

支持各专业学位研究生教育指导委员会开展培养模式改革研究，加强对培养单位的指导，统筹编写教材、制定课程教学基本要求、建设案例库、定期开展教学研讨等工作，推动本类别专业学位研究生实践基地建设、案例库建设和师资培训。

教育部 人力资源社会保障部

2013 年 11 月 4 日

附录5:《教育硕士专业学位设置方案(2015年修订)》

一、为贯彻落实《中国教育改革与和发展纲要》,加快基础教育和中等职业技术教育师资及管理队伍建设,提高基础教育和中等职业技术教育教师及管理队伍素质,促进我国基础教育和中等职业技术教育教学及其管理水平的提高,特设置教育硕士专业学位。

二、教育硕士专业学位是具有特定教育职业背景的专业性学位,主要培养面向基础教育和中等职业技术教育教学及其管理工作需要的高层次人才。

学位获得者应具有良好的职业道德,要掌握某门学科坚实的基本理论和系统的专门知识,同时还要懂得现代教育的基本理论和学科教学或教育管理的理论及方法;具有运用所学理论和方法解决学科教学或管理实践中实际问题的能力;能比较熟练地阅读本专业的外文资料。

三、教育硕士专业学位招收对象一般为大学本科毕业生,具有三年以上第一线教学经历的基础教育和中等职业技术教育的专任教师和管理人员也可报考。

四、教育硕士专业学位以课程学习为主。教学安排上既有培养规格的统一要求,又应针对不同学科人员的特点,加强分类指导,重在加强基础理论和专业知识的学习,提高解决实际问题的能力。

教育硕士专业学位论文选题要密切联系实际,对学科教学或教育管理中存在的问题进行分析、研究和提出解决办法。对论文的评价着重于考查学生综合运用所学理论和知识解决学科教学或教育管理实际问题的能力。

五、根据国家经济、科技和教育事业发展的需要,以及本专业学位工作进展情况,逐步使教育硕士专业学位成为基础教育和中等职业技术教育专任教师和管理人员担任较高职务的资格条件之一。

六、教育硕士专业学位,由具备条件的高等院校授予。

(国务院学位委员会第14次会议于1996年4月通过,2015年4月修订)